明代货币法制研究

贺文洁◎著

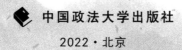
中国政法大学出版社

2022·北京

图书在版编目（ＣＩＰ）数据

明代货币法制研究/贺文洁著. —北京：中国政法大学出版社，2022.9
ISBN 978-7-5764-0650-4

Ⅰ.①明…　Ⅱ.①贺…　Ⅲ.①货币法－研究－中国－明代
Ⅳ.①D922.285.4

中国版本图书馆 CIP 数据核字(2022)第 169391 号

出 版 者　中国政法大学出版社
地　　址　北京市海淀区西土城路 25 号
邮寄地址　北京 100088 信箱 8034 分箱　邮编 100088
网　　址　http://www.cuplpress.com (网络实名：中国政法大学出版社)
电　　话　010-58908586(编辑部) 58908334(邮购部)
编辑邮箱　zhengfadch@126.com
承　　印　固安华明印业有限公司
开　　本　880mm×1230mm　1/32
印　　张　11.75
字　　数　300 千字
版　　次　2022 年 9 月第 1 版
印　　次　2022 年 9 月第 1 次印刷
定　　价　69.00 元

目 录
CONTENTS

绪　论

一、研究对象

本书研究的是明代的货币法制，包含了明代的法定货币和明代法制两个基本研究对象。即从明代法制的角度研究明代的法定货币，具体围绕与货币有关的法律和司法实践展开。在中国古代，"货币"这个词被使用得较少，叶世昌对"货币"一词的使用情况进行了详细考证，认为"货币"与金、银、铜、龟、贝等一样，是一种代表具体流通物的名称，但随着发展，"货币"成了能囊括其他名称的一种总称。[1]对"货币"进行规范的法律条文也并不被表述为"货币法"，当时的文字资料都称为"钱法""钞法"。"钱法"是对铜钱的规范，"钞法"是对纸币的规范，历代"钱法""钞法"的内涵均未包含除了铜钱和纸币之外的其他货币形式，因为在此之前，古代中国的法定货币形式就是铜钱和纸币。虽然民间也有其他具有货币属性的流通物，但是都不是国家法律认可和发行流通的形式。但在明代，具备法定货币属性的并不只有铜钱或纸钞，在明代中后期，白银也成了法定货币，且出现了货币白银化趋势。而明代也没有扩展"钞法""钱法"的内涵，《大明律》《大明令》中有关于"钱法"或"钞法"的直接条文规定，其内涵和对象都没有超越铜钱和大明宝钞，"钱法""钞法"并没有延伸出任何有关

---

〔1〕　叶世昌："中国'货币'一词的初史"，载《中国钱币》2016年第5期。

白银的规定。用"钱法""钞法"无法完整地展示整个明代的货币法制。本书若简单地将研究对象限定在铜钱、纸钞或"钱法""钞法"的范畴内，会显得过于局限。因此，虽然明代的货币法律规制并非完全现代意义上的货币法，此时的货币法律规制并不是建立在尊重经济活动内在规律的基础上，但本书仍使用在古代中国较少被提到的流通物的总称——货币——来概括整个明代的法定货币种类。本书研究所涉及的明代法定货币包含了铜钱、大明宝钞还有在明代中后期获得法定货币地位的白银。在明代中后期，"银两制"逐步确立，白银在经济流通中确定地成为实际的一般流通物，成了主导货币。经济活动超越国家法律规定作出了自己的选择，给明代的钱钞法律规制带来了现实的冲击。对货币体系进行规范管理的货币法律是经济法体系下一种具体的法律种类，在明代包含了与钱钞相关的具体法律规制和其他的规则等。与私法相比，属于国家强制力保障实施的公法范畴。因此，其相比于其他民事法律更强调国家强制力对法律规制和法律实施的保障，弱化私人的意思自治，主要是强调其在经济领域中对强制规范的遵守。明代政权根据统治的需要调整适用不同的货币种类，致使货币法律缺乏稳定性、连续性、权威性。此时的社会经济发展、财富价值已达至明代法律制度所允许的极限。货币法律开始逐渐成为经济发展的桎梏。选取明代作为研究货币法制的节点，源于明代法定货币体系的转型是古代货币体系转型的一个重要时期，白银在明代确定了自己的法定货币地位。在经济流通领域出现了如此大的变革的情况下，明代的货币法律及法制也在司法实践的推动下发生了变革。新货币种类的出现直接引发了国家税制方面的改变。如张居正主张的"一条鞭法"改革使税收开始由实物税向货币税转化；明代社会金融创新，有新兴形式的商业模式出现，商业运作与不同种类的货币流通有密切关系。国家宏观货币法律开始逐渐成为经济发展的桎梏。在货币流通领域，民间交易习惯开始成为主导，并最终推动了白银货币化的进程。而"货币白银化"又在一定程度上改变了自明代以来的中国社会经济及政治方面的发展进程。因此，本书的研究对象是明代的铜钱、大明宝钞和白银，以及这些对象背后的明代货币法律制度的发展与变革。

二、学术史回顾与研究的历史资料

（一）学术史回顾

1. 明代法定货币的综合研究

对于"货币"一词语，叶世昌专门具文《中国"货币"一词的初史》进行考证。认为"货币"这两个字被放在一起使用始于唐代，但是后续被冷落，直至清代西方的经济学说传入后才开始复兴使用。其认为，古代中国含有货币性质的名称有很多，"如币、货、金、银、珠、玉、钱、刀、龟、贝、泉……"[1]叶世昌认为"货币"也是名称的一种，但出现次数在古代中国几乎可以忽略不计，在古代中国用"货币"这一词语来代表货币实物的人几乎没有。"货币"两个字连在一起成为词语并代表着货币性质，经过叶世昌的考据是开始于杜佑的《通典》。《通典》在"钱币"部分5次提到"货币"这个词语。但是，随后这个词语几乎无人使用，到清朝突出"货币"名称，将其作为所有货币性质的流通物的总名称的是清朝道光时期的魏源。此时西方的经济学说开始进入，叶世昌认为魏源选择"货币"这种表述符合清末币制发展的要求。[2]

---

[1]　叶世昌："中国'货币'一词的初史"，载《中国钱币》2016年第5期。
[2]　叶世昌："中国'货币'一词的初史"，载《中国钱币》2016年第5期。

关于明代货币及货币法制的研究，在明代已经有学者关注。在明代律典章等史料记载中，只有"钱法""钞法"，不仅没有白银或者"银法"的内容，在"钱法""钞法"条文中也并不包含白银的内容。因为白银早期并不是明代的法定货币，更没有对应的制度形成，但白银在明代由一般的货币形态演变为法定货币，是中国古代货币体系进程的一个重大转折。这一发展与社会现实、经济发展等密切相关。关于钱法、钞法的具体规定内容，《明史·卷八十一·钱钞》，李洵的《明史食货志校注》，申时行的《明会典·卷三十一·钱法》[1]和《明会典·卷一九四铸钱》[2]，《明会要·卷五十五·食货三·钞法》，黄宗羲的《明夷待访录·财计二》[3]，嵇璜的《续文献通考·卷十·钱币考》，王圻的《续文献通考·卷一八·皇明钱法》，叶梦珠的《阅世编·卷七·钱法》，傅维鳞的《明书·卷八一·钞法》，孙承泽的《春明梦余录·卷三八·宝钞局》和《春明梦余录·卷四七·宝源局》《铸钱则例》等史籍资料中有具体详细的记载。叶子奇在《草木子·杂制》中认为，纸币"譬之池水、所入之沟虽通，所出之沟既塞，则水死而不动，唯有涨满浸淫而有滥觞之患矣，此其理也"。[4]刘定之在《刘文安公策略》中提到："自周以来率用钱，而钱之弊在于轻重不中……夫钱轻则物必重，而有壅遏不行之患；钱重则物必轻，而有盗铸不已之忧。必若汉之五铢，唐之开元，则庶乎轻重得中矣。"[5]认为只

〔1〕（清）张廷玉等撰：《明史·卷八十一·食货志五》，中华书局1974年版，第1965页。

〔2〕（明）申时行等修：《明会典》（万历朝重修本），中华书局1989年版。

〔3〕（明）黄宗羲：《明夷待访录·财计二》，段志强译注，中华书局1981年版，第983页。

〔4〕（明）叶子奇撰：《草木子·卷之三·杂制篇》，中华书局1959年版。

〔5〕（明）刘定之：《刘文安公呆斋先生策略》，清初刘氏刻本。

有钱币的价值与商品价值保持对等，才能保证币制的稳定和商品的正常流通，这在当时是超前的提法。丘浚所著的《大学衍义补》一书对货币理论有着深入探讨。关于货币的产生，他提出："日中为市，使民交易以通有无。以物易物，物不皆有，故有钱币之造焉。"丰富了刘定之关于"轻重得中"的说法，认为"必物与币两相当值，而无轻重悬绝之偏，然后可以久行而无弊"。丘浚在本书中批判纸币的发行流通是"设为阴谋潜夺之术"，"世间之物虽生于天地，然皆必资以人力，而后能成其用。其体有大小精粗，其功有浅深，其价有多少"。[1]认为商品价值由劳动价值来决定。清代孙承泽在《春明梦余录》一书中对明代的钱法、钞法进行了系统性的归纳研究。晚明思想家王夫之、黄宗羲、顾炎武对白银问题均提出了自己的见解，意见与"废银论"相关，并不看好白银的货币化流通。

近现代关于明代货币问题的研究，集中在历史、经济史、法律史等领域。经济史研究方面，彭信威[2]、杨联升[3]、加藤繁[4]等中外学者是从货币史的角度进行研究的，其中主要涉略到明代的货币历史进程；梁方仲、博克瑟（Boxer）[5]、清水泰次[6]等学者，从赋役制度、对外贸易等具体角度对明代的货币使用展开了深入研究，特别是梁方仲的《明史·食货志·第一卷·笺证》一书具体讨论了钱钞法的问题；专门对明代白银来源和流入中国进行研究的学者有威廉·阿特维尔（Willion

---

〔1〕（明）丘浚：《大学衍义补》，蓝田玉等校点，中州古籍出版社1995年版。

〔2〕彭信威：《中国货币史》，上海人民出版社2015年版。

〔3〕Lien-sheng Yang, *Money and Credit in China: A Short History*, Harvard University Press, Cambridge, Massachusetts, 1952.

〔4〕［日］加藤繁：《唐宋时代金银之研究》，新文丰出版公司1974年版。

〔5〕C. R. Boxer, *The Great Ship from Amacon*, Lisbon, 1963.

〔6〕［日］清水泰次："明代の税、役与诡寄"，载《东洋学报》1935年第3期。

S. Atwell）〔1〕、丹尼斯·弗林（Dennis O. Flynn）〔2〕以及阿图罗·吉拉尔德兹（Arturo Giraldes）等。其中，全汉升〔3〕对明代白银问题有较为全面的研究，涉及国际白银的流入、太仓银以及白银与市场的影响等角度。

在货币经济史研究中，主要表现为对货币形制、种类和货币体系的整体研究，讨论货币制度的变化和社会经济的关系。早期主要有张家骧于 1925 年由民国大学出版的《中华币制史》〔4〕一书，全书共有 6 编，翔实介绍了我国历代铜钱、金银、纸币的沿革，以及币制条例，同时对造币厂设立等方面进行了考证，是研究中国币制的重要参考资料。周伯棣在 1934 年编译出版了《中国货币史纲》〔5〕一书，该书是吉田虎雅所著，也包含了对我国历代货币种类沿革的介绍。该书由中华书局出版，周伯棣当时为中华书局的经济学编审，具备专业的金融知识，所以此书的编译非常专业，详尽地介绍了历代的货币知识。戴铭礼于 1934 年出版《中国货币史》一书〔6〕，介绍了金、银、铜、铁、纸币等流通使用情况，并且在附表中列明了各地造币厂历年铸币及销毁的数目表，是保存完好的历史资料，对研究古代货币发行流通具有重要意义。朱偰于 1940 年出版了《中国货币问题》一书。朱偰除了这本书，还有《中国战时税制》《中国财

---

〔1〕　William S. Atwell，"Notes on Silver，Foreign Trade，and the Late Ming Economy"，*Ching-shihwen-ti*，Vol. 3，1977，pp. 1～33.

〔2〕　Dennis O. Flynn and Arturo Giralde，"Born with a 'Silver Spoon'：the Origin of World Trade in 1571"，*Journal of World History*，Vol. 6，1995.

〔3〕　全汉升：《中国经济史论丛》（上下册），稻乡出版社 1991 年版；"宋明间白银购买力的变动及其原因"，载《新亚学报》1967 年第 1 期；"明清间美洲白银输入中国的估计"，载《中研院史语所集刊》第六十六本第三分 1995 年版。

〔4〕　张家骧：《中华币制史》，河南人民出版社 2017 年版。

〔5〕　[日] 吉田虎雄：《中国货币史纲》，周伯棣编译，中华书局 1934 年版。

〔6〕　戴铭礼：《中国货币史》，商务印书馆 1934 年版。

政问题》《中国信用货币发展史》等著作，其是德国柏林大学的经济学哲学博士，著名的经济学家和历史学家。《中国货币问题》这本书的初稿因战争被毁，后又重新写成。是从专业金融的角度对中国货币问题进行论述。余捷琼于 1937 年出版的《中国的新货币政策》[1]一书论述了银本位与中国经济的变动，介绍了新货币政策的施行和当时的货币问题，是对当时中国货币政策的一种讨论。章乃器于 1936 年出版的《中国货币金融问题》[2]一书是一本论文集，是章乃器在光华大学、沪江大学、上海商学院等院校讲授国际金额和银行实务期间出版的。王毓铨的《中国经济通史·明代经济卷》"对明代经济发展的自然环境、社会环境、资源条件以及经济区域、产业结构、经济类型等做了全面的分析；对明代生产力发展水平及相应的阶级结构、土地制度、租佃关系、赋役制度、经营方式、经济思想等作了深入的论述；对明代农业、手工业、商业、货币、交通运输、城镇集市、食盐茶马等经济部门的生产状况及国家管理政策作了详细的考察。书中认为，明代农业、手工业、商业、交通运输业的水平较前代有新的提高，特别是商品货币关系和城镇经济空前发展，由此引起一系列社会变化，这是中国封建社会后期社会经济形态的显著特征"，[3]这是一部系统、全面研究明代经济史的专著。李剑农所著的《宋元明经济史稿》一书的第四章介绍了宋元明的货币，包括了对铜钱和铁钱的介绍，以及纸币的产生与演变，特别是专门有一节介绍银由流通现货进入法定货币的经过。叶世昌所著的《中国货币理论史》[4]一书关注

〔1〕　余捷琼：《中国的新货币政策》，商务印书馆 1937 年版。

〔2〕　章乃器：《中国货币金融问题》，生活书店 1936 年版。

〔3〕　王毓铨主编：《中国经济通史·明代经济卷》，中国社会科学出版社 2007 年版。

〔4〕　叶世昌编著：《中国货币理论史》，中国金融出版社 1986 年版。

的是古代学者的货币理论。该书的明代部分论述了叶子奇、丘浚、刘定之等学者的货币思想及看法。叶世昌的论文《我和中国货币史研究》[1]对自己在货币史领域的研究方法和成果进行了一定的归纳。张家骧所著的《中国货币思想史》[2]一书的明代部分全面论述了明代学者的货币思想及认识。在目前的论文研究方面，赵轶峰在《试论明代货币制度的演变及其历史影响》[3]一文中认为，明代社会经济发生变化，货币制度的稳定性开始变得不确定，白银货币化成为经济、政治变化的重要推动力，引发了传统经济关系的改变。任均尚发表的《明代货币政策研究》[4]一文从国家对货币的管理入手讨论政府的货币政策和制度，并论证政府已经无力控制货币的真实流通，白银获得了货币的地位。在经济已经发展到超出国家能控制和调控的范围时，国家采用传统的管理方式会丧失对货币及商品经济的控制力。李育安在《我国明代货币制度的演变》[5]一文中梳理了明代货币体系从大明宝钞到银本位的发展进程及产生的原因，论证白银成为具备货币地位的流通物是封建中国经济发展的客观选择。傅衣凌在《明代前期徽州土地买卖契约中的通货》[6]一文中从徽州契约文书入手，研究货币实际流通的问题，为明代货币的研究提供了一种新的视角和方法。邵敏的博士学位论文

---

[1] 叶世昌："我和中国货币史研究"，载《学术月刊》1995年第3期。

[2] 张家骧主编：《中国货币思想史》，湖北人民出版社2001年版。

[3] 赵轶峰："试论明代货币制度的演变及其历史影响"，载《东北师大学报（哲学社会科学版）》1985年第4期。

[4] 任均尚："明朝货币政策研究"，载《西南师范大学学报（人文社会科学版）》2003年第3期。

[5] 李育安："我国明代货币制度的演变"，载《郑州大学学报（哲学社会科学版）》1993年第1期。

[6] 傅衣凌："明代前期徽州土地买卖契约中的通货"，载《社会科学战线》1980年第3期。

《明代通俗小说货币描写研究》[1]从中国古典文学的角度对明代通俗小说中对货币的描写进行了介绍研究，分析其中的审美价值、国家政策、当时的文人心态等，为理解明代货币的流通提供了很好的视角。黄阿明的博士学位论文《明代货币与货币流通》[2]从历史社会学的角度讨论了明代货币制度和政策，对大明宝钞、铜钱、白银的流通进行了具体的分析，主要研究了明代货币流通的区域性问题，少有涉及法律方面的内容。范文强的硕士学位论文《明代货币流通领域的"经济法"研究》[3]从中国古代史的角度切入，研究明代货币流通领域中的国家法的立法背景和具体的法律制度，分析立法对明代货币在流通领域产生的历史作用。杨心珉的硕士学位论文《明代社会的货币问题与黄宗羲的货币思想》[4]对黄宗羲"禁废金银"思想的偏激性和片面性进行了讨论，归纳了黄宗羲以稳求变思想的提出。为了解明代学者的货币法律思想提供了一种路径。

　　2. 对明代法定货币的分别研究

　　对大明宝钞的研究讨论是学界在明代货币经济、法律研究领域研究成果最丰富的方向。王玉祥在《明代钞法述论》[5]一文中概括介绍了明代钞法，明确钞法的内容包含了大明宝钞的管理机构，规定了大明宝钞的形态和币制，对大明宝钞的价值、使用范围和伪造等方面也做了具体的规定，尤其是在推行大明宝钞的同时禁止其他货币流通。在此基础上分析明代钞法的缺

　　[1]　邵敏："明代通俗小说货币描写研究"，苏州大学 2010 年博士学位论文。

　　[2]　黄阿明："明代货币与货币流通"，华东师范大学 2008 年博士学位论文。

　　[3]　范文强："明代货币流通领域的'经济法'研究"，广西师范大学 2012 年硕士学位论文。

　　[4]　杨心珉："明代社会的货币问题与黄宗羲的货币思想"，宁波大学 2010 年硕士学位论文。

　　[5]　王玉祥："明代钞法述论"，载《甘肃社会科学》1997 年第 5 期。

陷、问题及统治者为维持钞法而做出的努力，并评价明代的钞法，从统治者的角度是为了财富的聚集，对商品经济没有起到积极的作用，认为并不是所有的纸币制度都对商品经济的发展有利。叶世昌在《论大明宝钞》[1]一文中根据大明宝钞的流通与政府对其他货币类型的排除规定，将大明宝钞发展分为了五个具体的阶段，并在此基础上分析了宝钞与铜钱、白银及生活必需品——大米、布——的价格变动，阐述了大明宝钞失败的缘由。乔晓金在《明代钞币初探》[2]一文中对大明宝钞进行了阶段划分，归纳总结了大明宝钞的特点，结论为大明宝钞本身不具备任何价值，只是一个符号，没有经济意义，必然被取代。唐文基在《论明朝的宝钞政策》[3]一文中对大明宝钞的发行和流通进行了时间段分类，认为其发行是基于国家财政的需要，国家货币政策都是基于此做出的，并未考虑经济及社会发展的需求，干扰了商事经济活动。

　　还有更多的论文讨论了大明钞法失败的深层次原因，均指出大明宝钞不具备现代意义上的一般流通物的特征，违背了经济规律和原则。如张彬村在《明朝纸币崩溃的原因》[4]一文中从经济学的角度论述了明朝的宝钞无法维持币值的稳定，认为简单地将明朝纸币的最终崩溃归因于通货膨胀是肤浅的。其运用"货币数量说"等专业的经济公式来分析发行、物价、税赋等深层次原因，认为传统市场经济部门长期处于非主流地位，

　　〔1〕 叶世昌："论大明宝钞"，载《平准学刊》编辑委员会编：《平准学刊》（第4辑·下册），光明日报出版社1989年版。

　　〔2〕 乔晓金："明代钞币初探"，载《中国钱币》1983年第2期。

　　〔3〕 唐文基："论明朝的宝钞政策"，载《福建论坛（文史哲版）》2000年第1期。

　　〔4〕 张彬村："明朝纸币崩溃的原因"，载《中国社会经济史研究》2015年第3期。

没有成为支配性的经济运作方式，导致了作为信用货币的大明宝钞的崩溃。较远期的大量研究还是认为钞法废弛的原因在于通货膨胀，认为废弛的根本原因在于大明宝钞没有准备金，只能单向兑换，流通存在问题导致通货膨胀，对其他方面的共同原因考虑较少。而对大明宝钞进行的更加微观的研究，如孙兵在《明洪武朝宝钞的印造与支出探微》[1]一文中，对洪武时期大明宝钞的发行和支出流通情况进行了微观数据化的研究，分析了大明宝钞通货膨胀的根源与财政开支的关系。孔繁晔的博士学位论文《中国纸币制度变迁研究》归纳了古代国家信用纸币制度的发展阶段，对大明宝钞的推行、名存实亡和特点进行了论述分析，认为大明宝钞是"建立在不足值准备软约束下的、主要依赖政府信用作为价值保证的纸币制度"。[2]

　　对明代铜钱的研究集中在了涉及铜钱本身的领域，如形制、收藏、补铸、私铸等，强调铜钱本身的文化、收藏价值，与钱法相关的研究不多，内容深度并不突出。陈玺在《唐代钱法考》中对唐代铜钱渊源和钱法进行了系统考证。概括性论述钱法的是王裕巽的《明代钱法变迁考》[3]一文。其对明代钱法的规定分不同时期进行了介绍，分为了铸行大中钱时期与明初钱法；大明宝钞初行时期的钱法；禁行钱，专用钞时期的钱法；弛用银之禁至专用银时期的钱法；颁定和实施以银为主、银钱并行时期的钱法。这篇论文是对明代钱法的分时期的总体介绍研究。王玉祥在《明代"私钱"述论》[4]一文中从明中后期部分学者

〔1〕　孙兵："明洪武朝宝钞的印造与支出探微"，载《江西社会科学》2003年第8期。

〔2〕　孔繁晔："中国纸币制度变迁研究"，山西财经大学2017年博士学位论文。

〔3〕　王裕巽："明代钱法变迁考"，载《文史哲》1996年第1期。

〔4〕　王玉祥："明代'私钱'述论"，载《甘肃社会科学》2001年第5期。

的表述入手，提出"私钱"在明中后期成了普遍的社会现象，给钱法带来了威胁。同时提出了私钱的特点和明代人对私钱的态度，以及为杜绝私钱，法律条文做出的具体规定。叶世昌、潘连贵在《嘉靖年间没有补铸钱》[1]一文中对嘉靖六年（1527年）和嘉靖三十二年（1553年）的两次补铸钱谕令的实施情况进行了研究，具体从《明世宗实录》的记载分析，认为这两次补铸钱的谕令都没有真正实施，限于财政和社会经济问题，并没有能够推行，大致还原了嘉靖时期补铸铜钱的真实情况。在论文《明代的钱法阻滞问题与黄宗羲的钱法思想》[2]中，刘恒武、杨心珉论证了明代政府铜钱铸造、发行和流通的管理举措及在法律规制方面失去控制，使钱法长期难以施行。黄宗羲对钱法阻滞问题作出过系统、全面的分析，并构筑了自己理想的铜钱本位的货币制度。对黄宗羲法律思想的研究有助于我们深入理解明代货币法律变迁的原因。

对明代白银的研究，多表现在对"货币白银化"的研究上。货币白银化是明代经济史的重要论题，研究方向有白银流入的数量、流入渠道、流通的原因、货币化进程以及对经济社会、货币体系的影响等，极少有研究涉及白银的法律规定和司法实践。这些研究都集中关注白银的总量和估算，忽略了白银和法律制度、政治制度、社会经济的关系。余捷琼在1940年出版的《1700-1937年中国银货输入的一个估计》[3]一书中对一定时期内白银的流入做了一个统计，并分析了白银的流入给中国社会、

〔1〕 叶世昌、潘连贵："嘉靖年间没有补铸钱"，载《中国钱币》1986年第2期。

〔2〕 刘恒武、杨心珉："明代的钱法阻滞问题与黄宗羲的钱法思想"，载《浙江社会科学》2010年第9期。

〔3〕 余捷琼：《1700-1937年中国银货输出入的一个估计》，商务印书馆1940年版。

经济、政治带来的变化。董郁奎在《试论明代的白银流通及其影响》[1]一文中对白银流通的时期进行了分类介绍，分析了白银流通原因、白银来源及产生的影响，是早期对白银流通与影响进行概括分析的研究成果。还有大量的论文认为白银的流入及总量问题最终和其他原因一同导致了明朝的灭亡，如岳麓读史札记《明代窖藏白银之盛》[2]、晁中辰发表的论文《明后期白银的大量内流及其影响》[3]。当然也有反对的观点，如倪来恩、夏维中在《外国白银与明帝国的崩溃——关于明末外国白银的输入及其作用的重新检讨》一文中认为，"美洲白银输入大幅度减少造成欧洲各国政治、社会的严重不稳定的情况，进而论证中国也因美洲白银输入的减少导致动荡"[4]。这种看法是片面的。晚明输入的白银有很大一部分来源于日本，造成危机的原因绝不是美洲白银输入减少。白银输入的减少并不会必然导致一个王朝的结束，明代灭亡存在多方面因素，即便在经济方面，这也不是重要的因素。梁方仲在对明代赋税和"一条鞭法"的研究中也指出白银成为法定货币是"一条鞭法"改革的中心。梁方仲教授是研究明代"王朝制度和地方社会的学者中最成功的一位"，尤其是对明代赋役制度的研究，是学界已有研究中最为深入、具体的，被誉为"明代赋役制度的世界权威"[5]。他描述："自从一条鞭法施行以后，田赋的缴纳才以银子为主体，

---

　　〔1〕　董郁奎："试论明代的白银及其流通"，载《浙江学刊》1988年第3期。

　　〔2〕　岳麓："明代'窖藏'白银之盛"，载《中国史研究》1985年第1期。

　　〔3〕　晁中辰："明后期白银的大量内流及其影响"，载《史学月刊》1993年第1期。

　　〔4〕　倪来恩、夏维中："外国白银与明帝国的崩溃——关于明末外国白银的输入及其作用的重新检讨"，载《中国社会经济史研究》1990年第3期。

　　〔5〕　何炳棣："南宋至今土地数字的考释与评价（上）"，载《中国社会科学》1985年第2期。

打破二三千年来的实物田赋制度。这里包含的意义，不仅限于田赋制度本身，其实仍代表一般社会经济状况的各方面……一条鞭法用银缴纳，不过是当时大潮流中的一条旁支。但除去用银一点足令我们注意以外，一条鞭法还有种种在赋法与役法上的变迁，与一向的田赋制度不同。从此便形成了近代以至现代田赋制度上主要的结构。"[1]这段论述将"一条鞭法"视为田赋制度从古代向现代转变的节点，这一根本性转变是由白银成为法定的主要流通货币，并引发赋役法律及实践的改变造成的。梁方仲教授"将一条鞭法的社会经济意义放在明清商业与商业资本发展与社会结构变动关系的背景下，指出商业资本的发展只是增加了封建社会的内在矛盾。它只标志着封建主义解体过程，它本身并不可能产生资本主义的生产方式。一条鞭法就是为了适应这个变动环境而设的赋役制度"。[2]

在近年来的研究中，袁逸尘的硕士学位论文《白银货币对明朝国民经济的影响——基于数量分析结果》[3]专门针对白银货币化和国民经济的关系做了研究，用现代的主流货币理论对明代白银的流通展开分析。同样的经济史方面的硕士学位论文还有王玮沁发表的《白银危机与明清两朝经济社会变革》[4]、刘婷婷发表的《明朝白银与经济增长关系的实证研究》[5]、马

〔1〕 刘志伟、陈春声："梁方仲先生的中国社会经济史研究"，载《中山大学学报（社会科学版）》2008年第6期。

〔2〕 刘志伟、陈春声："梁方仲先生的中国社会经济史研究"，载《中山大学学报（社会科学版）》2008年第6期。

〔3〕 袁逸尘："白银货币对明朝国民经济的影响——基于数量分析结果"，山东大学2016年硕士学位论文。

〔4〕 王玮沁："白银危机与明清两朝经济社会变革"，中国社会科学院2009年硕士学位论文。

〔5〕 刘婷婷："明朝白银与经济增长关系的实证研究"，山东大学2016年硕士学位论文。

良的博士学位论文《明清时期白银货币泛化研究（16-19世纪中叶）》[1]、均是从经济史的角度出发对白银货币化的经济问题进行研究。罗春林的硕士学位论文《晚明货币白银化批判思想研究》[2]从思想史的角度对明代晚期兴起的货币白银化批判思想的根源和内容、影响进行了系统分析，对了解这一时期社会、文化的看法有意义。回顾明代白银学术史的研究历程，学界尚缺乏对明代白银货币化过程的具体研究，没有将明代的经济发展与其对白银的影响联系起来，更没有对制度层面（即将白银上升为"银法"）的研究。本书希望研究明代货币体系变化带来的明代货币法制层面的改变以及货币体系对制度变迁的动态影响。

3. 国外对明代货币的研究

桑田幸三所著的《中国经济思想史论》[3]中有关于明代货币思想的内容。市古宙三所著的《明代货币史》[4]是专门研究明代货币历史的论文集，其中史料并不丰富，因此研究内容并不翔实、深入。《剑桥中国明代史》[5]一书有专题讨论部分，系统探讨了白银流入对明代社会经济产生的影响，同时指出了白银不足造成的负面影响。国外关于明代货币的研究存在不是从中国的角度出发的问题，但以西方经济学作为角度和方法，为我们研究明代货币问题提供了全新的视角。

---

〔1〕 马良："明清时期白银货币泛化研究（16-19世纪中叶）"，辽宁大学2013年博士学位论文。

〔2〕 罗春林："晚明货币白银化批判思想研究"，东北师范大学2013年硕士学位论文。

〔3〕 [日]桑田幸三：《中国经济思想史论》，沈佩林、叶坦、孙新译，北京大学出版社1991年版。

〔4〕 [日]市古宙三：《近代中国の政治と社会》，东京大学出版会1971年版。

〔5〕 [美]牟复礼、[英]崔瑞德编：《剑桥中国明代史》，张书生等译，中国社会科学出版社1992年版。

4. 关于明代法制的研究

上述关于明代法定货币的直接研究多集中在经济史的历史领域，专门从法制角度对明代货币进行的研究尚属于空白，主要是因为这是一个较为模糊的区域，横跨经济史和法律史两个学科，而且具体的研究对象——货币——更是一个明确的经济概念，致使从法律角度进行的研究不足。研究明代的货币法制，绕不开对明代法制的基本研究，本书是在明代法制的基本理论支撑下对明代货币进行的研究。因此有必要了解明代法制已有的研究成果。

明代法制是一个成熟的研究领域，许多学者已经取得了大量成果。如怀效锋老师在 1989 年出版的《嘉靖专制政治与法制》[1]一书中深入地研究了明代法制与专制政治的关系，揭示了明代法制的本质。怀效锋老师在 1998 年出版的《明清法制初探》[2]一书中将其多年来专门研究明、清两代法制问题的文章进行了辑录。杨一凡老师于 1988 年出版了关于其对"明大诰"进行深入研究的著作《明〈大诰〉研究》[3]一书，细致地分析了"明大诰"的内容及对明代法制的影响。其后还著有《明代立法研究》[4]一书，也是关于明代立法的成熟理论研究。在进行了大量的明代法制研究之后，张晋藩先生主编、怀效锋老师负责编辑的《中国法制通史》（第七卷·明）[5]对明代法制的基本内容进行了完整的归纳总结，包含了机构、人员、法律规制等各方面。

〔1〕 怀效锋：《嘉靖专制政治与法制》，湖南教育出版社 1989 年版。

〔2〕 怀效锋：《明清法制初探》，法律出版社 1998 年版。

〔3〕 杨一凡：《明大诰研究》，江苏人民出版社 1988 年版。

〔4〕 杨一凡：《明代立法研究》，中国社会科学出版社 2013 年版。

〔5〕 张晋藩主编：《中国法制通史》（第 7 卷），法律出版社 1999 年版。

（二）研究的基本历史资料

除了现代的学术研究成果之外，本书的研究主要基于古代的一手历史资料：

（1）明代法律典籍。主要包含国家正式颁行的律、令、《大明律》《大明令》《明大诰》；各种条例、事例；各种法律汇纂《明会典》《正德会典》《嘉靖会典》《万历重修会典》；明代中央和地方的各种司法判例判牍。明代货币法的基本法律规制都被包含在这些法律典籍中，因此这些资料是本书研究的基本依据。

（2）明代史籍。主要包含对明代货币铸造、流通的记载；明代货币法制变革的进程；与明代货币法制相关的人物主张；明代货币司法实务。具体有《明实录》《云间谳略》《莆阳谳牍》《盟水斋存牍》《新纂四六谳语》《日知录》《春明梦余录》《明经世文编》等。

（3）明代的文学作品。明代文学中有大量关于当时社会生活的描述，其中涵盖了关于货币使用的具体描述以及能体现明代商品经济状况的内容。例如，明代繁荣的戏剧作品及通俗小说等。这些内容对研究明代货币的流通以及明代货币法制的实态有重要的作用。有了这些内容的支撑，本书的研究会呈现出一个动态的过程。

（4）货币图鉴。研究货币本身的形制（尤其是上面所载明的文字、图形等）有益于我们了解货币发行当时的经济、政治、文化情况，其形制及记载的部分内容会体现出与法律相关的内容，是本书研究不能缺少的资料。

对明代货币法制的研究，历史资料（即法律典籍、基本史料）是基础，其他资料是有益的补充，可以通过归纳分析这些资料来达到本书研究的目的。

三、研究的基本方法

货币法制横跨法学、经济学、历史学三个学科，但最终讨论的是法律史的领域。因此本书综合采用法学、历史学、经济学视角，主要运用历史分析方法、法学研究方法、经济学的定量分析方法、案例分析方法来进行分析。

（一）历史分析方法

合理地运用并分析史料是本书的基础。本书将从明代的法律典籍、史籍、方志、资料汇编、通俗小说、戏剧入手，归纳梳理其中关于国家法和民间交易习惯对货币法律的规定。通过对史料的梳理分析，从法学、历史学和经济学的角度研究明代货币法律及司法实践的变革转型及其引发的效应。

（二）法学研究方法

本书为法律史研究著作，研究对象属于法学领域，法学研究方法是必不可少的。法学研究方法即定性的分析方法，为研究对象定下基本的概念和理论，围绕法学理论对研究对象进行分析，结合政治、经济、文化等各方面的知识，运用法学研究方法，对基本的法律概念进行定性，并在理论的基础上结合史料进行分析。之于本书就是运用明代法制的基本理论，结合明代的政治、经济、文化状况对法定货币和货币法制的变革进行研究。

（三）经济学的定量分析方法

本书运用经济学的定量分析方法，是因为本书的研究对象——明代货币——是一个金融学、经济学概念，涉及经济学领域的基本知识。虽然本书是从法律史的角度对其进行研究，但是会运用到经济学的研究方法，运用定量分析方法对其中的经济问题进行分析，更有利于论述研究的深入。针对明代法定货币的基本种类（包含铜钱、纸钞和白银）的具体分析（如形制、数量等），运用经济学的定量分析方法，可以直观地展示法定货币的发展。

（四）案例分析方法

本书涉及对货币司法实践的研究，从史料中选取大量的真实司法判例，运用案例分析方法对这些判例进行具体分析。案例分析方法是一种动态的研究方法，可以让明代货币法制的司法细节鲜活起来，并不局限于法律典籍和基本法学理论，通过对当时具体案例的分析，展示明代货币法制运行的实态，进而更多维度地展现明代货币法制的内容。

四、创新之处

关于明代货币的研究，目前在经济史和历史研究的领域较为集中，本书将从法制角度对明代法定货币由大明宝钞、铜钱向白银的变革进行研究，需要重视将研究的基本点聚焦于法律领域，既在政治、经济、文化等因素的综合考量下研究明代货币的法律问题，又在研究的过程中对这几个领域的知识进行区分，强调法律史的理论运用及思考法律史的问题。在此基础之上，希望有如下几方面的创新：

本书以明代的货币法制为研究对象，涉及货币法制的构建和运行问题。封建货币体系发展到明代，发生重要转折的标志之一就是白银成为法定货币，即货币白银化进程。静态的货币法律规定和动态的司法实践相结合，对明代货币法制及变革进行研究。希望对动态的司法实践研究领域在资料的运用和分析方面有所创新。

明代的货币法制并不只有钱法或者钞法，随着货币的白银化，白银法制随之进行调整。虽然明初的律令中并没有关于白银的规定，现有研究也没有特别关注明代的白银法制，但本书想通过梳理明代从钞法、钱法到白银法制的变革体现新的认识：货币是调试社会经济的有效手段，货币法制是保障货币运行的可靠手段。社会经济、金融发生变化促进货币法制由钞法、钱法向白银法制变革，而货币法制变革后又进一步推动了金融的发展改进。本书期望的是将明代货币法制作为明代社会、经济、法制变革转型的一个观察角度，旨在对客观历史条件下受到内部因素和外部因素共同影响的明代货币法制进行贴合当时实际的思考。

第一章

明代货币与货币法制

在研究明代货币法制的一开始，我们有必要先明确与明代货币法制密切相关的明代货币与货币法，在此基础上运用基本的理论展开对明代货币法及货币法制的深入研究。明代法定货币及其法律规制是货币法制的静态研究对象，而具体运行的机构、实施法律的人是明代货币法制的动态研究对象。只有理清了这些有关明代货币法制的基本问题并对研究对象内涵进行清晰界定，我们才能清楚、明确地对明代货币法制的问题进行系统、立体的研究。

第一节　明代货币与货币法

一、明代货币演变阶段

现代的国际货币体系（International Monetary System）是各国政府之间为保障国际贸易支付的顺利进行而构建的规则及机构的总和。[1]我国古代的货币体系经过了三千多年的发展沿革，包含了法定货币形式的演变和法律规制的沿革。从以物换物到贝壳成为货币，法定货币形态在历史进程中表现得多种多样，除了天然贝壳之外还包含了用其他材料（如骨头、石头、金属等）制成的贝类形状的货币，同时期还有将布作为货币使用的布币，来源于生产工具的刀币以及以纺轮作为货币的圜钱。随

---

〔1〕　游丽主编：《国际财务管理》，北京理工大学出版社 2014 年版，第 30 页。

着商业和经济的发展，专门的铸币出现。尤其是在秦始皇统一币制后，固定形制的铜钱开始成为法定货币，其他的货币形式在当时被禁止。因为政权的不同，铜钱有半两钱、五铢钱、通宝钱等。随着商品经济的进一步活跃，铜钱携带不便的弊端日渐显现，纸币在宋代开始出现并推行。而时至明代，在承继前代货币形态的基础之上，货币有了变化和自己的特色。随着对外贸易的发展，白银在明代中后期开始成为流通的法定货币，开启了古代货币形态和体系的新进程。明代法定货币形态主要有铜钱、纸币和白银，在财政、国家管理和社会经济、发展规律的博弈过程中，这几种货币形态并不是同时存在的，而是有更深层次、更为复杂的交替过程。特别是出现了全新的法定货币形态——白银。在国家政权调控的法定货币层面，明代货币大致经历了四个阶段的演变：

第一个阶段是从元至正二十一年（1361 年）至洪武七年（1374 年）。该时期是铜钱使用阶段。该阶段的法定货币形态是铜钱，共铸造发行了两种铜钱："明"建立前铸造发行的为"大中通宝"，"明"建立后在洪武元年（1368 年）颁布发行的为"洪武通宝"。

第二个阶段是从洪武八年（1375 年）至宣德十年（1435 年）。在该阶段，朝廷禁行其他形式的货币，纸钞是唯一的法定流通货币。洪武八年（1375 年），"大明宝钞"开始发行流通，严禁以金银和实物作为交易的手段，铜钱在初期还可以继续使用流通，到洪武二十七年（1394 年）铜钱也被禁止使用。自此，"大明宝钞"成了唯一的法定货币。这种情况产生的原因、推行的规则和后果是后文将要重点研究的内容。可以明确的是，在很长一段时间里，国家限制其他货币形式的流通，"大明宝钞"成为唯一的法定货币。在民间交易中，货币体系的变革已经开始发生，白银的流通正在突破国家对法定货币形式的限制。

第三个阶段是从正统元年（1436 年）至嘉靖初（16 世纪 20 年代中期）。该阶段是钱、钞、白银三种货币形态并行时期。在这一时期，民间交易的货币使用习惯以及"大明宝钞"的现实问题促成了明代货币体系的改革，白银在这一时期正式成为法定货币。到正德三年（1508 年），根据《明史·食货志》记载的内容可知，90% 的官俸已经是白银，另外 10% 则是铜钱。[1] 从该表述可以看出，白银在当时已经是官方承认并实际使用的主要法定货币。而确定白银作为法定货币是从 1581 年"一条鞭法"施行开始，自此，白银的法定货币地位更加确定。铜钱作为辅币，填补了实际使用中小额交易的空白，而"大明宝钞"也并未失去法定货币地位，在法律上仍是正式的法定货币。因此，这一时期白银、铜钱、纸钞并行，三种法定货币形式都是法律所确认的。

第四个阶段是 16 世纪 20 年代后。该阶段是明代货币体系的变革完成阶段。白银完全作为主要的法定货币形态，开启了货币体系的"银两制"时期。在这个阶段，赋税开始用白银结算，继续发展后，军饷和官俸也正式进入白银时代，货币的白银化进程完成。在这一时期，铜钱仍作为辅币使用，"大明宝钞"停止流通。并且，这种法定货币形式和体系被一直沿用至清朝末年。

总的来说，明代的法定货币形态有铜钱、纸钞和白银。铜钱和纸钞都是国家主动发行和流通，并采取各种强制措施保障施行的重要货币形态，是国家占据主动权的。而白银则是在并没有法定货币地位的情况下，为了弥补纸钞的缺陷，在民间交

---

〔1〕（清）张廷玉等撰：《明史·卷八十一·食货志五》，中华书局 1974 年版。

易中发展起来的货币形态。并且，由于其具备完整的货币职能，因此自下而上地影响了国家政权对其的定位，在明中后期实现了货币的白银化。

在研究开始之前，需要明确研究对象。本书将研究对象界定为明代货币法制，其中最重要的构成就是明代货币法律。明代直接或间接对货币运行、流通进行规范的法律有哪些？应如何进行区分？要想回答这些问题，我们需要明确明代货币法律的渊源。货币法律渊源讨论的基础在于概念的清晰，对于明代货币、货币法律等相关概念需要进行清楚的界定。经过前文论述可知，在中国古代的文献中，没有"货币"这一说法，都是将龟、贝、刀币、铜钱、大明宝钞、白银等种类直接作为称谓，货币法制也是"钱法""钞法"等，但在明代，白银逐步成为法定货币。本书研究明代的货币法制，白银是一个重要的法定货币构成，并且是货币体系及法制变革的重要研究对象，加上白银之后，还称为"钱法"或"钞法"会稍显局限。那本书研究的"货币"与现代意义上通常使用的"货币"概念有何不同？应该怎样界定本书研究的"明代货币"呢？

二、明代货币法律内涵

（一）明代货币界定

货币究竟是什么呢？具体有哪些东西是货币呢？这完全是一个经济学、金融学的概念。亚当·斯密主张货币包含劳动量统计的属性，用货币购买物品，本质是用劳动去购买，购买交换的是被认为含有同样劳动量的物品。[1]马克思的《资本论》中

---

〔1〕 〔英〕亚当·斯密：《国民财富的性质和原因的研究》，郭大力、王亚南译，商务印书馆 1988 年版，第 20 页。

有一句知名的"金银天然不是货币，货币天然是金银"[1]的描述，从这可以看出，马克思对货币的认识是金银这种贵金属的自然属性，即具有储藏性、便携性、易分割性适合并能胜任货币的职能。那货币就简单的是金银吗？有学者并不这样认为。乔治·贝克莱认为，用什么材料做成什么形式对货币来说不重要，货币只是记载和转移支配生活的权利。[2]但马克思对这种认识持批判的态度。将货币视为一种符号的还有孟德斯鸠，他在《论法的精神》中明确表示货币就是一种符号，一种有商品价值的符号。[3]这种将货币定性为价值符号的认知扩宽了认知的视野，让货币的内涵更为丰富。这种符号会因处于不同国家、地区及不同时期而有所不同，是个发展变化的符号表现，更能体现货币的本质。基于这种认识，又延伸出了其他的学说。

有学者认为，货币这种价值符号是依据国家制度产生的，由国家制度来保障。抱着这种认识的学者都将货币作为制度来对待。如舒尔茨·科斯认为"货币是为降低交易成本而产生的制度"[4]；尼古拉斯·巴本认为"国家创造了货币，国家法律赋予了货币真实的价值"。[5]有学者认为，货币在本质上提供了分享生产物的可能性，是社会经济发展到一定程度的产物。[6]亦有学者认为，货币的本质在于其职能，符号是代表其职能。如

---

〔1〕　[德] 马克思：《资本论》（第 1 卷），中共中央马克思恩格斯列宁斯大林著作编译局译，人民出版社 1975 年版，第 107 页。

〔2〕　[德] 马克思：《政治经济学批判》，中共中央马克思恩格斯列宁斯大林著作编译局译，人民出版社 1976 年版，第 62 页。

〔3〕　[法] 孟德斯鸠：《论法的精神》，张雁深译，商务印书馆 1970 年版，第 322 页。

〔4〕　[美] R. 科斯等：《财产权利与制度变迁》，刘守英等译，上海人民出版社 1994 年版，第 253 页。

〔5〕　郑先炳：《西方货币理论》，西南财经大学出版社 2001 年版，第 327 页。

〔6〕　郑先炳：《西方货币理论》，西南财经大学出版社 2001 年版，第 327 页。

史密森认为货币是全部行使货币职能的资产和商品的子集。[1]
杜金富认为金属货币、纸币或者信用货币，只要能够反映价值、
流通并支付就都是货币。[2]

随着经济和新兴模式的发展，货币开始代表信用，出现了
信用货币，发行、流通都体现着国家信用。[3]这些对货币概念
和货币本质的认识和研究，属于在不同阶段、不同背景下对货
币的研究，更多的是基于现代的经济概念对货币进行界定。将
货币等同于金银，忽视了古代用其他类型物（如贝壳、布等）
作为一般等价物的时期，也忽视了后期的信用货币时代。路德维
希·冯·米塞斯认为，任何形式的货币都不是由其物理属性来
决定的，其本质不是它的物理表现。他主张货币只有基于如下
事实存在才能有自身的特性：货币本身首先是商品；其次用于
间接交换；最后对货币本身的买卖是为了这些间接交换的进
行。货币自身的特性决定货币的功能是有效力层次的，交换手
段是最根本的功能，是价值储藏、支付手段等功能的前提条
件。[4]

那货币与国家的关系呢？国家能否通过强制力发行流通不符
合经济规律的货币形式？这也就是"货币国定派"（chartalists）
主张的货币国家主义能否成立的问题。门格尔主张货币是在经
济发展、市场中自发形成的，而国定派坚持货币是由国家创造

---

〔1〕 [加] 约翰·史密森：《货币经济学前沿：论争与反思》，柳永明、王蕾
译，戴国强审订，上海财经大学出版社 2004 年版，第 16 页。

〔2〕 杜金富主编：《货币与金融统计学》（第 2 版），中国金融出版社 2006 年
版，第 71 页。

〔3〕 [美] 约瑟夫·熊彼特：《经济分析史》（第 2 卷），朱泱等译，商务印书
馆 1991 年版，第 510 页。

〔4〕 [德] 约尔格·吉多·许尔斯曼：《米塞斯大传》，黄华侨等译，上海社会
科学院出版社 2016 年版，第 149 页。

的，尤其是在封建政权之下，货币由国家创造这种学说有更深的根基，这种争论也被一直延续，至今都仍有学说认为只有经过国家颁布确认的货币才是货币。克纳普在 1905 年出版的《货币国家理论》一书中就认为货币是法律秩序的创造，货币理论只能是法律史的一个分支。主张货币本质上就是由政府指定的，是合法有效的。但是，米塞斯强调，随着经济发展，货币国家主义并不成立，存在很多问题，货币和国民的财富是没有关联的。米塞斯的主张并不是完全合理的。银行学派的代表维塞尔认为货币本身是不具备任何价值的，而是代表着用其交换来的其他物品的价值。其不否认金银这些历史上长期存在的媒介就是货币，但它们只有在不是因为货币的目的被需要的时候才是商品。而纸币则完全不是商品，仅仅是交换媒介。总的来说，货币在不同的国家、不同的时代不能被简单地给出一个明确的定义，这是一个发展的概念，我们应结合各种因素（包括国家、法律、制度等）去界定货币。

　　本书研究的是明代货币，也就是明代的法定货币。这里指的"货币"与前文所述现代意义上的货币概念有较大的出入，属于早期（即认为贵金属就是货币）比较朴素的认识时期的货币概念。中国古代的法定货币发展至明代主要是铜钱和纸钞，因此在明代及之后的文献中我们可以看到对明代"货币"的介绍都是"钱""钞"。那本书研究的明代是不是应该将对象限定为明代钱钞？明代的货币体系是一个变革的时期，从前期的钱、钞，到中后期白银成为法定货币，开始货币白银化进程，这个进程是整个中国古代货币体系发展的重大变革时期。变革中的"白银"是研究明代货币不可或缺的部分，只对"钱""钞"进行研究并不能完整展现明代的货币体系。因此，本书的研究对象——明代货币——与现代意义上的货币概念是不同的。从叶世昌先生关于"货币"一词的考证来看[1]，古代中国并没有大量使用"货币"这个词语，但是本书研究的确实是明代的法定货币。

综上，对本书的研究对象"明代货币"的界定应该是——用"货币"指代具有货币属性的流通物的总称，介绍明代的法定"货币"，即铜钱、纸钞和白银。这个货币概念是所有货币种类的总称，所以其小于现代意义上的货币概念，大于古代中国的"钱""钞"概念。

（二）货币法律的界定

货币法首先是法律，货币法律作为概念必然有其固定的内涵和外延。法学研究方法就是定性的研究方法，也就是研究的基础需要预设一个概念。本书研究的货币法律的概念是什么？内涵和外延是什么？

"法律是什么"是一个在法理学研究中被反复提及的问题，也是法理学研究的一个核心问题。哈特认为，对于法律到底是什么，不同的思想家从各种不同的角度提出了多元而奇怪的解答。[2]凯尔森认为："法是规范人的行为的秩序，这种秩序由很多的规则构成了体系，法并不是一个简单的规则，它是一个完整体系下的统一的规则。"[3]有学者认为，法律是一种命令，具有连续性，"法律的存在依赖一个社会中的大多数人对某个人或某些人的习惯服从。由于存在这种习惯服从，一个立法机关（或政府）才得以顺利制定和颁布法律"。[4]同时，还需区分实

---

[1] 叶世昌："中国'货币'一词的初史"，载《中国钱币》2016年第5期。

[2] ［英］哈特：《法律的概念》，张文显等译，中国大百科全书出版社1996年版，第11页。

[3] ［奥］凯尔森：《法与国家的一般理论》，沈宗灵译，中国大百科全书出版社1996年版，第2~3页。

[4] 刘星：《法律是什么》，中国政法大学出版社1998年版，第23页。

然法律和应然法律，这也是实证观念和自然法观念的博弈。也有学说认为，法律是一种预测，因为可预测性会起到约束的作用。法律的概念涉及具体的法律作用、效力、目的以及背后的道德、哲学、政治等各方面的内容，对法律概念的争论是繁多而无止境的，难以简单地对其进行确定的表述。但是，研究具体的某方面的法律（比如本书研究的货币法律）必须在对其概念进行界定的基础上进行分析。中国古代并没有"法律"这一现代说法，货币法律也一直被称为"钱法""钞法"。我们需要明确本书研究的货币法律的概念，通过该概念去阐明其所代表的法律秩序的样貌及与其他规范的互动。

现代意义上的货币法是金融法的一个重要部分，货币法在发展过程中经历了金属本位和信用本位两种货币本位制度，是在这两种基本本位制度之上构建的法律。货币带有时代和区域的特性，货币法亦然。在国际经济高度融合发展的现在，货币法按照区域划分首先是国际货币法，也就是全球性的货币法。《国际货币基金协定》于 1945 年 12 月 27 日生效，共 31 条，在协定规定之下成立了国际货币基金组织。该协定是对国际货币规则的确定，标志着全球性的国际货币制度——布雷顿森林体系——的建立。这是在国际货币发行流通过程中需要遵循的基本规则，即国际货币法。而在国内应遵循的规则是与国家制度相关的，国内货币法规定的是国家法定货币的性质和流通及组织形式。因为货币在产生后，形式会随着社会、经济的发展而不断变化，内涵也日益复杂起来，国家统一货币铸造权也就成了必要，货币法就此产生，并在不断的变化发展过程中保障货币发行的统一、流通范围的明确。因此，有学者提出货币法是为了保障货币发行流通，确立本国货币制度，对货币进行管理的法律规范的总和。[1]也有学者归纳，货币法是调整社会关系的法律规范的总和，这个社会关系是货币发行、管理过程中的社会关系。[2]也有学者认为，货币法是国家颁布的关于货币流通的组织和机构的法律规范的总和，这些组织机构是为建立或者改革货币制度而设立的。[3]具体到我国，目前的货币法是中华人民共和国成立后颁布施行的一系列法规。

这些货币法与本书研究讨论的明代货币法律也存在区别。中国古代并没有法律这种现代的概念，法家提出的"法律"概念，不同于西方对于法律的理解。《说文解字》提到"灋，刑也。平之如水，从水；廌，所以触不直者去之，从去"。[4]这是从文字方面进行的解释，并不是明确的概念，也不涉及法律是什么的问题。《管子·七法》给出的解释是"尺寸也，绳墨也，规矩也，衡石也，斗斛也、角量也，谓之法"。[5]这个界定从表面解释了法律规则性、规范性的一面，但并没有解释法律效力的来源，法律与道德的关系、界限等问题，并不触及西方法律概念中法律本质的部分。明代的货币法律也是国家为保障货币发行、流通而制定的，但具体到法律规制上却并不完整、系统，没有形成体系，但同样是构建了货币法律制度。中国古代并没有专门的部门法，更没有单独的货币法，中华法系不只在民刑等法律文本上没有作出明确的区分，刑事与经济更是没有区分。

---

〔1〕 赵海宽、陈晓旭主编：《证券操作与管理大辞典》，改革出版社1995年版，第7页。

〔2〕 丁宝山、任建平主编：《产业经济辞典》，中国财政经济出版社1991年版，第474页。

〔3〕 刘鸿儒主编：《经济大辞典·金融卷》，上海辞书出版社1987年版，第541页。

〔4〕 （东汉）许慎：《说文解字》，浙江古籍出版社2016年版。

〔5〕《管子》，（唐）房玄龄注，（明）刘绩补注，刘晓艺校点，上海古籍出版社2015年版。

在明代中后期之前，古代中国的货币法主要就是钱法和钞法，都统一被放到刑律内。由于货币关系着中央集权的统治，与赋税、财政、军队管理等密切相关，因此历代的刑律条文都有关于钱、钞的专门规定。具体的内容涉及了铜钱、纸币的发行和流通等各个方面，包括了发行机构、管理机构、形制等各个方面。还有关于私铸铜钱、伪造纸钞等具体的处罚方式及标准。总的来说，中国古代的货币法更像是刑法中关于货币部分的规定，主要是从处罚等方面来进行规范。同时，在与赋税等经济相关的部分法律规制中，我们可以看到国家货币政策的变化，发现当时的法定流通货币的基本情况及比值。虽然这些条文并不是直接的货币法律规定，但是内容中涉及的货币单位、数量等可以清晰地反映当时货币发行、流通的状况，也是我们研究货币法律内容的一种来源，是货币法律制度的重要构成。货币法律及法律制度经过了漫长的发展，至明代也只是一个继承发展的过程。同时，明代的政治、经济等因素有自身的特色，特别是白银的大量流通，出现了关于白银的规则。本书研究的明代货币法律及其法律制度是明代朝廷为控制、保障货币的发行、流通而制定的规则的总和。结合明代法律体制的实际，这些规则分布在不同的法典及文献内，代表着明代中央政权对经济的控制及对货币掌控的态度。因此，本书的研究对象——明代货币法律——并不单纯是古代"法"这个词语所涉及的简单的对象，而是包含了制定法、习惯法和行为惯例等。

综上，明代的货币法律在前代钱法、钞法发展的基础上形成了极具自身特色的规范，明文存在于刑律条文中，同时又因为经济的发展及货币白银化进程而受到国家法律的约束。因此，明代的货币法律内容在货币形式上比前代丰富。明代货币法律的目的仍是保障皇权和中央集权的统治，但其变革还是带来了经济的变化和法律其他方面的进展。明代货币法律概念还需本书的进一步研究才能更加丰富、立体。

三、明代货币法律渊源

为了明确研究明代货币法制的情况，我们有必要了解明代货币法律及其发展沿革阶段具体是怎样的。从明代货币形式的变化可知，明代法律在货币方面进行了很多尝试，为了适应国家的货币政策，货币法律也一直在做着相应的调整和变革。因此，货币法律的发展阶段也就对应着相应法定货币形态的发展阶段。其具体包括了哪些法律渊源是研究这些发展的基础。

（一）货币法律渊源的效力

法律渊源（fons juris）不是古代中国的概念和表述，而是现代西方的概念，在中国古代的文化及学术研究中没有与之对应的概念及词汇表述。但是，明晰货币法律渊源是研究明代货币法制的基础，只有在明确明代货币法律渊源的基础上，才能完整、系统地研究明代的货币法制。因此，有必要就这一在古代中国并不存在的概念进行解释。渊源也就是来源的意思，法律渊源就是法律的来源，是法律的出处。现实主义理论认为，确定的法条和规则并不是法律，"而是法律的渊源，必须区分法律和法律渊源"。[1]司法实践中，在适用这些规则的时候，是以制定法、习惯法、政策等这些法律渊源为依据的，法律规则是在实践中通过法律适用形成的。法律渊源和具体的案件使得裁判者在司法实践中创制了法律规则。这种法律才是真正的法律。[2]一般的法理学教材认为法律渊源这一概念包含了几个方面：历史渊源，影响法律的历史事件；本质渊源，支撑法律正

---

〔1〕 刘星：《法律是什么》，中国政法大学出版社 1998 年版，第 68 页。
〔2〕 刘星：《法律是什么》，中国政法大学出版社 1998 年版，第 68 页。

当性的来源；思想渊源，如古代中国的儒家思想；文本渊源，法律汇编等；效力渊源，法律权威性、震慑性的来源；形式渊源，经过确定的程序制定的法律规制，是法律规范的具体表现形式。[1]也有观点主张对法律渊源按照不同的方式分类，"根据形式的不同，分为成文法渊源和不成文法渊源；根据法律渊源与法律规范的关系，分为直接渊源和间接渊源；根据形成的程序和制定主体，分为制定法渊源和非制定法渊源；根据法律渊源的相对性，分为主要渊源和次要渊源"。[2]归纳分析，法律渊源包含了法律的形式渊源以及法律的本质渊源。形式渊源包含了法律的具体表现形式，这种具体的表现形式并不只有法律规制、法条，具体判例或碑文或文物上的记载也可以体现当时的法律规则，也是法律形式渊源的一种。具体到货币法律，可以通过货币实物本身来呈现其背后的法律规则。也就是说，法律秩序的真正效力不光来自法律渊源，还有法律规则，即法律规范和实践共同构成了法律秩序的效力。在静态上看，规范和规则的效力来自另外的权力的授权，这个权力的赋予是另外的规范，在实践中需要推演哪个规范是"具有最高效力的、最终的规范，也就是基础规范"。[3]基础规范是法律存在的依据。"从动态上看，基础规范确定了法律的权威，通过这个权威赋予其他规范的权威，其他的规范只要在基础规范的有效存续期间内，也是有效的法律规范。"[4]只有通过这种基础规范的确定，法律才会有存在的正当性和意义。在明代，什么是这个基础规范？皇帝的诏令！也就是说，在古代中国，货币法律的基础规范是君

---

〔1〕 朱继萍主编：《法学导论》，中国政法大学出版社2015年版，第102~103页。

〔2〕 高其才：《法理学》（第3版），清华大学出版社2015年版，第77页。

〔3〕 ［奥］凯尔森：《法与国家的一般理论》，沈宗灵译，中国大百科全书出版社1996年版，第4页。

〔4〕 王乔："近代中国货币法研究"，中国政法大学2011年博士学位论文。

主这个最高的法律权威，君主的诏令天然就是其他法律规范存
在正当性的来源，并且这些法律规范必须符合封建国家法律思
想所强调的儒家的三纲五常。根据上述分析，具体到明代的货
币法律，封建中央政权为了保障皇权，在制定货币法律时通过
皇权的授意，形成了货币法律规范。货币法律规范和具体的实
施构成了明代的货币制度，货币制度也基于货币法律规范的权
威性确立了正当性和有效性。而之所以能与当时的社会、文化
相互契合，是因为构建的框架就是以当时的道德秩序为基本的
文化语言。法律并不只是静态的文字，动态研究还要了解立法、
司法等具体的方面。法律在强调规范文本自身权威和逻辑的同
时，还要求法律规范与行为一致，对行为的判断需要司法实践
者的法律意识。这样才能保证大众对法律规范的遵从和敬仰，
才能从主观上自动遵从法律规范。

　　因此，从法律渊源的角度来说，制定法和习惯法表现出来
的货币法律的一般规则和规范确定了货币法律规范的适用机构
以及这些机构发行和流通货币时应遵循的具体程序。而这些规
则和规范是这些机构作出行政决定或者司法行为的依据。基于
此，司法官员有可能在个案及具体的司法判例中创造出特别的、
个性的规范。从具体的明代法律体系和法制来看，明代法律渊
源的效力层级表现为：货币法律的基础规范是君主的诏令、谕
旨，其次的规范是常经之法，包含《大明律》《大明令》《大明
集礼》《诸司职掌》；再次是其他常法，包含《明大诰》《宪纲》
《孝慈录》《洪武礼制》《礼仪定式》《皇明祖训》《稽古定制》
《教民榜文》《军法定律》；另外还包括各种例、条例、事例、则
例、榜例及其他各类事例等。这些法律渊源构成了一个系统的
法律体系，而特别货币法律体系也包含其中，处在不同效力层
次的规范构成的货币法律秩序也完整起来，如其中的则例，主

要就是表述钱物管理和财政收支标准方面的事例。

（二）狭义的明代货币法律

狭义的货币法律，也就是法律渊源分类中的成文法渊源、制定法渊源、直接渊源等。

1. 国家颁布的成文法

法律文本是严格按照一定程序制定，并由国家强制力提供保障的。在明代，主要的法律形式有律、令、诰、例、典。其中国家颁布的与货币相关的成文法，包括如下几类：

（1）律。《大明律》是明代基本大法，是明代货币法律的基础和主要渊源。《明史·刑法志》这样记录《大明律》：

> 盖太祖之于律令也，草创于吴元年，更定于洪武七年，整齐于二十二年，至三十年始颁示天下。[1]

可见，《大明律》的问世经过了反复的推敲论证。在吴元年（1367年），朱元璋政权以通俗易懂、简便明确为原则制定了《大明律令》，这是后来《大明律》的雏形。在此基础之上，明太祖结合当时的社会状况，吸收学习唐律，对《大明律令》的条文进行了深化，于洪武七年（1374年）确定了《大明律》的文本，这一版是按照唐律的篇章体例制定的，共计606条。但这还不是最后一直延续适用的《大明律》。因为特殊的政治原因，《大明律》在洪武二十二年（1389年）进行了重新编纂。在此时，自唐代后一直沿用的中书省机构和宰相已经被废除，中书省的职权被分到六部，《大明律》按六部的体例对相应条文进行重新分类，同时将名例律放在首篇，其后为吏、户、礼、兵、刑、工，计460条。中华法系沿用数百年的法典体例至此

---

[1]（清）张廷玉等撰：《明史·卷九十五·刑法志三》，中华书局1974年版。

发生了巨大改变，基本的《大明律》形式也就此确立。而《大明律》最终的完成颁行，是在洪武三十年（1397年）。明太祖将《明大诰》中的部分条文精髓摘出来形成《钦定律诰》，附在《大明律》后正式颁行。这标志着《大明律》的最终完成。明太祖下令"子孙守之，群臣有稍议更改，即坐以变乱祖制之罪"[1]。基于遵循祖制的规定，《大明律》条文没有随时代的发展变化而更改，因此为适应国家管理和司法需要，明代条例众多，以补充律文的不足。《大明律》是明代货币法律的重要渊源，其中《户律四》仓库部分共计24条，前两部分就是钞法和钱法，这是直接规定钱、钞发行的条文规制。该部分还有"隐匿费用税粮课物""虚出通关朱钞""附余钱粮私下补数""私借钱粮""钱粮互相觉察""守支钱粮及擅开官封""起解金银足色""损坏仓库财物""守掌在官财物"等条文。这些条文间接包含了货币的内容，对货币流通、法律规范有明确的体现。

（2）令。令这种形式在唐代以后一直沿革发展，五代时期是对唐代令典的沿用，后续有修改的部分也都以唐代令典的内容为基础框架。北宋于淳化三年（公元992年）修撰了《淳化令》，但也只是对唐代令典在文字上进行修改。此后，北宋和南宋时期，对令典的编纂都仍是以唐代令典为基础，是一种完整的承继关系。到洪武元年（1368年），朝廷颁布了《大明令》，也是按照六部的设置标准进行编排，总计145条。《大明令》的形成早于《大明律》，但在《大明律》颁行生效后也没有完全失去效力，除了刑法总则性质之外的条文仍被大量适用。《大明令》是古代中国最后一部以令为名的令典，对于与《大明律》的关系和实践中适用的问题，《大明律令》卷四十四有明确的

---

〔1〕 （清）张廷玉等撰：《明史·卷九十三·刑法一》，中华书局1974年版。

记载：

> 惟律令者治天下之法也，令以教之于先，律以齐之于后……故令与律相为表里。[1]
>
> 其洪武元年之令，有律不载而具于令者，法司得援以为证，请于上而后行焉。[2]

邱浚对两者之间关系的理解是：

> 洪武元年，即为《大明令》，颁行天下，盖与汉高祖入关约法三章同一意也……律者，刑之法也；令者，法之意也。法具则意寓其中。草创之初，未暇详其曲折，故明示以其意所在令是也；平定之后，既已备其制度，故详载其法之所存律是也。[3]

贯彻明代希望法律通俗易懂的思想，为配合《大明令》的颁布，《律令直解》被编撰，这是对《大明令》的完整注释，也是理解适用《大明令》的重要文本。《大明令》的内容是与唐代令典最大的不同，也是对前代一直沿用唐代令典编纂模式的一种全新变革。《大明令》除了在结构上采用吏、户、礼、兵、刑、工六部的分节外，在具体内容上将刑事法和行政法规编纂在一起。在《大明令》后，就没有其他令典的编纂了。虽然没有令典的编纂，但是因为《大明律》的不可更改，历代皇帝基于统治需要，都颁布了各种令。"令"不断地被制定出台，涉及国家治理的各方面，但没有再进行汇编统一。这些令散佚

---

〔1〕《大明律令·卷四十四》康熙六十一年和刻本《享保刊行明律》。

〔2〕（清）张廷玉等撰：《明史·卷九十三·刑法一》，中华书局 1974 年版。

〔3〕（清）孙承泽：《春明梦余录·卷四十四·刑部一》，广陵书社 1990 年版。

在《明实录》等文献中。如：

> 建文二年诏曰：江、浙赋独重，而苏、松准私租起科，特以惩一时顽民，岂可为定则以重困一方。宜悉与减免，亩不得过一斗。[1]
>
> 永乐七年帝曰："用人虽不专一途，然御史为朝廷耳目之寄，宜用有学识通达治体者。"诏曰："自今勿复用吏。吏部，著为令。"[2]
>
> 宣德五年二月诏：旧额官田租，亩一斗至四斗者各减十之二，四斗一升至一石以上者减十之三。著为令。[3]

这些令涉及政治、经济、社会生活等各个方面，包含了禁榷制度，也有大量与货币相关的内容。比如，从上文举例的田租问题中我们可以发现法定货币种类及货币流通比价等法律问题。

（3）诰。《明大诰》是刑事特别规定，是对《大明律》的补充，与《大明律》"礼法结合"的立法思想有很大区别。《明大诰》强调的是严刑峻法，在《大明律》处罚标准之上加重处罚。其由《御制大诰》《御制大诰续编》《御制大诰三编》《御制大诰武臣》四编组成，由案例、峻令、训导汇集编纂而成，编纂者是朱元璋本人。为达到警戒的作用，其将洪武十八年（1385 年）至洪武二十年（1387 年）期间的"官民过犯"案例的要点汇集起来。案例的选择标准按实录记载是：

> 上以中外臣民染元之俗，往往不安职业，触丽宪章，欲效成周《大诰》之制，以训化之。取当世事之善可为法，恶可为

―――――――――

〔1〕 （清）张廷玉等撰：《明史·卷四十四·食货志二》，中华书局 1974 年版。

〔2〕 （清）龙文彬纂：《明会要·卷四十四·职官五》，中华书局 1956 年版。

〔3〕 （清）张廷玉等撰：《明史·卷四十四·食货志二》，中华书局 1974 年版。

戒者，著为条目，大诰天下。[1]

朱元璋在《大明律》之外设置了额外的严刑峻法，实施更重的处罚；还有部分内容是训导，特别是针对大臣的训导。《明大诰》虽含有大量案例，但并不是案例汇编，而是具有法律效力的法律渊源，在颁布之初就得到了具体的实施。《明大诰》是货币法律的重要渊源，因为其内容是强调治吏、治贪。其中大量定罪量刑的标准及处罚标准都涉及货币的计数，我们能从这些规定和具体的实施中看出明代货币的流通，是货币影响法律的一个侧面。除了侧面反应货币法律的内容，《明大诰》中还有最直接的货币法律规定。如对伪钞制造者，"捕获到官，自京至句容，其途九十里，所枭之尸相望"。[2]《大诰续编》中还有关于钞库作弊判例的具体记载：

宝钞提举司官吏冯良、孙安等二十名，通同户部官栗恕、郭桓，户科给事中屈伸等，并钞匠五百八十名在局抄钞。其钞匠日工可办十分，诸匠等止认办七分。朕明知力尚有余，从其认办。所以得存三分，不欲竭尽心力，后三处结党，诸匠尽力为之。洪武十八年二月二十五日造钞起，至十二月天寒止，尽力所造钞六百九十四万六千六百九十九锭。临奏钞数，已匿一百四十三万七千五百四十锭，于广源库杂诸处所进商税钞堆积。所奏进者五百五十万九千五十九锭，将混同商税钞堆积，以代外来商税课程。且如太平府进纳折收秋粮钞，并江西承差李民宪等解课程钞一十万至，其进钞人先谋通户部及钞库官，内将十万就库检校，如数贴作折收秋粮钞并课程钞名色，虚出实入，

---

〔1〕《明太祖实录·卷一七九·洪武十九年十一月癸丑朔》。

〔2〕杨一凡：《明大诰研究》，江苏人民出版社 1988 年版。

来人执凭。外十万钞，与解来人四处共分，事甚昭然。呜呼！当计此之谋，为利所迷，自将以为终身不犯，岂知不终年而遭刑。古先哲王论之曰：毋作聪明、观今此之徒，先王之谕良哉。今不循者堕命矣。[1]

（4）繁多的条例、事例。如果说国家的基本典章制度在朱元璋的要求之下是不可变通、修改的话，"例"就是为了应对社会发展的变通之法，因此数量繁多。前文在介绍令的时候提到《大明令》是最后一部令典。杨一凡教授认为，在明代法律体系中，"令"和"例"的称谓发生了互换，[2]明代法律体系"无令"的说法是错误的。明代法制的一个特色就是"以典为纲，以例为目"[3]，这是对之前各代法律体系的一个变革。因此，例的地位在明代法制和法律体系中非常重要，是不可或缺的重要法律渊源。

明代在不同时期基于处理不同类型的具体事宜的考虑，颁行了大量的例。这些例涉及政治、刑事、行政、经济、军事等诸多方面，当然也包含货币方面。这些例十分多变，不具备持续性和稳定性。例有条例、事例、则例、榜例，具体来说：①条例是指各种例的总称，事例、则例、榜例都可以被称为条例。在明代前期，条例特指抽象条文构成或结构是复数的事例，中后期是指朝廷修订过的有法律效力的文件。这些条例可以在《明会典》等文件中看到，如"责任条例"等。明前期的条例，从内容及具体的记载来看，其本质上是事例。②事例的意思是

---

〔1〕 杨一凡、徐立志主编：《历代判例判牍》（第3册），杨一凡等整理，中国社会科学出版社2005年版，第100～101页。

〔2〕 杨一凡："明代典例法律体系的确立与令的变迁——'律例法律体系'说、'无令'说修正"，载《华东政法大学学报》2017年第1期。

〔3〕 杨一凡："明代典例法律体系的确立与令的变迁——'律例法律体系'说、'无令'说修正"，载《华东政法大学学报》2017年第1期。

"以前事为例"，和西方国家的判例含义相近。在司法实践中，通过特定事件的处理或者特定案例的判罚形成具有代表性的参考范例，并经过统治者确认具有法律效力，成为定例。③则例，在明代是事例的一种，是专门规范国家钱物管理、流通标准及其他事项具体运作程序和固定规则的一种事例。其也是研究明代经济法（特别是本书研究的明代货币法律）的重要历史资料，是明代货币法律的重要渊源。④榜例是指以榜文作为公布定例的具体方式的事例。其与一般事例的不同之处在于发布方式。在明代，例的地位被提高，在整个法律体系中占据着更加重要的地位，是司法实践的重要参考和依据。在此可以举《盐引条例》中的例，以直观感受其内容：

　　守御官吏巡获私盐犯人，绞；有军器者斩，盐货车船头匹没官。常人捉获者，赏银一十两，仍追究是何场分所卖，依律处断。凡起运官盐每引四百斤带耗盐一十斤为二袋，客盐每引二百斤为一袋，经过批验所依数挈制，经过官司俱辨验盐引，如无批验挈制印记者，笞五十，押回盘验。如果民权豪势要乘坐无引私盐船只，不代盘验者，发烟瘴充军。有官者依上断罪罢职。凡偷取官运盐货或将沙土插和抵换者，计赃比常盗加一等。如系客商盐货以常盗论。客商将买到官盐插和沙土货卖者，杖八十。又客商兴贩不许盐引相离，违者同私盐追断。卖毕五日内不缴退引者，杖六十。将旧引影射盐货，同私盐论。伪造引者，斩。诸人买食私盐减贩私人罪一等，因而贩卖者绞。[1]

　　这一段内容是洪武初年所定之《盐引条例》的规定，其中

---

　　〔1〕（明）王圻撰：《续文献通考·卷二十·征椎考·盐铁》，上海古籍出版社1988年版。

有关于奖赏金额和处罚金额的表述，特别是具体提到"赏银一十两"，可知此时银已经具备货币属性，在小范围或特定领域流通使用。

（5）除律、令、诰、例等具体法规外，还有由国家主持的正式汇纂的法典。《明会典》于明孝宗弘治十年（1497年）开始编纂，最终于弘治十五年（1502年）编成，共有180卷，但是因为明孝宗的驾崩而没有正式颁行。明武宗时朝廷修订颁行了名为《正德会典》的法典。之后又编纂了《嘉靖会典》《万历重修会典》，内容与卷数也在修订编纂过程中愈加丰富。《明会典》主要是一部行政法典，"以官统事，以事隶官"[1]，内容包含明代各级职官的职掌和具体的事例，是将具备法律效力的准则汇集起来，是各级官员遵守的准则。《明会典》的编纂目的是"辑累朝之法令，定一代之章程，鸿纲纤目，灿然具备"。[2]这也是为了在实践中平衡日渐复杂的治理事宜与基本法典不能变更之间的矛盾。《明会典》中有大量的内容与明代货币法律相关，如《明会典·卷三十四户部》记载洪武八年（1375年）"诏中书省造大明宝钞"，洪武二十四年（1391年）"榜谕各处商税衙门河泊所官吏不许勒要料钞"。[3]

2. 非国家制定的非成文规则

通过国家成文法规范，我们已经可以知道明代货币法律的基本渊源及构成，了解了国家对货币法律的态度和基本措施，但这并不是货币法律渊源的全部。货币是流通性特别强的事物，规范其发行、流通的是国家成文法规范，但其在实际流通过程中会脱离成文法的控制，在长期的流通中形成了自己的一套准

〔1〕（清）张昇编：《〈四库全书〉提要稿辑存》，北京图书馆出版社2006年版。

〔2〕（明）申时行等修：《明会典》（万历朝重修本），中华书局1989年版。

〔3〕（明）申时行等修：《明会典》（万历朝重修本），中华书局1989年版。

则。非成文规则包含了习惯法和判例法等。在明代，货币方面的习惯法是否存在？或者是否具备法律效力？从具体的判例来看，在涉及货币事务的司法实践中存在使用习惯法的情况。那么，我们应从哪里去发现这些习惯法、判例法？

（1）明代与货币事务相关的司法判例。从司法判例中，我们可以看到货币法律的具体存在形式和实践效果。在明代具体的判牍中，从留存在资料来看，有《云间谳略》《莆阳谳牍》《新纂四六谳语》以及明代文人在文集中记载的判牍，如《海瑞集》中的参语、《震川别集》里的审单、《文忠集》里的谳牍、《檀雪斋集》里的谳牍等一系列资料。

（2）民间保留的货币法律资料。这些资料包含铜钱、大明宝钞、银的实物，从实物的形制和图案我们可以了解其发行流通的情况。在古代，有直接将法律规定印在货币上的情形，这也是货币法律的一个渊源。

（3）与货币法律有关的奏疏、呈文。这些资料可以直观、清晰地反映货币体系及货币法制改革的进路，是研究货币法制发展演变的第一手资料。其能够清晰地还原改革的原因、博弈和过程。

（三）广义的明代货币法律

广义的货币包含了狭义的货币和货币替代物，即广义的货币包含了法定货币和其他货币替代物。那广义的货币法律相对于狭义的货币法律是指哪些呢？具体构成如何？广义的货币法律除了狭义货币法律渊源之外，还有以社会价值观念为准绳的，并未被载入法律，不由国家强制力颁行，也不具有法律效力的一些在实践中所遵循的规则。这些渊源在货币实践中也是不能忽略的。

（1）法律史研究的热点——民事纠纷中不可回避，古代中国司法避不开的天理、人情。这些并未由国家机关颁行，也不具有强制效力的规则在货币司法实践中也被遵守并且由司法官员加以运用，也属于货币法律的渊源。

（2）货币最主要的属性就是流通，其除了必须由强制力进行控制外，大部分的时间都是在实际流通中的。行会、宗族等其他团体之间在长期的实践中形成的一套固有的程序和规则，也就是习惯法，在日常的交易和生活中对货币流通的适用发挥了巨大的作用，这些作用甚至超过了成文法的强制规范。这些行业规范、乡规民约是成文法之外的重要法律渊源，也是研究明代货币法律所绕不开的重要部分。并且，从这些行业规范、乡规民约中，我们可以窥见明代货币法律与经济、社会文化的关系。

（3）传统中国特有的伦理道德、纲常观念。这也是明代货币法律的一个广义渊源，因为这些纲常观念、传统的道德约束已经深入人心，对普通民众形成了天然约束，在货币的发行流通使用方面可以发挥拘束作用。成文法的构建颁行也需遵循传统社会的伦常观念，这些传统的社会秩序要求是天然的法律渊源。

法理学研究的一个问题是法律与道德的关系。凯尔森一直认为，法律概念没有任何道德的意义，是纯粹的法律。经过实证主义法学派和自然主义法学派的多年论争，两者的关系问题仍然没有绝对的结论。但古代中国的礼与法之争，或者说法律与道德的关系问题，并没有存在那么大的争议，在早期就已经确定引礼入法。研究明代的货币法律问题，不应以西方法理学的法律与道德的标准来论证，而是应基于古代中国自己的观念和实践。关于"礼"与"法"的关系，法律史学界对此有众多的研究，从各个角度进行了阐释。张晋藩先生认为，礼与法是各尽其用的关系，认为法经历了由"刑"到"法"，由"法"到"律"的演变，"法乃是以刑罚为后盾的禁止性的行为规则"。[1]"礼作为人的本质属性，是将人区别于禽兽的标志；礼是特定关系中人的行为标准，它解决人怎样对待人的问题；礼是特定场合下人的行为标准，是规定人进退出处的原则；礼是由家到国的治理规则，着眼于普遍的统一适用；礼乃是宇宙的推动法则，是一切秩序的来源。"[2]礼与法是传统法制的两个方面。梁治平主张，礼与法的关系问题，就是法律的道德化。《隋书·刑法志》记载："礼义以为纲纪，养化以为本，明刑以为助。"因此，这些礼义伦常观念必然属于明代货币法律的渊源。

第二节　明代法律中的货币条文

明代货币法制最重要的基础就是货币法律，具体的货币形式（即铜钱、纸钞、白银）在明代的法律文本中是怎样体现的呢？这种表现有直接关于货币发行、流通的规范；也有在规定其他事项时以货币作为标准的间接描述，其中涉及赎、赃、盗等方面的条文，这些条文中有关于货币的表述，且法定货币和货币法制的变化都对这些具体的犯罪的定罪量刑产生了巨大的影响。研究明代货币法制，要先将其中的基础——明代货币法律的具体内容，也就是在明代法律中的货币直接或间接表述——按照明代货币法律渊源的效力层级分类进行具体的归纳总结，以作为明代货币法制研究的基础文本。

---

〔1〕　张晋藩、陈煜：《辉煌的中华法制文明》，江苏人民出版社、江苏凤凰美术出版社 2015 年版，第 41 页。

〔2〕　张晋藩、陈煜：《辉煌的中华法制文明》，江苏人民出版社、江苏凤凰美术出版社 2015 年版，第 42~44 页。

一、《大明律》中的货币条文

能够确定的是，《大明律》的条文中不只有关于铜钱、纸钞、白银的直接表述，其他方面的条文中也包含了铜钱、纸钞、白银，将它们作为判定的标准。这些间接的表述可以反映各种货币形式的地位及流通情况。法律条文是规定应然的关系，除了针对货币本身的法规外，由于货币的发行涉及国家的机构管理，流通涉及国家经济法的各个领域（如军事、赋税和具体的定罪量刑标准、刑罚等），因此还会与贪赃、盗窃条文密切相关。《大明律》按照吏、户、礼、兵、刑、工的结构进行编纂，将名例律放在卷首，《吏律》部分关于文武官吏应遵循的司法规则和公务职责的规定都反映出了皇权的日趋强化。与明代货币直接相关的是《户律》部分，该部分有户役、田宅、婚姻、仓库、课程、钱债、市廛7卷，共95条，内容涉及赋税、钞法、库藏、商税、外贸、借贷、市场等与社会经济直接相关的领域。

（一）直接的货币法律条文

《大明律》中直接与货币发行、流通相关的条文都集中在《户律》部分。《户律》部分有针对"钞法""钱法"的直接律文规定。

1. "钞法"条文

《大明律·卷七·户律》与"钞法"相关的直接条文为：

凡印造宝钞，与洪武大中通宝及历代铜钱相兼行使。其民间买卖诸物，及茶、盐、商税，诸色课程，并听收受。违者，杖一百。若诸人将宝钞赴仓场、库务，折纳诸色课程，中买盐货，及各衙门起解赃罚，须要于钞背，用使姓名私记，以凭稽考。若有不行用心辩验，收受伪钞，及挑剜描辏钞贯在内者，经手之人，杖一百，倍追所纳钞贯，谓误收伪钞，并挑剜辏钞，一贯倍追宝钞二贯，伪挑钞贯烧毁。其民间关市交易，亦许用使私记。若有不行仔细辩验，误相行使者，杖一百倍追钞贯。止问见使之人。若知情行使者，并依本律。[1]

《大明律·卷七·户律四》的仓库部分共有 24 条。根据《大明律集解附例》的记载，明代对该条的理解与适用情况是：

篆注：宝钞，即古之楮币。挑剜描辏，谓挑剜字样描辏成张，二倍追钞贯不同，上追之于经收之人，下追之于见使之人也。知情行使，凡民间买卖货物、官府征纳税粮并听收受正以通民用也，违者杖一百，罪坐不行收受之人，此兼官民而言。然钞法之行，奸弊易生，有伪造者，有挑剜描补者，故军民商贾诸人之以折纳课程中买盐货及各衙门起解赃罚与夫民问关市易，皆须于钞背用使姓名私记，以凭稽考防诈伪也。若官府不行辩验而混收，则钞法坏于上矣，事发追究原日经收之人坐杖一百倍，追所纳钞贯还官。伪挑钞贯烧毁若民间不行辩验而误使，则钞法坏于下矣，亦杖一百倍追钞贯入官。止坐见使之人王究所自者防及也不言烧毁者送官类烧毁也，以上经收行使自其无心误犯者。言之耳右其伪造及挑剜描辏之情而行使者，自依伪造宝钞及以真作伪律减犯人罪一等科断故曰并依本律。[2]

《大明律集解附例》是根据万历年间编撰会典时所记载的律例条文再加上"篆注"成书。在每一条律文后面都附上了篆注，说明律文的意思及其意旨。如果出现说解不清晰、辞不达意的情况，后面还会加上备考，解释其疑义。做到了解律释义，明解流变，对理解《大明律》及其中对货币法律的规定非常有利。

---

[1] 怀效锋点校：《大明律》（点校本），法律出版社 1998 年版，第 67~68 页。
[2] 《大明律集解附例·卷之七》（明万历间浙江官刊本·影印本）。

因此，对"钞法"这条，在纂注之外，还列明了与该条相关的条例：

一在外衙门官员通同势要，卖纳户口等项课钞，问罪卖钞之人发边卫充军，钞贯入官，官员纵无赃私奏请降用。[1]

《律解辩疑》对该条文前半部分规定"凡印造宝钞，与洪武大中通宝及历代铜钱相兼行使。其民间买卖诸物，及茶盐"的解释是：

【议曰】「知情行使者，并依本律」，谓明知伪造之情，挟同行使者，皆斩；若知挑剜描补，以真作伪之情，而扶同行使者，杖一百，徒三年。[2]

《律解辩疑》是一部律注文献，是对洪武十八年（1385年）、洪武十九年（1386年）《大明律》条文的逐条笺注。因为《律解辩疑》成书于洪武十九年（1386年），所以我们可以从中可以窥探、分析时人对《大明律》的理解与适用情况。

2. "钱法"条文

直接的"钱法"条文为《大明律·卷七·户律四》中紧跟"钞法"的内容。标题即为"钱法"：

凡钱法设立宝源等局，鼓铸洪武通宝铜钱与大中通宝及历代铜钱，相兼行使，折二、当三、当五、当十，依数准算。民间金银、米麦、布帛诸物价钱，并依时值，听从民便。若阻滞不即行使者，杖六十。其民军之家，除镜子、军器，及寺观庵

---

[1] 《大明律集解附例·卷之七》（明万历间浙江官刊本·影印本）。

[2] 杨一凡、田涛主编：《中国珍稀法律典籍续编》（第4册），张冠梓点校，黑龙江人民出版社2002年版，第109页。

院钟、磬、铙、钹外，其余应有废铜，并听赴官中卖，每斤给价铜钱一百五十文。若私相买卖，及收匿在家，不赴官中卖者，各笞四十。[1]

这是《大明律》针对"钱法"的直接规定，内容涉及铸造发行机构；与前代各类铜钱"相兼行使"；具体换算比价；对阻碍铜钱流通的处罚。该条律文还提到了铜钱原材料铜的匮乏和使用、管理问题，对民间私自买卖、收藏、隐匿铜原料有具体的处罚规定。该条是明代钱法的基础。针对时人对该条的理解和适用情况，《大明律集解附例》的纂注是：

纂注：钱法，即古铜钱鼓煽铸造也。谓铸时煽炽其火故曰鼓铸。折二即当二，不言当者因旧号也，钱有大小，故有折二当三、当五、当十之名，按武初令户部及各行省铸洪武等钱有当十钱重一两，当五钱重五钱，当三当二各如其数，小钱重一钱，凡五等依数准算。谓以一个当十个之类中卖亦系本处官司给价与盐法不同。此见我朝设局铸钱与历代之钱相兼行使，其钱有折二当三、当五、当十等样，各依所当之数准算。凡民间买卖物货价钱依其时所值之价，听从民便，欲其流通而不滞也。若有人或高抬其价，或低估其直，使物价不得其平，则钱法阻滞不能通行矣，故杖六十。废铜乃铸钱之所用，故民间除合用器皿外，其余应有废铜听赴官中卖，计数给价。若有私相买卖及收藏在家，不行赴官中卖者，各笞四十。此与钞法皆以阜财足用，而列钞法于前者，钱法相沿于历代而钞法首于我朝，故特先之遵时制也。[2]

---

〔1〕 怀效锋点校：《大明律》（点校本），法律出版社1998年版，第68页。
〔2〕 《大明律集解附例·卷之七》（明万历间浙江官刊本·影印本）。

该条纂注详细列明了铜钱的形制标准、比价流通、铜原料的紧缺及私自买卖铜和收藏在家的刑罚后果，并希望释明何为"钞法"。在体例上，"钞法"被排在了"钱法"的前面。"钱法"历代都有，而"钞法"却是在明代建立之初推行的具体立法，所以被列在"钱法"之前。

　　《律解辩疑》对《大明律》"钱法"的理解是：

> 本条云鼓铸。
>
> 【议曰】当铸冶之时，煽炽其火，谓之「鼓铸」。[1]

　　《律解辩疑》的该条"议曰"只对鼓铸进行了解析，对《大明律》"钱法"条文的其他规定则没有进行释义。

　　《大明律》从起草、制定到颁行，都在洪武年间完成，其后没有经过修改。所以，《大明律》中没有与白银流通相关的任何直接条文。白银通过明代中后期货币体系及货币法制改革才完成了"货币化"进程。

　　3. 伪造大明宝钞

　　"伪造大明宝钞"和"私铸铜钱"都是针对货币本身的条文规定，都是具体针对货币本身的犯罪行为进行的惩罚。这两条都是"诈伪"部分的重要条文。对"伪造大明宝钞"，《大明律·刑律七》的具体规定是：

> 凡伪造宝钞，不分首从，及窝主若知情行使者，皆斩。财产并入官。告捕者，官给赏银二百五十两，仍给犯人财产。里长知而不首者，杖一百；不知者，不坐。其巡捕、守把官军，知情故纵者，与同罪。若搜获伪钞，隐匿入己，不解官者，杖

---

〔1〕　杨一凡、田涛主编：《中国珍稀法律典籍续编》（第4册），张冠梓点校，黑龙江人民出版社 2002 年版，第 109 页。

一百，流三千里。失于巡捕，及透漏者，杖八十；仍依强盗，责限跟捕。若将宝钞挑剜、补凑、描改，以真作伪者，杖一百，流三千里。为从及知情行使者，杖一百，徒三年。其同情伪造人，有能悔过，捕获同伴首告者，与免本罪，亦依常人一体给赏。[1]

从规定来看，明代对伪造大明宝钞的处罚非常严厉，与之相对的奖赏标准也非常高，告发者由官方发放赏银二百五十两，而且同时还将犯人的财产奖励给告发者，这是以高额的收益鼓励对伪造大明宝钞行为的告发。《大明律集解附例》对本条的理解是：

篆注：强盗捕限，见后捕亡律。以真作伪，谓以真钞挑剜字样补凑描改笔画做成伪钞也。国初制造宝钞与铜钱相兼行使，其关天下财用甚重，故伪造者不分首从及窝藏伪造之人、知情行使之人，皆斩犯人，财产并没入官。知其伪造而首告捕获者，官给赏银二百五十两，仍给犯人财产。若本处里老知而不首者，杖一百。其巡捕守把官军，知情故纵不行捕获者，与伪造者同罪至死，减一等。若搜获所造伪钞隐匿入己，不解官者，杖一百流三千里。若无故纵之情，止失于巡捕及因不巡捕以致伪造出入行使者，杖八十，仍依强盗捕限律，责令跟捕惟故纵者不责限也。以真作伪者三为首者，杖一百流三千里。为从及知情行使，杖一百徒三年。同造之人能自悔过捕获同伴首告者，免其本罪，仍依常人一体给赏，如此则告捕多而伪造者少矣。[2]

《大明律集解附例》篆注释明了伪钞的判断标准："谓以真

---

〔1〕　怀效锋点校：《大明律》（点校本），法律出版社 1998 年版，第 193 页。

〔2〕　《大明律集解附例·卷之七》（明万历间浙江官刊本·影印本）。

钞挑剜字样补辏描改笔画作成伪钞。"可见，通过这种严厉处罚规定和高额告发激励，伪造大明宝钞的犯罪行为得到了极大的遏制，能获得的收益和巨大的风险不符，涉足该犯罪的人并不多。当然，伪造大明宝钞数量减少更为深层次的原因是其本身的价值问题。因其贬值迅速，伪造大明宝钞需要承担的高风险与最终收益并不匹配。而《律解辩疑》主要是解释知情故意放纵"伪造大明宝钞"的行为应受到的具体处罚：

> 【议曰】［知情］故纵［与同罪，该］杖三百，流三千里。若受财故纵者，绞。[1]

可见，知情故纵和收受钱财故纵的，虽然没有直接实施伪造的行为，但是带有主观意愿的放纵是导致这种伪造行为难以被遏制的重要因素之一。对这种主观放纵伪造行为的犯罪的处罚非常严重，除了杖刑、流刑外，罪犯还可能被以绞刑的方式处死。

4. 私铸铜钱

"私铸铜钱"也是《大明律·刑律七》"诈伪"部分的条文。"私铸铜钱"问题在实践中比"伪造大明宝钞"更为普遍，这是历朝历代都存在的历史问题。《大明律·刑律七》的具体条文是：

> 凡私铸铜钱者，绞。匠人罪同。为从及知情买使者，各减一等。告捕者，官给赏银五十两。里长知而不首者，杖一百；不知者，不坐。若将时同铜钱剪错薄小，取铜以求利者，杖一百。若伪造金银者，杖一百，徒三年。为从及知情买使者，各

---

〔1〕 杨一凡、田涛主编：《中国珍稀法律典籍续编》（第 4 册），张冠梓点校，黑龙江人民出版社 2002 年版，第 254 页。

减一等。[1]

　　明代对"私铸铜钱"的处罚也是超过一般处罚标准的严苛，旨在严厉打击对铜钱的私铸。同时也对告发者给予丰厚的奖励，数量达赏银五十两。同时，该条除了提到对私铸铜钱的处罚外，还就金银私铸的管理问题作出了规定，将金银这些贵金属视为与铜钱一样具有一定的流通属性，遂严格禁止对这些金属的私铸。《大明律集解附例》对本条的注解是：

　　纂注：铜钱通天下之用，而铸钱之权出于上。若私铸则窃上之权，而钱法阻坏矣，故与鼓铸匠人并罪坐绞。为从及知系私铸而故买行使者，各减一等杖一百流三千里。首告捕获者，官给赏银五十两。里长知而不首告者，杖一百。若将时用铜钱错薄小，取铜以求利，则与伪造者异矣，故止杖一百。若伪造金银行使以惑众罔利者，杖一百徒三年。为从及知其伪造而买使者，各减一等杖九十徒二年半。盖律言伪造金银谓以铅铜水银之类，造成金银体质者方是若成色不足非全假者不得引用此律。[2]

　　在这里，除了解释律文的规定外，《大明律集解附例》明确说明以铅、铜、水银等材料做成金银的样子的才是伪造金银，适用该条律文。如果只是金银成色不足，并非全部为假，则不能适用该条律文。对金银的伪造限定了标准。该纂注详细列明了司法实务中具体的犯罪情况和具体的处罚标准。《律解辩疑》对该条的解释也是明知是私铸铜钱而购买、使用者应受到的具体处罚：

---

　　[1]　怀效锋点校：《大明律》（点校本），法律出版社1998年版，第193~194页。
　　[2]　《大明律集解附例·卷之七》（明万历间浙江官刊本·影印本）。

【议曰】「罪同」，谓匠人亦绞。为从及知情买使者，各减一等。杖一百，流三千里。

【议曰】谓为从及知情买使者，[各]杖九十，徒二年半。[1]

可见，明知故犯，即便只是购买、使用也要承担很重的刑事责任。因为这些购买、使用助长了私铸铜钱和金银的行为。因此，《大明律》不仅直接打击私铸行为，还打击私铸的市场需求，期望从源头上遏制私铸的泛滥。

（二）条文中的间接货币描述

除了对"钞法""钱法"作出直接规定外，《大明律》还在贪赃、盗窃、赎刑等法律条文中规定了货币流通、司法适用的具体内容。

1.《名例律》中的货币条文

《名例律》为《大明律》的首篇，规定了具体的原则性规范，介绍了基本的原则，具有总括性。经过整理分析，其中有货币表述的条文具体如下：

（1）"五刑"。《名例律》共有47条，在一开始就是"五刑"条款。具体的内容为：

笞刑五：一十。赎铜钱六百文。二十。赎铜钱一贯二百文。三十。赎铜钱一贯八百文。四十。赎铜钱二贯四百文。五十。赎铜钱三贯。

杖刑五：六十。赎铜钱三贯六百文。七十。赎铜钱四贯二百文。八十。赎铜钱四贯八百文。九十。赎铜钱五贯四百文。一百。赎铜钱六贯。

---

〔1〕 杨一凡、田涛主编：《中国珍稀法律典籍续编》（第4册），张冠梓点校，黑龙江人民出版社2002年版，第254~255页。

徒刑五：一年杖六十。赎铜钱一十二贯。一年半杖七十。赎铜钱一十五贯。二年杖八十。赎铜钱一十八贯。二年半杖九十。赎铜钱二十一贯。三年杖一百。赎铜钱二十四贯。

流刑三：二千里杖一百。赎铜钱三十贯。二千五百里杖一百。赎铜钱三十三贯。三千里杖一百。赎铜钱三十六贯。

死刑二：绞、斩。赎铜钱四十二贯。[1]

该条文中存在大量与铜钱相关的内容表述，具体的赎都用铜钱表述可以给人以直观感受。在《大明律》制定颁行之初，赎刑适用是铜钱，并不是大明宝钞。这条内容浅显易懂，符合明代立法要求简明的特点。因为内容明确、标准清晰，《大明律集解附例》对该条内容也没有纂注。《律解辩疑》对该条的"疏义曰"的主要内容是介绍"五刑"的由来、具体内容和实施方式。在"五刑"后面具体解释赎的价值比对及操作方式。如：

答刑五【疏义曰】……从答一十至五十，其（教）［数］有五。徒、杖之数亦准此。一十该赎一斤，二十该赎二斤，三十该赎三斤，四十该赎四斤，五十该赎五斤。今凡赎，以六十文为一十。

杖刑五【疏义曰】……六十该赎六斤，七十该赎七斤，八十该赎八斤，九十该赎九斤，一百该赎十斤。今凡赎，亦以六十文为一（下）［十］。[2]

这两条疏义都是对所赎需要的铜量进行规范量化，明确了铜在赎刑的具体实施中以怎样的标准出现。在这里，铜的数量

---

〔1〕　怀效锋点校：《大明律》（点校本），法律出版社1998年版，第1页。

〔2〕　杨一凡、田涛主编：《中国珍稀法律典籍续编》（第4册），张冠梓点校，黑龙江人民出版社2002年版，第28页。

单位是"斤",是铜而非铜钱。而在"五刑"部分的疏义中,最特别的是徒刑部分,除了铜和铜钱外,还引入了大明宝钞,并且对铜、铜钱、大明宝钞的比价作出了规定,对具体的实施操作也非常细化地进行了说明。如:

> 徒刑五【疏义曰】……徒一年,杖六十。折杖一百二十,该赎二十斤,今赎铜钱一十二贯。已杖六十,除钞三贯六百文,剩徒一年,该钞八贯四百文。每钞六百文,折杖一十,通折杖一百四十,计一十二个月。每月该钞七百文,折杖一十下,□准徒一个月十日。徒一年半,杖七十。折杖一百四十,该赎二十斤,今赎铜钱一十五贯。已杖七十,除钞四贯二百文,剩徒一年半,该钞一十贯八百文。每钞六百文折杖一十,通折杖一百八十,该一十八个月。每月该钞六百文,折杖一十下,准徒一月。徒二年,杖八十。折杖一百六十,该赎四十斤,今赎铜钱一十八贯。已杖八十,除钞四贯八百文,剩徒二年,该钞一十三贯二百文。每钞六百文折杖一十,通折杖二百二十,该二十四个月。每月该五百五十文,折杖九十,准徒二十七日半。徒二年半,杖九十。折杖一百八十,该赎五十斤,今赎铜钱二十一贯。已杖九十,除钞五贯四百文,剩徒二年半,该钞一十五贯六百文。每钞六百文折杖一十,通折杖二百六十,计该三十个月。每月该钞五百二十文,折杖八十下,准徒二十五日半。徒三年,杖一百。折杖二百,该赎六十斤,今赎铜钱二十四贯。已杖一百,除钞六贯,剩徒三年,该钞一十八贯。每钞六十文折杖一十,通折杖三百,计三十六个月。每月该钞五百文,折杖八十零,准徒二十四日半零。[1]

---

〔1〕 杨一凡、田涛主编:《中国珍稀法律典籍续编》(第4册),张冠梓点校,黑龙江人民出版社2002年版,第29页。

以上大段的疏义内容都是以铜、铜钱和大明宝钞作为赎刑实施的标准。特别是《大明律》条文本身并未提及大明宝钞的问题，但在这里详细规定了如何用大明宝钞赎刑以及具体标准。从该疏义的内容中我们可以知道，在该法律条文的具体实施过程中，大明宝钞已经是重要的流通货币，其与铜钱的比值在该条疏义中也可以窥见一二。

　　流刑三【疏义曰】……流二千里，杖一百，该赎八十斤，今赎铜钱三十贯。流二千五百里，杖一百，该赎九十斤，今赎铜钱三十三贯。流三千里，杖一百，该赎一百斤，今赎铜钱三十六贯。

　　死刑二【疏义曰】……绞、斩，该赎一百二十斤，今赎铜钱四十二贯。[1]

从"五刑"的其他疏义内容分析，除了在徒刑部分大量涉及钞外，其他的赎刑适用的还是铜和铜钱。这也从一个侧面反映出，朝廷虽然对外发行大明宝钞并保障其流通，但是朝廷在收回的时候，还是以铜钱形式居多、大明宝钞为少。大明宝钞的实际价值与发行价值在流通过程中存在贬值的问题。朝廷虽大力推行，大量印造并投入流通，但并不愿通过任何渠道对其加以回收。

（2）工乐户及妇人犯罪。《名例律》中有关于"工乐户及妇人犯罪"的专门规定，其中的内容也因赎刑而涉及具体的货币内容表述。该条文所涉及的货币和赎刑都与"五刑"律直接相关。具体条文规定如下：

---

〔1〕　杨一凡、田涛主编：《中国珍稀法律典籍续编》（第4册），张冠梓点校，黑龙江人民出版社2002年版，第29~30页。

凡工匠、乐户犯流罪者，三流并决杖一百，留住拘役四年。若钦天监天文生习业已成，能专其事，犯流及徒者，各决杖一百，余罪收赎。犯谋反逆叛缘坐应流及造畜蛊毒、采生拆割人、杀一家三人、家口会赦犹流及犯窃盗者，不在留住之限。余罪收赎，谓犯杖一百、流三千里者，决杖一百，赎铜钱三十贯，杖一百、徒三年者，决杖一百，赎铜钱一十八贯之类，余条准此。其妇人犯罪应决杖者，奸罪去衣受刑，余罪单衣决罚，皆免刺字。若犯徒流者，决杖一百，余罪收赎。[1]

《大明律集解附例》对该条的纂注集中在律文的释义方面，对本书研究涉及的"赎铜钱三十贯""赎铜钱一十八贯"等内容没有涉及，与货币法制关联不大，在此不将该条的纂注列出。《律解辩疑》在对该条的"解曰"中详细列举了赎刑标准，详细解释了赎刑实施时铜钱的标准：

【解曰】按五刑律，赎钱一十（一）［贯］，犯人决杖一百，除六贯，余赎六贯，妇人犯徒留者，亦如此。[2]

"工乐户及妇人犯罪"条都是根据"五刑"条款中赎刑的规定来具体实施的，这两条中的铜钱和钞都是与"赎刑"具体实施相关的。这也是明前期铜钱、大明宝钞在官方流通的一种体现。

（3）给没赃物。《名例律》中的"给没赃物"条款的具体规定是：

---

〔1〕 怀效锋点校：《大明律》（点校本），法律出版社1998年版，第10页。

〔2〕 杨一凡、田涛主编：《中国珍稀法律典籍续编》（第4册），张冠梓点校，黑龙江人民出版社2002年版，第42页。

凡彼此俱罪之赃，谓犯受财枉法、不枉法，计赃为罪者，及犯禁之物，谓如应禁兵器及禁书之类。则入官。若取与不和，用强生事，逼取求索之赃，并还主。谓恐吓、诈欺、强买卖有余利，科敛及需索之类。其犯罪应合籍没财产，赦书到后，罪虽决讫，未曾抄劄入官者，并从赦免。其已抄劄入官守掌及犯谋反逆者，并不放免。若罪未处决，物虽送官，未经分配者，尤为未入。其缘坐人家口，虽已入官，罪人得免者，亦从免放。若以赃入罪，正赃见在者，还官、主。谓官物还官，私物还主。又若本赃是驴，转易得马，及马生驹，羊生羔，畜产蕃息，皆为见在。已费用者，若犯人身死，勿征，别犯身死者，亦同。余皆征之。若计雇工赁钱为赃者，亦不征。其估赃者，皆据犯处当时中等物价，估计定罪。若计雇工钱者，一人一日为铜钱六十文。其牛马、驼骡驴、车船、碾磨、店舍之类，照依犯时雇工赁直。赁钱虽多，各不得过其本价。谓船价值铜钱一十贯，却不得追赁钱一十一贯之类。其赃罚金银，并照犯人原供成色，从实追征，入官给主。若已费用不存者，追征足色。谓人原盗或取受正赃金银，使用不存在者，并追足色。[1]

《大明律》的贪赃条文对赃物的价值有明确的规定，将价值明确下来是为定罪量刑确定标准，这些标准都是用货币来表达的。货币表述在这里代表了其背后的具体价值，同时，时人也可以通过这种表述清楚其在流通中的真实价值。明代对《大明律》的解释分析文献对该条的释义都集中于对贪赃及其中具体词汇的解释，没有围绕其中的铜钱、金银进行分析。"给没赃物"这条对各领域的工钱、雇工的收入等作出了具体的规定，从中可以看出前期铜钱在流通中的具体价值。雇工工钱每日仍

---

[1] 怀效锋点校：《大明律》（点校本），法律出版社1998年版，第12~13页。

是铜钱六十文。"赃"是与货币、货币法密切相关的重要罪名，赃罪的认定和量刑标准的发展及改变是明代法定货币及货币法制变革的直接表现。即透过对赃罪标准变化的研究，我们可以了解到明代货币法制的变革。

（4）二罪俱发以重论。该条款也是针对贪赃、盗窃的加重处罚问题、如何确定标准、如何计算、如何处罚等作出规定，这些都需要通过货币单位来明确。从规定中我们可以了解到明代前期的货币体系和货币法制的情况。该条的具体规定是：

> 凡二罪以上俱发，以重者论。罪各等者，从一科断。若一罪先发，已经论决，余罪后发，其轻若等勿论，重者更论之，通计前罪以充后数。谓如二次犯窃盗，一次先发，计赃一十贯，巳杖七十。一次后发，计赃四十贯，该杖一百，合贴杖三十，如有禄人节次受人枉法赃八十贯，内四十贯先发，巳杖一百徒三年，四十贯后发，虽同止累见发之赃。合并取前赃，通计八十贯，更科全罪，断从处绞之类。其应入官、赔偿、刺字、罢职、罪止者，各尽本法。谓一人犯数罪，如枉法、不枉法赃、合入官，毁伤器物，合赔偿；窃盗，合刺字：职官私罪，杖一百以上，合罢职，不枉法赃一百二贯以上，罪止杖一百流三千里之类，各尽本法拟断。[1]

该条只涉及铜钱这一种货币形态，可见，在官方的量刑和判定标准中，还是铜钱更为适用。《大明律》中有专门的"钞法"条文，具体规定大明宝钞本身的事宜，但是在盗窃、贪赃等需要确定货币价值的条文中，《大明律》并没有将"宝钞"这种货币形态作为判定的标准，仍是沿用铜钱。至少在明前期，

---

〔1〕　怀效锋点校：《大明律》（点校本），法律出版社 1998 年版，第 15 页。

《大明律》在制定时仍是将铜钱作为官方定罪量刑的价值标准。关于"赃"的定罪量刑标准，本条提及的都是"计赃一十贯""计赃二十贯""通计八十贯"等。

（5）加减罪例。由于"加减罪例"条文涉及如何判定加、减的标准等问题，因此也会涉及具体量刑及处罚，这些标准也需要通过货币价值来体现。该条与货币相关的内容摘录如下：

> 加者，数满乃坐。谓如赃加至四十贯，纵至三十九贯九百九十文，虽少一十文，亦不得科四十贯罪之类。又加罪止于杖一百，流三千里，不得加至于死。本条加入死者。依本条。加入绞者，不加至斩。[1]

这里关于铜钱的表述，只是对定罪量刑标准的举例，表示量刑的标准是严格按照铜钱划定的等级，未达到的就不能加重处罚。

2. 《户律》中的货币条文

在《户律一》《户律四》《户律六》中，除了"钞法""钱法"外，还有一些具体条文也对货币作出了描述。具体的律文分析归纳如下：

（1）私役部民夫匠。《大明律·户律一》关于该条的具体内容是：

> 凡有司官私役使部民，及监工官私役使夫匠出百里之外，及久估在家使唤者，各笞四十，每五名加一等，罪止杖八十。每名计一日，追给雇工钱六十文。若有吉凶及在家借使杂役者，勿论。其所使人数不得过五十名，每名不得使过三日。违者，

---

[1]　怀效锋点校：《大明律》（点校本），法律出版社 1998 年版，第 20 页。

以私役论。[1]

这里的货币形式仍是铜钱。在这里，铜钱是雇工工钱具体金额的计量单位。通过该条规定我们可以看出明初雇工工钱的标准和当时铜钱的流通价值。从该条规定我们可以了解到当时雇工工钱由法律确定，仍是每日每人铜钱六十文。《大明律》关于工钱的规定是统一的。

（2）卑幼私擅用财。这是《大明律·户律一》的条文。该条的具体条文内容是：

> 凡同居卑幼不由尊长，私擅用本家财物者，二十贯笞二十，每二十贯加一等。罪止杖一百。若同居尊长应分家财不均平者，罪亦如之。[2]

该条强化了家族中尊长的地位，旨在维护家族秩序和稳定。里面关于铜钱的表述，都是量刑的标准，规定了用了价值多少的铜钱，需要承担什么样的刑罚，如"二十贯笞二十""每二十贯加一等"。这里的铜钱除了是对标准的规定外，也是货币形式、货币流通的具体法律表现。

（3）起解金银足色。《大明律·户律四》中有对货币本身进行规定的"钞法""钱法"，但是除此两条外，还有针对"起解金银足色"的规定。该条的具体内容是：

> 凡收受诸色课程变卖货物起解金银须要色如成色不及分数提调官吏人匠各笞四十着落均陪还官。[3]

---

〔1〕 怀效锋点校：《大明律》（点校本），法律出版社 1998 年版，第 50 页。
〔2〕 怀效锋点校：《大明律》（点校本），法律出版社 1998 年版，第 51 页。
〔3〕 怀效锋点校：《大明律》（点校本），法律出版社 1998 年版，第 74 页。

该条在一定程度上也是对货币本身的规定，是对金银具体形制的要求，即金银必须足色。但在《大明律》颁行之时，金银并不是法定货币形态，在该条文中，金银只被作为贵重金属，还不是法定的货币形态。通过这些具体条文对铜钱、宝钞、金银的表达我们可以发现明前期货币体系构成和法定货币的形制和流通问题。《大明律集解附例》对该条的纂注为：

> 纂注：诸色课程，变卖货物二句平说起解句，总承上言足色，足十分之色不及分数，谓不及十分之数也。人匠指煎销估计之人，此言各衙门收受商税诸色课程及变卖入官职罚等项货物起解金银须要足色。如成色不及十分之数者，则下多侵欺而官无实用，故提调官吏人匠各笞四十，仍令均陪补足所亏之数还官。[1]

这条纂注介绍了某些情况下金银的使用、用途，金银是否足色的判断标准以及什么是人匠，如果存在不足色的情况需要遭到的具体刑事处罚，处罚完毕还需补足"所亏之数"。由此可见《大明律》在这方面的规定比较严苛。

（4）违禁取利。"违禁取利"条文是《大明律·户律六》"钱债"中的第1条。具体的规定是：

> 凡私放钱债及典当财物，每月取利，并不得过三分。年月虽多，不过一本一利。违者，笞四十。以余利计赃重者，坐赃论。罪止杖一百。若监临官吏，于所部内举放钱债、典当财物者，杖八十。违禁取利，以余利计赃重者，依不枉法论。并追余利给主。其负欠私债，违约不还者，五贯以上，违三月笞二十，每一月加

---

〔1〕《大明律集解附例·卷之七》（明万历间浙江官刊本·影印本）。

一等，罪止笞四十。五十贯以上，违三月笞二十，每一月加一等，罪止笞五十。二百五十贯以上，违三月笞三十，每一月加一等，罪止杖六十。并追本利给主。若豪势之人，不告官司，以私债强夺去人孳畜产业者，杖八十。若估价过本利者，计多余之物，坐赃论，依数追还。若准折人妻妾子女者，杖一百。强夺者，加二等。因而奸占妇女者，绞。人口给亲，私债免追。

这条"违禁取利"规定的就是现代的民间借贷问题，明代的民间商业发达，这方面的规定已经比较成熟。只要不符合法律规定的利息，在不予支持的同时，还会加重处罚。对超过一定期限不还款的，虽属民事纠纷，但也会严苛地进行刑罚处罚。其中的判断涉及具体的货币数量及定罪量刑标准。对具体涉及的货币形式和数量，《律解辩疑》的理解是：

【议曰】「并不得过三分」，谓如本钱一贯，每月计纳到利钱三十文，年月虽多，不过一本一利。若计余利重于笞四十者，坐赃论，亦不得过一百。[1]

在这里，计算仍是以铜钱为例，将铜钱作为具体的对象和计量标准。具体的解释是在民间本钱一贯，每月利息不能超过三十文。以此作为基本的标准，一份本钱只能对应一次利息，不能计取"余利"，即现代意义上的复利。

3. 《礼律》中的货币条文

《礼律》是关于礼制的相关规定，与货币相关的条文都集中在《大明律·礼律二》的"仪制"部分，具体包含 2 条。

（1）收藏禁书及私习天文。该条被规定于在《大明律·礼

---

[1] 杨一凡、田涛主编：《中国珍稀法律典籍续编》（第 4 册），张冠梓点校，黑龙江人民出版社 2002 年版，第 123 页。

律二》的第 3 条，名为"收藏禁书及私习天文"，不看具体内容，似与货币并没有关联，但其却涉及了与货币相关的表述：

> 凡私家收藏玄象器物、天文图谶、应禁之书，及历代帝王图像、金玉符玺等物者，杖一百。若私习天文者，罪亦如之。并于犯人名下，追银一十两，给付告人充赏。[1]

在具体规定中，对私习天文者的惩罚直接与货币相关，并且这里的表述是"银"，这是在《大明律》中鲜有出现的表述。这里的银是否是货币形态？还是仅是贵金属？在这里，"银"是给予告发之人的奖赏，其具体价值应该是货币属性的。可见，"银"在《大明律》中多以"赏银"的形式出现。此处律文规定的"追银一十两"就是支付给告发者的"赏银"。

（2）服舍违式。"服舍违式"与货币相关的具体规定部分是：

> 首告者，官给赏银五十两，若工匠能自首者，免罪，一体给赏。[2]

《礼律》中的这 2 条都是关于银的表述。在这里，银被作为奖赏标的。可见，银的价值更加受到时人的认可，有着比铜钱、纸钞更高、更稳定的价值。在这里，银是赏赐的物品，对首告者和自首的工匠按五十两白银的标准奖励"赏银"。在明代之前，白银在流通中已经具备了货币属性，只是并不作为法定货币形式存在。在《大明律》中其出现的一种形式就是"赏银"。

4.《兵律》中的货币条文

《兵律》中共有 4 条与货币有关的条文，内容并不集中，分

---

〔1〕 怀效锋点校：《大明律》（点校本），法律出版社 1998 年版，第 90 页。
〔2〕 怀效锋点校：《大明律》（点校本），法律出版社 1998 年版，第 94 页。

布在不同部分。

(1) 悬带关防牌面。"悬带关防牌面"条文是《大明律·兵律一》"宫卫"的最后一条。详细的条文内容是:

> 凡朝参文武官及内官,悬带牙牌铁牌。厨子、校尉入内,各带铜木牌面。如有遗失,官罚钞二十贯。厨子、校尉罚钞一十贯。若有拾得,随即报官者,将各人该罚钞贯充赏。有牌不带,无牌辄入者,杖八十。借者及借与者,杖一百。事有规避者,从重论。隐藏者,杖一百,徒三年。首告者,于犯人名下,追钞五十贯充赏。诈带朝参及在外诈称官员名号,有所求为者,绞。伪造者,斩。首告者、于犯人名下、追钞一百贯、充赏。[1]

这里对未悬带关防牌面或拾得牌面后进行隐藏的处罚进行了分类,列明了处罚的标准,都是以大明宝钞作为计量单位,不同职务处罚标准不同。对比后期司法实践中处罚时适用的计量单位,我们可以看到明代法定货币的地位和流通的变化。拾得报官者,可以以罚钞直接作为奖赏给予其奖励;首告借关防牌面的,可以获得大明宝钞五十贯的奖赏,该五十贯大明宝钞来自对犯人的追收;告发诈带牌面冒充官员有所求的,或告发伪造牌面的,可以获得大明宝钞一百贯。

(2) 私役弓兵。"私役弓兵"是《大明律·兵律三》"关津"的第7条,对私役弓兵者的处罚除了笞、杖惩罚外,还要追缴雇工的工钱,但这些工钱需要入官。条文中具体关于工钱的表述是:

> 每名计一日,追雇工钱六十文,入官。[2]

---

[1] 怀效锋点校:《大明律》(点校本),法律出版社1998年版,第104~105页。

[2] 怀效锋点校:《大明律》(点校本),法律出版社1998年版,第119页。

从这里我们可以看到，每名雇工每日工钱为六十文。结合前文列出的其他条文可知，在明初《大明律》颁行时，不确定当时雇工的每日工钱市场价值是否是六十文，但律文的前后规定是统一的，即以六十文作为每日的工钱标准。

（3）宰杀马牛。"宰杀马牛"是《大明律·兵律四》"厩牧"中的条文。其中关于牛马等的价值及处罚的规定都用铜钱进行估值和计量。条文对铜钱的具体表述是：

> 若伤而不死，不堪乘用，及杀猪羊等畜者，计减价，亦准盗论。各追赔所减价钱。价不减者，笞三十。减价，谓马牛等畜，直钱三十贯，杀讫，止直钱一十贯，是减二十贯价；损伤不死，止直钱二十贯，是减一十贯价，即以所减价钱计赃，亦准窃盗断罪。系官者，亦准常人盗官物断罪之类。仍于犯人名下，追征所减价钱赔偿。价不减者，谓畜产直钱一十贯，虽有杀伤估价不减，仍直钱一十贯，止笞三十，罪无所赔偿。其误杀伤者，不坐罪，但追赔减价。为从者，各减一等。若故杀缌麻以上亲马、牛、驼、骡、驴者，与本主私宰罪同。杀猪羊等畜者，计减价坐赃论。罪止杖八十。其误杀及故伤者，俱不坐，但各追陪赔减价。[1]

该条文对马牛等畜未伤时候的价值、伤了之后如何减半估值、已经死的如何估值等问题作出了规定。这些估值都以铜钱作为标准。《律解辩疑》对"追赔减价"的"议曰"是：

> 谓误杀官私马、牛、驼、骡、驴俱不坐罪，但追赔所减价钱。[2]

---

〔1〕　怀效锋点校：《大明律》（点校本），法律出版社 1998 年版，第 122~123 页。
〔2〕　杨一凡、田涛主编：《中国珍稀法律典籍续编》（第 4 册），张冠梓点校，黑龙江人民出版社 2002 年版，第 163 页。

这里所减的价钱就是前述律文所提到的价值和铜钱标准。虽然误杀不用承担刑事责任，但却必须按律文规定的价值标准进行赔偿。

（4）私役铺兵。"私役铺兵"是《大明律·兵律五》"邮驿"中的内容，这里再次提到了雇工的每日工钱。具体的条文内容是：

> 凡各衙门一应公差人员，不许差使铺兵挑送官物及私己行李。违者，笞四十。每名计一日，追雇工钱六十文入官。[1]

雇工每日的工钱仍是以六十文为标准。凡是各个衙门的公差人员，如果差使铺兵挑送，不管是公物还是自己的行李，都需要按照雇工的工钱标准（每日六十文）收缴入官。

5.《刑律》中的货币条文

《刑律》较多地涉及与货币相关的表达，归纳出来有 11 条。其中有针对货币本身的犯罪行为（如伪造大明宝钞、私铸铜钱、金银）应受到的刑事处罚，除了笔者已在前文直接条文部分归纳过的条文，其他都是间接地在坐赃窃盗等条文中出现的货币表述，分布在《刑律》各个部分。

（1）监守自盗仓库钱粮。"监守自盗仓库钱粮"是《大明律·刑律一》"贼盗"中的条文，因为被盗的对象包含了钱，因此条文中有明确的货币表述内容。具体的内容是：

> 凡监临主守，自盗仓库钱粮等物，不分首从，并赃论罪。并赃，谓如十人第次共盗官钱四十贯，虽各分四贯入己，通算作一处，其十人各得四十贯，罪皆斩；若十人共盗五贯，皆杖

---

〔1〕 怀效锋点校：《大明律》（点校本），法律出版社 1998 年版，第 127 页。

一百之类。并于右小臂膊上刺盗官钱粮物三字。每字各方一寸五分，每画各阔一分五厘，上不过肘，下不过腕，余条准此。

一贯以下，杖八十。

一贯之上至二贯五百文，杖九十。

五贯杖一百。

七贯五百文，杖六十，徒一年。

一十贯，杖七十，徒一年半。

一十二贯五百文，杖八十，徒二年。

一十五贯，杖九十，徒二年半。

一十七贯五百文，杖一百，徒三年。

二十贯，杖一百，流二千里。

二十二贯五百文，杖一百，流二千五百里。

二十五贯，杖一百，流三千里。

四十贯，斩。[1]

这条具体列明了监守自盗的钱的数量及对应的处罚。对监守自盗金额进行了等级划分。在这里，计量的标准也是铜钱，即用铜钱确定监守自盗的定罪量刑标准。从具体的条文中我们可以看出，盗的数量在一贯以下就开始处罚，并且是非常严厉的"杖八十"，每个处罚等级之间钱数差距并不大。可见，《大明律》对盗仓库钱粮的处罚非常严苛，到四十贯即已达最高级别，处以斩刑。

（2）常人盗仓库钱粮。这一条紧跟"监守自盗仓库钱粮"条款，内容与"监守自盗仓库钱粮"内容一致，区别仅在于实施盗这一行为的主体不同，上一条的实施主体是监管仓库的主守，而这一条的实施主体则是一般的人。本条也对盗钱的金额

---

〔1〕　怀效锋点校：《大明律》（点校本），法律出版社1998年版，第136~137页。

进行了量化分级，根据盗钱的数量不同，受到的处罚是递进式的。但通过对两个条款的比较我们可以发现，常人盗比监守自盗在处罚上会更轻一些，斩刑需要达到八十贯的标准，此监守自盗高出了一倍。考虑到主体的问题，监守自盗的人实施这一行为是更加便利的，并且有极强的隐蔽性，会造成极为严重的后果，并且因其具有公职身份而处罚严苛。

（3）窃盗。"窃盗"同样是《大明律·刑律一》"贼盗"中的条文，整个"贼盗"部分共28条，都是与盗相关的条款。这条就成功盗到了财产和实施了行为却没有盗到财产的（也就是不同的结果）分别作出了规定。首先对实施窃盗行为的主体进行了具体规定，军人实施这种行为会受到加重处罚。其中对盗的钱财的多少、用铜钱标准进行了量化，也是递进分级。具体的量化标准是：

一贯以下，杖六十。

一贯之上至一十贯，杖七十。

二十贯，杖八十。

三十贯，杖九十。

四十贯，杖一百。

五十贯，杖六十，徒一年。

六十贯，杖七十，徒一年半。

七十贯，杖八十，徒二年。

八十贯，杖九十，徒二年半。

九十贯，杖一百，徒三年。

一百贯，杖一百，流二千里。

一百一十贯，杖一百，流二千五百里。

一百二十贯，罪止杖一百，流三千里。[1]

---

〔1〕 怀效锋点校：《大明律》（点校本），法律出版社1998年版，第141页。

从具体的条文规定来看，对"窃盗"的处罚比盗仓库的处罚要轻很多，每一级处罚对应的钱数金额更大，但是处罚更轻，并且最高级别的处罚仅为"罪止杖一百，流三千里"。可见，对盗的行为不能简单依据所涉铜钱的多少来判定，还要看盗的对象、行为实施的主体及可能造成的后果及影响。从这些与货币有关的盗的条款来看，明代法律的规定非常详尽。在与盗相关的《大明律》条文中，铜钱是统一的计量标准。

（4）威逼人致死。"威逼人致死"是《大明律·刑律二》"人命"中的条文。从该条文的性质来看，应与货币无关，但是其中具体涉及了"银"，而且这里的"银"有货币价值的含义，并不是金属。官吏不是因为公务而是私事威逼平民致死的，不仅要问罪，还要"并追埋葬银一十两"。[1]这里有赔偿、补偿受害者的性质，是对"埋葬银"的表述。结合"赏银"来看，白银在明初仅在特定领域内使用。

（5）殴祖父母、父母。"殴祖父母、父母"是《大明律·刑律三》"斗殴"部分的条款。其中与货币相关的表述是，无理由殴打子孙的妻子，后果除了接受惩罚外，子孙的妻子可以追回嫁妆，给养赡银。具体的表述是：

> 若非理殴子孙之妇及乞养异姓子孙，致令废疾者，杖八十，笃疾者，加一等。并令归宗。子孙之妇，追还嫁妆，仍给养赡银一十两。[2]

这里关于赡养费的表述也是"银"，同样具有货币属性。由此看来，银已经在现实生活的特定领域中流通使用。

---

〔1〕　怀效锋点校：《大明律》（点校本），法律出版社 1998 年版，第 157 页。
〔2〕　怀效锋点校：《大明律》（点校本），法律出版社 1998 年版，第 166 页。

(6) 官吏受财。《明大律·刑律六》是"受赃",坐赃、受赃等条文都会涉及货币表述。其中第 1 条"官吏受财"中就有关于受财数量及处罚等级的详细规定。并且,条文分为"有禄人"和"无禄人"两类,身份不同,受到的处罚的标准和等级也不同。针对不同身份的人又分为"枉法""不枉法"两类,受财数量和对应的处罚标准都不同。具体的律文规定是:

有禄人枉法,赃各主者,通算全科。谓受有事人财而曲法科断者,如受十人财,一时事发,通算作一处,全科其罪。

一贯以下,杖七十。

一贯之上至五贯,杖八十。

一十贯,杖九十。

一十五贯,杖一百。

二十贯,杖六十,徒一年。

二十五贯,杖七十,徒一年半。

三十贯,杖八十,徒二年。

三十五贯,杖九十,徒二年半。

四十贯,杖一百,徒三年。

四十五贯,杖一百,流二千里。

五十贯,杖一百,流二千五百里。

五十五贯,杖一百,流三千里。

八十贯,绞。[1]

可见,明代对有禄人的枉法受财处罚非常严格。因为收受钱财的同时枉法处理事务,有违法行为存在,加之拥有特殊身份,社会危害非常大,明代对官吏的管理十分严格,会加重处

---

[1] 怀效锋点校:《大明律》(点校本),法律出版社 1998 年版,第 183 页。

罚。不枉法受财的处罚标准具体如下：

不枉法，赃各主者，通算折半科罪。谓虽受有事人财，判断不为曲法者，如受十人财，一时事发，通算作一处，折半科罪。

一贯以下，杖六十。

一贯之上至一十贯，杖七十。

二十贯，杖八十。

三十贯，杖九十。

四十贯，杖一百。

五十贯，杖六十，徒一年。

六十贯，杖八十，徒一年半。

七十贯，杖八十，徒二年。

八十贯，杖九十，徒二年半。

九十贯，杖一百，徒三年。

一百贯，杖一百，流二千里。

一百一十贯，杖一百，流二千五百里。

一百二十贯，罪止杖一百，流三千里。[1]

可见，如果受财后在处理事务时并未枉法，处罚会在枉法的程度上减半。除了加重对官员的处罚外，还会考虑具体的法律后果，如果不存在违法行为，会在受财的基础上减轻处罚。从这些受财数量和处罚轻重的表述中我们可以窥见明代的法制运行情况。具体条文规定是：

无禄人枉法，一百二十贯，绞。

---

〔1〕　怀效锋点校：《大明律》（点校本），法律出版社 1998 年版，第 184 页。

不枉法，一百二十贯之上，罪止杖一百，流三千里。[1]

虽然在枉法时最高的处罚也是"绞"，但"无禄人"受财的标准是一百二十贯，处罚还是会轻于"有禄人"。不过，这也是非常严苛的法律规定了。在这里，受财标准和定罪量刑标准都是铜钱。

（7）坐赃致罪。"坐赃致罪"也是《大明律·刑律六》"受赃"中的条文，紧跟"官吏受财"，规定的对象同样是官吏。对主犯和参与的人分开课罪。对出钱人也有专门的处罚规定，在条文中对"坐赃致罪"进行了解释和范围的界定。关于坐赃的金额和应受到的处罚，具体的规定是：

一贯以下，笞二十。

一贯之上至一十贯，笞三十。

二十贯，笞四十。

三十贯，笞五十。

四十贯，杖六十。

五十贯，杖七十。

六十贯，杖八十。

七十贯，杖九十。

八十贯，杖一百。

一百贯，杖六十，徒一年。

二百贯，杖七十，徒一年半。

三百贯，杖八十，徒二年。

四百贯，杖九十，徒二年半。

---

[1] 怀效锋点校：《大明律》（点校本），法律出版社 1998 年版，第 184 页。

五百贯之上，罪止杖一百，徒三年。[1]

在这里，对受赃金额和标准的规定也以铜钱为标准。从具体的铜钱数额和对应的处罚来看，对"坐赃致罪"的处罚会轻于"官吏受财"。

（8）伪造印信历日等。"伪造印信历日等"和关于货币本身规定的律文"伪造大明宝钞""私铸铜钱"一样是《大明律·刑律七》"诈伪"中的条文。与"伪造大明宝钞""私铸铜钱"不同的是，这里的货币表述与货币的发行或流通无关，是以赏银的形式出现。具体的规定是：

凡伪造诸衙门印信及历日符验、夜巡铜牌、茶盐引者，斩。有能告捕者，官给赏银五十两。伪造关防印记者，杖一百，徒三年。告捕者，官给赏银三十两。为从及知情行用者，各减一等。若造而未成者，各又减一等。其当该官司知而听行，与同罪。不知者，不坐。[2]

由此条可知，明代对告发抓捕伪造衙门印信及历日符验、夜巡铜牌、茶盐引之人的奖赏非常丰厚。这里以"银"作为计量，告发伪造印信、历日符验、夜巡铜牌、茶盐引的，赏银金额达到白银五十两；告发伪造关防印记的，赏银金额是白银三十两。结合所有列出的律文来看，在赏的时候，都是以"银"这种形式居多，同时还出现在赡养费支付时。而对处罚标准的确定，则以"铜钱"居多。

（9）决罚不如法。"决罚不如法"是《大明律·刑律十一》"断狱"中的条文，是对司法官员的要求和处罚。条文的规定与

---

[1]　怀效锋点校：《大明律》（点校本），法律出版社1998年版，第185页。
[2]　怀效锋点校：《大明律》（点校本），法律出版社1998年版，第191~192页。

货币无关,但是涉及了"埋葬银"的问题。其中有"均征埋葬银一十两""追埋葬银一十两"[1]两处表述。这里关于"银"的表述也是具有货币属性的,我们可以从《大明律》的规定中看到"埋葬银"的标准是"一十两"。

综上所述,《大明律》中至少有 32 个条文有关于货币的表述。除了货币本身的"钞法""钱法"及"伪造大明宝钞""私铸铜钱"外,还有 28 条与货币有关的条文均是间接的货币表达,在律文中有货币的表述。虽然律文内容不是直接与货币有关,但是这些表述能反映货币形式和流通的情况,以及与其他事物之间的关系。这些律文具体涉及贪赃、盗窃、赎罪三个大的方面,还有赏赐、雇工工钱标准等方面的内容。其中的金银,有些表述的是物品,有些表述则带有货币性质。这些条文中都有明确、具体的对货币形式的表述,将这些法律具体条文列出,理清《大明律》条文中的具体货币内容和表达,将货币法制的其中一个要素——法律——明晰起来,可以为明代货币法制的研究打好基础。

二、《大明令》中的货币条文

《大明令》中的货币表述及描述与《大明律》一致,不只包含对"钞法""钱法"的直接规定,还包含间接表达,但其中涉及货币表述的条文少于《大明律》。《明史》记载:"又恐小民不能周知,命大理卿周桢等取所定律令,自礼乐、制度、钱粮、选法之外,凡民间所行事宜,类聚成编,训释其义,颁之郡县,名曰《律令直解》。"[2]这是官方对《大明令》的释义。对《大明令》逐条进行归纳分析,涉及货币的条文集中在《户

---

[1] 怀效锋点校:《大明律》(点校本),法律出版社 1998 年版,第 219 页。
[2] (清)张廷玉等撰:《明史·卷九十三·刑法一》,中华书局 1974 年版。

令》和《刑令》部分。笔者将列明这些与货币有关的条文，以便对明代货币法制展开集中分析。

（一）《户令》中的货币条文

《户令》中与货币有关的条文只有"田宅契本"，其中有关于铜钱的表述。具体的规定内容是：

> 凡买卖田宅、头匹，务赴投税，除正课外，每契本一纸，纳工本铜钱四十文，余外不许多取。[1]

这条是关于田宅契本需要缴纳的税金的规定，每契本需要缴纳工本费铜钱四十文，不能多取。铜钱在《大明令》颁布时期是主要的流通货币，国家收取的税和固定的费用都是以铜钱作为缴纳标准。

（二）《刑令》中的货币条文

与《户令》不同的是，《刑令》中有更多与货币有关的表述，涉及赃、窃、盗的定罪标准，量刑标准，奖赏，处罚等。这些内容也是与《大明律》相对应的，我们从中可以发现一定的承继和发展关系。从这种关系演变中，我们可以看到明初货币形式的变化。经过归纳分析，《刑令》中大致有5条与货币间接相关的条文。

1. 赎刑

《刑令》的第一部分就是介绍五刑的条文，在其后紧跟着的就是"赎刑"的规定。赎刑规定的主要是赎罪的标准。具体的规定是：

> 笞一十，赎铜半斤。

---

〔1〕　怀效锋点校：《大明律》（点校本），法律出版社1998年版，第242页。

杖一十，赎铜一斤。

徒一年，赎铜一百二十斤。

徒一年半，赎铜一百四十斤。

徒二年，赎铜一百六十斤。

徒二年半，赎铜一百八十斤。

徒三年，赎铜二百斤。

流二千里，赎铜二百二十斤。

流二千五百里，赎铜二百四十斤。

流三千里，赎铜二百六十斤。[1]

从《大明令》关于"赎刑"标准的规定来看，这里的铜并不是铜钱，而是按斤计算的贵金属铜。笞十下就已经需要半斤的铜才能赎了，而杖十下就需要一斤的铜才能赎了，标准非常高。这里规定得明显比《大明律》要严苛，赎刑标准更高。在明初《大明令》颁行的时候，铜的直接流通可能比铜钱更为广泛。

2. 捕盗功赏

"捕盗功赏"涉及奖赏标准的货币表述。在《大明律》中，因为突出赏的重要和丰厚，所以一般是将银作为货币对象和标准。《大明令》中"捕盗功赏"的具体条文规定是：

> 凡常人捕获强盗一名、窃盗二名，各赏银二十两。强盗五名以上，窃盗十名以上，各与一官。名数不及，折算赏银。应捕人不在此限。强、窃盗贼，止追正赃给主，无主者，没官。若诸人典当收买盗、贼赃物，不知情者，勿论，止追原赃。其

---

[1] 怀效锋点校：《大明律》（点校本），法律出版社 1998 年版，第 259~260 页。

价于犯人名下，追缴给主。〔1〕

在这里，根据捕获的人数不同，有不同的奖赏标准。捕获强盗一名或者窃盗二名，都可以赏银二十两。而据此递增到强盗五名或者窃盗十名，就可以授予官职。不足这个数的时候都按照最基本规定的赏银数量叠加计算。这里的赏与《大明律》的规定一致，白银都是以赏银的形式出现。

3. 计赃贯数

赃的数量和处罚的标准都需要通过货币来确定，在"计赃贯数"条款中，货币是必不可少的。只有赃的数量标准明确了，这个规定才会具有可操作性。具体规定内容是：

凡计赃，以铜钱四百文为一贯。〔2〕

与《大明律》计赃的详尽标准不同，《大明令》作出了简要而明确的规定，即价值铜钱四百文就要计算为一贯。标准的明确为在司法实践中计算赃物数量和价值提供了简单易行的标准。

4. 守令罚赎

"守令罚赎"是对公职人员受到处罚时赎刑的规定，但前提是犯的是公罪。《大明令》的具体规定是：

凡各处知府、知州、知县，有犯公罪，笞四十以下者，许令赎铜。〔3〕

公职人员在犯公罪时可以适用赎刑。还有一个标准是，如

---

〔1〕　怀效锋点校：《大明律》（点校本），法律出版社1998年版，第262页。

〔2〕　怀效锋点校：《大明律》（点校本），法律出版社1998年版，第263页。

〔3〕　怀效锋点校：《大明律》（点校本），法律出版社1998年版，第263页。

果犯的是笞四十以下的罪，赎的标准用铜计算而不是铜钱。可见，在《大明令》中，赎刑适用时都是以铜作为标准的。

5. 烧埋银两

"烧埋银两"相当于现代的丧葬费用。因此，这里的抚恤补偿是以银的形式出现。规定的具体条件和金额标准是：

> 凡杀人偿命者，征烧埋银一十两。不偿者，征银二十两。应偿命而遇赦原者，亦追二十两。同谋下手人，验数均征。给付死者家属。[1]

《大明令》对烧埋银两的规定非常详细、具体，对抚恤对象的规定也非常明确。通过该条款，我们可以知道烧埋银两的数量，具体分为偿命和不偿命两类：杀人偿命者，需征"烧埋银一十两"；不偿命者，需征二十两；原本需要偿命遇到赦原后不用偿命者，也是征二十两。在元末明初的时候，银已经开始在一定范围内和在具体条件下流通。虽然此时还不具备法定的货币地位，流通的范围也不普遍，但在《大明律》和《大明令》中，白银均以固定的形式出现，即"赏银""埋葬银""烧埋银"。由此可知，白银在此时具备了货币属性，但是流通仍被限制在特定领域中。

三、《明大诰》中的货币条文

《明大诰》作为明代法律的重要渊源，其中既有直接的货币表述，也有间接的货币表述。《明大诰》的规定和涉及的处罚措施明显重于《大明律》和《大明令》，在很大程度上是法外用刑，但其本身也具有法律效力。《明大诰》由《御制大诰》《御

---

〔1〕 怀效锋点校：《大明律》（点校本），法律出版社1998年版，第264页。

制大诰续编》《御制大诰三编》《御制大诰武臣》四部分组成，都是对已审结的案例进行汇编，能体现司法实践的具体处理方式，统一裁判的标准。在此，笔者将归纳其中与货币相关或有具体货币表述的条文，作为明代货币法律的一部分，引为分析明代货币法制的基础。

（一）《御制大诰》中的货币条文

《御制大诰》现存的版本有页书本、东洋文库本、内阁文库本，本书根据杨一凡所著《明大诰研究》后附的《御制大诰》文本点校本作为分析归纳的基础。该版本对现存的几大版本进行了综合、归纳和比较。《御制大诰》共 74 条，主要归纳的是害民事理的案例。虽然是案例，但是属于先例的性质。因为直接由朱元璋编纂颁布，所以具有法律的属性。

1. 皂隶殴舍人

这是《御制大诰》第 18 条，其中关于货币的描述与货币本身不直接相关，也不是定罪量刑的标准或尺度，而是行贿的物品。具体表述如下：

金华府县官张惟一等，出备银、钞、衣服等项，齐送钦差舍人。[1]

在这个案例里，货币种类有银、钞，都是作为行贿的物品存在。从这里可以看出，铜钱处于辅币地位，金额和数量不大。因此，行贿时使用的是银或钞。我们能通过这条发现货币形式的实际流通情况。

2. 卖放浙西秋粮

这是《御制大诰》第 23 条，涉及秋粮和钞的征收问题。该

---

[1] 杨一凡：《明大诰研究》，江苏人民出版社 1988 年版，第 213 页。

条内容涉及具体的钞数量和对应的折算。具体表述如下：

> 户部官郭桓等收受浙西秋粮，合上仓肆百伍拾万石。其郭桓等止收陆拾万石上仓，钞捌拾万锭入库。以当时折算，可抵贰百万石，余有壹百玖拾万未曾上仓。其桓等受要浙西等府钞伍拾万贯，致使府县官黄文等，通同刁顽人吏沈原等作弊，各分入已。[1]

可见，郭桓贪污的大明宝钞数量非常大。大明宝钞的计量单位是贯、锭，并都是数以万计，如"钞捌拾万锭""钞伍拾万贯"。

3. 仓库虚出实收

这是《御制大诰》第34条，与《大明律》中受赃和仓库的规定相对应。这里针对赃的具体记录是"钱物若干"。具体表述如下：

> 天下仓厂并库藏等处，官攒斗级人等有犯赃私，问赃自何而得，必供虚出实收与纳户某人，接受钱物若干。当此之际，凭招勾纳户到官，加倍追赔。当该法司不行如敕究问追征，罪如犯者。[2]

对于"钱物"中的"钱"是什么，该条文并未明确规定，也没有具体表述。只是说明有犯赃的行为，接受了若干钱物。这里的钱应是对一般货币的泛指。《大明律》对赃的标准有具体规定，因此这里并未表明。但提到在处罚方面"加倍追赔"。

4. 折粮科敛

这是《御制大诰》第41条，其中涉及"大明宝钞"和铜

---

[1] 杨一凡：《明大诰研究》，江苏人民出版社1988年版，第215页。

[2] 杨一凡：《明大诰研究》，江苏人民出版社1988年版，第225页。

钱，以及具体的换算标准。具体的内容是：

> 浙西所在有司，凡征收，害民之奸，甚如虎狼。且如折收秋粮，府、州、县官发放每米一石，官折钞二贯，巧立名色，取要水脚钱一百文，车脚钱三百文，口食钱一百文。库子又要辨验钱一百文，蒲篓钱一百文，竹篓钱一百文，沿江神佛钱一百文。害民如此，罪可宥乎！[1]

其中具体提到每米一石，官折钞二贯。从中可以看出"大明宝钞"在流通中的具体价值。在征粮的过程中，各种名目的科敛非常严重，虽然每种名目一百文，但是名目繁多。如水脚钱、车脚钱、口食钱、蒲篓钱、竹篓钱、沿江神佛钱等。

5. 伪钞

这是《御制大诰》第 48 条，涉及对伪造"大明宝钞"案例的记录。从该案例可知，在明初《明大诰》颁行时，"大明宝钞"的伪造问题已经非常严重。具体的案例如下：

> 宝钞通行天下，便民交易。其两浙、江东西，民有伪造者甚，惟句容县。杨馒头本人起意，县民合谋者数多，银匠密修锡板，文理分明；印纸马之户，同谋刷印。捕获到官，自京至于句容，其途九十里，所枭之尸相望，其刑甚矣哉。朕想决无复犯者，岂期不逾年，本县村民亦伪造宝钞，甚焉邻里互知而密行，死而后已。呜呼，若此顽愚，将何治耶！[2]

该条文在一开始就介绍了"大明宝钞"的作用和优点，是通行全国的法定货币，与其他货币形式相比，具有便于携带等

---

[1]　杨一凡：《明大诰研究》，江苏人民出版社 1988 年版，第 227 页。

[2]　杨一凡：《明大诰研究》，江苏人民出版社 1988 年版，第 232~233 页。

优势。伪造大明宝钞行为发生的地区多集中在两浙和江东西地区。而且伪造"大明宝钞"这一犯罪行为的特点是参与者众、分工明确，有极大的社会危害性，是对国家货币发行、流通的损害，因此处罚非常严苛。并且，朝廷希望严厉的处罚能够起到震慑作用。但是，因为伪造"大明宝钞"利益巨大，严厉的刑罚并不能起到震慑作用，伪造"大明宝钞"仍然是屡禁不止的行为。可见，从明初流通开始，打击伪造"大明宝钞"的行为就一直是保障其发行流通的重要一环。

6. 郭桓造罪

这是《御制大诰》第 49 条。郭桓在前面已经出现过。其有诸多违法行为，如盗卖在仓粮等。具体表述是：

> 造天下之罪，其造罪患愚者，无如郭桓甚焉……及接受浙西四府钞五十万张……及通同承运库官范朝宗偷盗金银，广惠库官张裕妄支钞六百万张；除盗库见在宝钞、金、银不算外，其卖在仓税粮……[1]

这里提到郭桓个人受赃或盗的货币包含了"大明宝钞"、金、银，这里包含了具有货币属性的所有物品。此时，银还不是法定流通货币，鉴于其贵金属属性，超越了简单的收藏性质，因此也开始在一定范围和领域内流通。这在《大明律》《大明令》中都有体现。

7. 御史汪麟等不才

这是《御制大诰》第 68 条，记录了御史汪麟和户部主事王肃的违法行为和给予的相应处罚，以及对其他人的奖赏。具体与货币相关的内容为：

---

〔1〕 杨一凡：《明大诰研究》，江苏人民出版社 1988 年版，第 233 页。

广东道监察御史汪麟、户部主事王肃……所赏人各钞一锭，布二疋，计钞四千锭，布八千疋。[1]

"疋"通"匹"，是布的计量单位，布在古代也曾经被作为货币单位。在《大明律》《大明令》中，与赏相关的货币形式都是银。在这里，奖赏以钞和布的形式出现。这是《御制大诰》与《大明律》《大明令》的不同之处。

8. 冒解军役

"冒解军役"是《御制大诰》第73条，具体是为逃避军役，官吏收受逃军的贿赂，即受赃。具体的受赃金额及处罚内容如下：

凤汤临淮县知县张泰……为勾捕逃军事，受要逃军陈保仔钱钞……亦受要逃军赵成钱钞……此两县官员，尽行典刑。[2]

该案例与《大明律》《大明令》的官员受赃条款是对应的，只是笼统地提到受要逃军的钱钞，没有具体提到钱钞数量以及受要数量对应的惩罚标准。因为《大明律》对此已有明确的条文。《御制大诰》是对受赃案例的补充列明和加重处罚。

（二）《御制大诰续编》中的货币条文

《御制大诰续编》共87条，其中涉及货币表述的案例对应《大明律》的规定。间接的货币表述主要集中在贪赃、盗窃、赎罪、赏赐等几个方面。对《御制大诰续编》的货币表述条文的归纳也集中在这几个方面，其他条款多是陈述物品价值、收受具体东西等，对货币本身的流通、形制以及货币法制的研究没有具体的意义，不再一一归纳。如《御制大诰续编》第20条

---

[1]　杨一凡：《明大诰研究》，江苏人民出版社1988年版，第247页。
[2]　杨一凡：《明大诰研究》，江苏人民出版社1988年版，第251~252页。

"粮长妄告叔舅"涉及货币表述，是陈述其妄告的内容中包含了"一水脚船钱、神福钱一万贯"。[1]这是对案例具体内容的表述，不具有普遍意义，该条主要说明和规范的也是妄告的行为，而不是妄告的内容，其中的货币表述只是一种陈述，不是标准的确定。再如，第 21 条"粮长金仲芳等科敛"提到"船钱""造册钱""车脚钱""临运钱"等，这些并不是对货币种类或者货币流通的表述，而是具体明确其"巧立名色"到底立了哪些。是一个陈述，并不是定罪量刑的标准。因此，笔者对这些表述不再单独归纳列出。

　　1. 钞库作弊

　　这是《御制大诰续编》第 32 条，记录了一个直接与货币本身相关的司法案例，包含具体涉及"大明宝钞"的违法犯罪行为。具体内容如下：

　　宝钞提举司官吏冯良、孙安等二十名，通同户部官粟恕、郭桓，户科给事中屈伸等，并钞匠五百八十名在局抄钞。其钞匠日工可办十分，诸匠等止认办七分。朕明知力尚有余，从其认办。所以得存三分，不欲竭尽心力，后三处结党，诸匠尽力为之。洪武十八年二月二十五日造钞起，至十二月天寒止，尽力所造钞六百九十四万六千五百九十九锭。临奏钞数，已匿一百四十三万七千五百四十锭，于广源库杂诸处所进商税钞堆积。所奏进者五百五十万九千五十九锭，将混同商税钞堆积，以代外来商税课程。且如太平府进纳折收秋粮钞，并江西承差李民宪等解课程钞一十万至，其进钞人先谋通户部及钞库官，内将十万就库检沓，如数贴作折收秋粮钞并课程钞名色，虚出实收，来人执凭。外十万钞，与解来人四处共分，事甚昭然。呜呼！

　　〔1〕　杨一凡：《明大诰研究》，江苏人民出版社 1988 年版，第 278 页。

当计此之谋，为利所迷，白将以为终身不犯，岂知不终年而遭刑。古先哲王谕之曰：毋作聪明。观今此之徒，先王之谕良哉。今不循者堕命矣。[1]

本条记录了一起涉及"大明宝钞"的犯罪，从发行管理"大明宝钞"的部门（宝钞提举司）到户部官员，连钞匠也一起涉案。通过多造钞，隐匿数量，并将这些隐匿的新造出的大明宝钞与商税钞折抵，用虚出实收的方式获利，各个环节的人都参与分配，牵连者达到了千人以上。可见，只要是与货币相关的犯罪，涉及的人数和金额巨大，受到利益的诱惑，更多的人愿意为此冒险。

2. 钱钞贯文

这是《御制大诰续编》第58条，其内容涉及"钞法"和"钱法"的运行实施问题，是针对货币的直接规定，具有普遍的意义。具体的内容如下：

钞法之行，皆云贯锭。铜钱之行，皆云万千百文。若以钱云文数，一文至千百数万可以言之。以钞云文数，并无奇零十文、五十文。今会稽等县河伯所官张让等故生习诈，广衍数目，意在昏乱掌钞者。如会稽鱼课钞，本该六千六十七贯二百文，所进钞本却写作六百六万七千二百文。乃至关勘合入库交纳，其钞并非奇零文数，已将各官吏治以重罪。今后敢有如此者，同其罪而罪之。[2]

该条为"钞法""钱法"的具体实施提供了司法案例，若故意以货币单位混淆的方式牟利，将被判重罪。对钱钞的管理

---

〔1〕　杨一凡：《明大诰研究》，江苏人民出版社1988年版，第288~289页。

〔2〕　杨一凡：《明大诰研究》，江苏人民出版社1988年版，第315页。

必须非常细致，但《大明律》对"钱法""钞法"的规定无法达到这种细致标准，因此《御制大诰续编》对此进行了补充，规定了在钱钞的管理过程中具体应使用哪种货币单位。如钞法规定大明宝钞的单位是贯、锭，铜钱的单位是万千百文，对大明宝钞和铜钱的记数需严格依照法律进行。但是现在有官员试图以故意写错单位的方式，混淆实际的铜钱和宝钞的数量，谋取利益。这条是非常明确而详细的规定，便于实施。

3. 如诰擒恶受赏

这条是《御制大诰续编》第 10 条，《大明律》《大明令》中的"赏"一直以"银"作为标准。而《御制大诰续编》则以"钞"作为标准。该条是对擒恶受赏具体实施的规定。其中涉及所赏之物的表述是：

赏钞二十锭，三人衣各二件。[1]

由此可见，在实践中，赏的仍是钞，且金额并不高，远远达不到《大明律》《大明令》律文规定的"银"十两、二十两的标准。

4. 礼部盗出财物

这是《御制大诰续编》第 25 条。实施"盗"这一行为的是礼部侍郎章祥等六人，"盗"的对象具体是：

及其名部赏赐，婚礼银钞出库，通同近侍盗出银锭，虚出钞贯。[2]

这些特定对象利用职务便利，实施"盗"，极为隐蔽，危害大过常人。我们从这里可以看出的不是"盗"这一行为如何，

---

〔1〕 杨一凡：《明大诰研究》，江苏人民出版社 1988 年版，第 272 页。

〔2〕 杨一凡：《明大诰研究》，江苏人民出版社 1988 年版，第 283 页。

而是迎娶王妃会有专门的赏赐，而赏赐的内容包含了银和钞。在一定意义上，如果明初银不是单纯作为贵金属存在的话，虽然其不是法定货币，但其在具体使用过程中也是一种小范围存在的货币形式。

5. 诸司进商税

这是《御制大诰续编》第51条，其中内容涉及商税收取时的物，即以什么缴纳商税。我们可以通过该条看到明初时商税收取的是哪些物品。具体表述是：

> 洪武十九年，十二布政司率诸有司及鱼湖诸色司局等衙门官吏，进呈十八年金、银、钞、锭、钱帛之类。[1]

从该条的表述中我们可以看到，明初收取商税，有金、银、钞、锭、钱帛等，范围广泛，并不统一。在"一条鞭法"改革前，商税收取的种类繁多，需要在收取后再次确认、转换成统一价值。从中可以看到货币形式在明中后期的发展对商税的影响。

6. 路费则例

这是《御制大诰续编》第61条，"则例"是例的一种。这则关于路费的"则例"，是针对工钱标准的规定，具体是路费脚力的工钱标准。如果超过朱元璋规定的标准，再以此名目向民众收取"钞锭脚力物件"将被科以重罪。标准的规定是：

> 进商税路费脚力钞一百贯。
> 朝见路费脚力钞一百贯。
> 周岁柴炭钞五十贯。[2]

---

〔1〕 杨一凡：《明大诰研究》，江苏人民出版社1988年版，第308页。
〔2〕 杨一凡：《明大诰研究》，江苏人民出版社1988年版，第318页。

该条文对不同形式的脚力工钱作出了明确规定。从这条规定我们可以清晰地了解明初时的工钱标准。与《大明令》规定的铜钱六十文不同，这里是以大明宝钞作为工钱的计量单位。路费脚力钞是一百贯，而周岁柴炭钞是五十贯，不同工种工钱标准不同。

7. 造作买办

这是《御制大诰续编》第 77 条，规定官方买办的对象，以及如果以其他方式买办会受到的具体处罚，其中特别赋予了被科收的民众举报权。其中涉及货币的内容为：

朝廷凡有诸色造作，文书明下有司，止许官钞买办，毋得指名要物，实不与价。[1]

该条规定必须以钞作为买办流通物，以物进行交易并且价值不对等的话，属于违法行为。在明初，大明宝钞独占法定货币地位，朝廷开始禁止铜钱和银的使用。

8. 贪赃

《御制大诰续编》中与"贪赃"相关的案例条目是一个大的类型，其中案例具体涉及不同的赃的问题。初步归纳至少有 3 条涉及贪赃的条款存在具体货币内容。

（1）韩铎等造罪。这是《御制大诰续编》第 24 条，涉及工部侍郎韩铎和其他官吏的违法行为，具体涉及其收受的赃钞，以及应受到的处罚。具体表述是：

总计韩铎等节次取受赃钞，除隐匿入己外，实供招到官，共该三万三百五十贯，木炭八十一万斤。

---

[1] 杨一凡：《明大诰研究》，江苏人民出版社 1988 年版，第 328 页。

侍郎韩铎八千九百贯；

侍郎李祯五千七百五十贯；

郎中侯恒礼七百贯；

郎中陈恭一千三百五十贯；

员外郎陈侃二千四百贯；

员外郎郝彬四百贯；

员外郎王大用三千贯；

主事郭昇二千三百贯；

主事张凤二千贯；

主事鲁瞻三百贯；

主事邵炳四百贯；

司务宋原二千贯；

给事中哈安七百贯；

给事中杨霖一百五十贯。[1]

从该条案例可知，《御制大诰续编》的惩罚力度重于《大明律》，因为这里具体的受赃金额以钞来表述，数量所对应的处罚也高于《大明律》的规定。在这里，钞的单位为贯。这些内容提到的是涉及官吏具体的受赃数目，从中可以看出对受赃的统计是以钞为基准的，与《大明律》以铜钱作为计算基准不同。

（2）朝臣蹈恶。这是《御制大诰续编》第50条，也是一起"贪赃"案例。涉案人员有吏部主事、鹰扬卫知事、六科给事中并承勅郎、尚宝司、各卫知事等。这些官员互相蒙蔽，盗出银钞衣服。该条将这些人和所分财物金额一一列出：

……索本部官银三百两……分钞二万九千贯……呜呼！此

---

[1] 杨一凡：《明大诰研究》，江苏人民出版社1988年版，第281页。

辈皆系洪武十八年新诛奸恶贪婪之后，人人不畏其法，仍继踵而为非。吁！可谓之难教者矣，难禁者矣。[1]

其中共列明了 99 名官吏的具体分赃数量。金额以"官银""钞"为统一计算标准，金额有多有少，但都被处以死刑。虽然已经严刑峻法至此，但仍有官吏不停受赃犯罪，难以禁止。

（3）克减赈济。从名字就可以看出，其涉及官吏在赈灾过程中减克的行为，即将用于赈济灾民的钱贪入个人，是官员受赃的一种。该条具体列明了赃的金额：

> 河南水灾，连并三年，民患水甚……兵凶事也，尚可平之，奸贪小人，甚若凶器……各将赈民钱入已：康伯泰一千一百贯，柴琳二百贯，布政使杨贵七百贯，参政张宣四千贯，王达八百贯，按察司知事谢毅五百贯，开封府同知耿士能五百贯，典吏王敏一千五百贯，钧州判官弘彬一千五百贯，襄城县主簿杜云升一千五百贯，布政司今史张英一千五百贯，张岩五百贯。贪匿之后，天寒地冻……[2]

从列出的金额来看，该条是以"钞"作为计量单位，与《大明律》以铜钱作为计量单位不同。具体的处罚是按照律文规定，《御制大诰续编》只是将具体犯罪事实列出，加重处罚，以儆效尤。在《大明律》后，因为货币形式的变化，在实际处罚时以"钞"计量更为普遍，国家已经开始禁止其他货币形式，保障"钞"唯一法定货币的地位。

（三）《御制大诰三编》中的货币条文

朱元璋认为，在前两诰颁行后，"遇来凶顽之人，不善之

---

〔1〕 杨一凡：《明大诰研究》，江苏人民出版社 1988 年版，第 302~308 页。
〔2〕 杨一凡：《明大诰研究》，江苏人民出版社 1988 年版，第 316~317 页。

心，犹未向化，朕复出诰以三示之。奸顽敢有不钦遵者，凡有所犯，比诰所禁者治之"。"此诰三颁，良民君子，家传人诵，以为福寿之宝，不亦美乎!"[1]《御制大诰三编》总计43条，其中涉及货币的均属间接表述，并没有涉及货币本身的案例。间接的货币内容涉及受赃、盗窃等。

1. 进士监生不悛

该条记录的是364名进士监生的犯罪问题。朝廷通过开科取士，但是有的进士监生任职不足一年便因犯罪而受到了严厉处罚。其中经济犯罪是主要的类型。具体表述为：

四犯

死罪

进士

王本道 任刑部主事。一次淹禁无招粮长身死，戴徒罪还职；一次受赃一百贯，戴绞罪还职；一次 水灾受钞五十贯，一次受赃六十贯，禁死原告，处决。

三犯

死罪

进士

罗师贡 任监察御史。一次为水受赃，戴流罪还职；一次为水灾受赃一百贯，戴绞罪还职；一次受灾，故出邀截实封李典史死罪，处决。

刘辐 任光禄司署丞 。一次为水灾受赃四十七贯五百文，戴流罪还职；一次为水灾受赃一百十七贯，戴绞罪还职；一次克

---

[1] 杨一凡：《明大诰研究》，江苏人民出版社1988年版，《御制大诰三编》序。

明代货币法制研究

落官钞九十三贯，剌指书写。[1]

在案例中，具体受赃的货币形式是钞，数目为一百余贯，金额并不大。但在众多的接受处罚的官吏中，有的受赃是以"银"计的，如：

向宝　任兵部员外。一次为水灾受银五两，又教秦升妄奏，戴流罪还职；一次为水灾受钞五百六十七贯五百文，绿纻丝一段，该绞追赃。[2]

其受赃金额中既有以"银"计的，也有以"钞"计的。"进士监生不悛"整条都是在记述进士监生的受赃问题及处罚情况。可见，在《御制大诰三编》颁行前，官吏受赃问题非常严重。

2. 空引偷军

这是《御制大诰三编》第5条，是对"空引偷军"的处罚和奖励。在该案例中，奖励部分涉及对货币的表述。具体内容是：

所在官民……关津隘口及京城各门盘获到空引者，赏钞十锭。[3]

这里提到的奖赏，也是以"钞"作为计量单位的。与《大明律》以"银"作为计量单位是不同的，但与《御制大诰》的内容一致。

3. 库官收金

这是《御制大诰三编》第35条，涉及对库官盗窃库藏财物

〔1〕 杨一凡：《明大诰研究》，江苏人民出版社1988年版，第355~356页。
〔2〕 杨一凡：《明大诰研究》，江苏人民出版社1988年版，第355~356页。
〔3〕 杨一凡：《明大诰研究》，江苏人民出版社1988年版，第381页。

094

的处罚。其中的货币表述涉及具体如何实施盗窃，具体货币的换算转化，以及盗窃金银或财物的数量。具体的描述是：

> 其李庭珪收轻齐金银，设计偷盗金二十四两，意在深谋，以愚朕心。将纳金者每五十两多称五钱，以百两计之，已出五两。以千两弄之，金出一锭。其所折之金，何下数千百两。若终收不犯，其所贪者正该几何？[1]

与其他的盗窃库藏财物不同的是，这里计量和盗取的都是金银。这对研究理解"银"何时开始成为货币、何时发展为法定货币具有指导意义。

4. 与"受赃"相关的内容

《御制大诰三编》中有不少与"受赃"相关的案例。"妄举有司"是《御制大诰三编》第 14 条，其中提到的货币主要是对"受赃"的表述：

> 说事过钱……受钞一百五十贯，银二十五两。[2]

这里的货币，表达的是受赃的具体金额，货币种类不仅有钞，还有银，而且这里的银并不是简单的贵金属，而是一种确定的货币。这与主流研究提出的银在明中后期才成为货币的观点有一定的出入。虽然不是大面积使用，国家也限定了法定货币种类，但是在具体的律文和案例中，"银"都作为货币出现。在小范围内，白银可以作为货币流通。与此表述相同的还有第15 条记述的"冯叡累贪不悛"。其中关于冯叡累贪的具体金额的表述也是有钞有银。具体如下：

---

[1]　杨一凡：《明大诰研究》，江苏人民出版社 1988 年版，第 409 页。
[2]　杨一凡：《明大诰研究》，江苏人民出版社 1988 年版，第 391 页。

省今出脱，得钞一钱七百贯，银二百两。其叡到任已及二年，余弊不稽，止此二弊共分赃钞六千五百五十贯，银五百七十两。[1]

此处"银二百两""银五百七十两"的表述都是明确的货币种类，并非贵金属。这是冯叡受赃的对象。可见，"银"已在实际流通。《御制大诰三编》中与"受赃"相关的案例还有第38条"戴刑肆贪"，其中提到"先为受赃五百七十五贯"[2]。在这里，受赃的对象就不是"银"，而是铜钱。第39条"御史刘志仁等不才"中有关于"说事过钱"的记述，其中收受的种类更多，包括"受银一百五十两，金三十四两，钞二万五千二百贯"。[3]在这里，受赃的货币种类包含了银、金和大明宝钞。可见，这几种货币形式在这个阶段都有流通。

四、明代"例"中的货币例文

明代的"例"是对不能变更的法律文本的极大补充，种类繁多。其中，《大明律集解附例》记载的很多"条例"均与货币相关。而"则例"是"事例"的一种，是专门规范国家钱物管理、流通标准及其他事项具体运作程序和固定规则的事例。其是研究明代经济法的重要分析样本，其中有大量关于货币的规定。因为明代法律文本几乎无法更改，因此需要通过大量的条例调整法律的具体实施规则，以适应社会管理的需要。尤其是在经济领域，固定的法律条文难以适应经济发展带来的变化，条例中有大量经济方面的规则，因此货币法律的变化清晰地体

---

[1] 杨一凡：《明大诰研究》，江苏人民出版社1988年版，第392页。

[2] 杨一凡：《明大诰研究》，江苏人民出版社1988年版，第413页。

[3] 杨一凡：《明大诰研究》，江苏人民出版社1988年版，第414页。

现在其中。按照第一章的分析，条例也是明代货币法律的重要渊源。因为例的种类和数量繁多，在此本书将不再归纳列出间接的货币描述，只对与货币本身发行流通相关的例进行归纳分析，明示例中的货币法律渊源，以作为研究明代货币法制的法律文本基础。

（一）《锲御新颁大明律例注释招拟折狱指南》中的货币
　　　条例

这是明代的折狱经典，其中有大量在司法实践中发挥重要作用的规则。其中记载的条例内容是重要的法律渊源。

1. 赎罪

《锲御新颁大明律例注释招拟折狱指南·卷一·五刑》对《大明律》赎罪标准的确定问题进行了更新和明确。具体的内容是：

> 一赎罪囚犯，除在京已有旧例外，其在外审有力、稍有力二项，俱照原行则例拟断，不许妄引别例，致有轻重。其有钱钞，不行去处。若妇人审有力与命妇军职正妻，及例难的决之人赎罪，应该兼收钱钞者，笞、杖每一十收银一钱。其老幼废疾，及妇人天文生余罪收赎钞贯者，每钞一贯，折收银一分二厘五毫。若钱钞通行去处，仍照旧例收纳，不在此限。[1]

从该条例我们可以看到，此时一贯宝钞是折收白银一分二厘五毫，相比于明初发行时，大明宝钞贬值得非常厉害。而且明确虽然《大明律》律文规定的赎罪标准中的货币及货币价值发生了改变，难以适用，但是也不能妄引别的条例，导致赎罪

---

〔1〕 杨一凡主编：《历代珍稀司法文献》（第4册），社会科学文献出版社2012年版，第2~3页。

在不同案件中标准不同。该条例明确规定了新的赎罪收取标准。

2. 钞法

在《锲御新颁大明律例注释招拟折狱指南·卷五·户律》"钞法"项下的对应适用条例有：

> 一在外衙门官员，通同势要，（买）纳户口等项（课）钞者，问罪。卖钞之人发边远充军，钞贯入官。官员从无藏私，奏请降用。[1]

该条例规定了官员违反"钞法"规定买卖宝钞时需要受到的处罚。如果没有藏私的行为，具体适用时可以减刑。可见，明代对大明宝钞的流通管理一直都非常严格。

3. 盗窃

在《锲御新颁大明律例注释招拟折狱指南·卷五·户律》有一名为"仓库不觉被盗"的专门条文。《大明律》的规定本书在前文中已经具体列明，涉及仓库盗窃金额和定罪量刑的标准。随着社会的发展，该条所对应的条例规定的盗窃金额和定刑标准都发生了变化。具体内容是：

> 一内外官库被窃盗银至一千两以上，一个月不获，经该并巡捕官俱各住俸；半年不获，提问；被盗二三次者，奏请降调。其该道分巡、分守官，参奏罚治。不及前数者，俱照常发落。库子尽其财产，均追赔偿，候真赃得获，照数给还。若各官妄拿平人，逼认盗贼追赔者，亦问罪降调。[2]

---

〔1〕 杨一凡主编：《历代珍稀司法文献》（第 4 册），社会科学文献出版社 2012 年版，第 134 页。

〔2〕 杨一凡主编：《历代珍稀司法文献》（第 4 册），社会科学文献出版社 2012 年版，第 151 页。

依据该条例，就被盗窃者而言，因为职务的关系，其还需要承担失察和疏忽的罪名，因为钱的失窃会影响货币的流通。所以，在不能追回款项的时候，需要由负责管理仓库的官员以自己的财产填补损失。如果是遭遇强盗，也就是暴力强行抢劫，官员不用负责，不存在失察的问题。别的律文和例规定因为抢劫的盗财，事出不测，无法预先做出预防措施，因此官员可以免责不赔，这是基于法理的理解。

(二)《大明律集解附例》中的货币条例

1. 私铸铜钱

"私铸铜钱"会极大地干预国家正常的货币发行和流通秩序。不仅会对货币体系造成极大的冲击，也会影响到国家财政、税收。《大明律》《大明令》《明大诰》中都有关于"私铸铜钱"的明文规定和司法案例。随着明代社会的发展，前述针对"私铸铜钱"的刑罚已经不再适用于具体的违法行为，不足以震慑这种行为。因此，朝廷开始通过条例对"私铸铜钱"的处罚作出规定，作为以面通类的先例。如：

一私铸铜钱为从者，问罪用一百斤枷，枷号一个月。民匠舍余发附近充军，旗军调发边卫食粮差操，若贩卖行使者，亦枷号一个月，照常发落。[1]

该条例明确，对私铸铜钱的从犯的处罚方式是枷号，标准是一百斤的枷执行一个月的时间。从犯及贩卖私铸的铜钱的，都要受到相应的处罚。这里提到的处罚方式与《大明律》《大明令》《明大诰》规定的都不相同，是新的处罚规定。后面再次发生同样案例时需要参照该条例量刑。

---

〔1〕《大明律集解附例·卷之七》（明万历间浙江官刊本·影印本）。

2. 伪造银

《大明律》和《明大诰》颁行时，银还不是法定货币，在律文中也是以赏银或贵金属的形式出现。但是，到了明代中后期，货币体系改变，银已经逐步自下而上地成为法定货币。在货币法律方面，也有相应的变革发生。具体就是"条例"中开始有关于伪造银的案例，并且因案生例，成了具有普遍法律效力的条例。如：

> 一伪造假银及知情买使之人俱问罪于本地方枷号一个月发落。[1]

直接伪造银的和明知伪造而购买或使用的，都要问罪。具体的处罚是枷号一个月。这与私铸铜钱的处罚基本一致。从这条我们可以看出，银已经成为法定货币，是流通中的主要货币。

3. 盗窃

明代律文中的盗窃范围比现代意义上的"盗窃"更为广泛，包括盗仓库、盗粮等。《大明律》对盐粮作出了具体规定，涉及坚守盗和常人盗两类，随着时代社会经济的发展，律文不得不更改。因此，朝廷逐渐开始通过条例来规范、处罚这种行为。如：

> 一凡仓库钱粮，若宣府大同甘肃宁夏榆林辽东四川建昌松潘广西贵州，并各沿边沿海去处，有监守盗粮四十石、草八百束、银二十两，钱帛等物值银二十两以上，常人盗粮八十石、草一千六百束、银四十两，钱帛等物值银四十两以上，俱问发边卫永远充军。两京各衙门及漕运并京通临淮徐德六仓，有监

---

〔1〕《大明律集解附例·卷之七》（明万历间浙江官刊本·影印本）。

守盗粮六十石、草一千二百束、银三十两，钱帛等物值银三十两以上，常人盗粮一百二十石、草二千四百束、银六十两钱帛等物值银六十两以上，亦照前拟充军。其余腹里但系抚按等官查盘去处，有监守盗粮一百石、草二千束、银五十两钱帛等物值银五大两以上，常人盗粮二百石、草四千束、银一百两钱帛等物值银一百两以上，亦照前拟充军。以上人犯俱依律并赃论，仍各计入巳之赃数满方照前拟断，不及数者照常发落。若正犯逃故者，于同囊家属名下追陪，不许滥及各房亲属。其各处征收在官应该起解钱粮有侵盗者，俱照腹里例拟断。[1]

随着社会经济的发展和货币法制的变革，该条例已经以"银"作为对所盗之物估值的计算标准，而《大明律》和《大明令》则是以铜钱作为计算标准。这代表着货币形式的变迁和货币法制的变革。同时，涉及"盗"的条例数量众多，其中都包含货币流通使用的内容。如：

一内府匠作犯，该盖监守常人盗窃盗掏摸抢夺者，俱问罪。送发工部做工炒铁等项，其余有犯徒流罪者，拘投住支月粮笞杖准令纳钞。[2]

从该条例中我们可以看出，虽然"银"已经成为法定货币，但是大明宝钞并未退出历史舞台。具体的"条例"仍将其作为处罚标准，在诸多"条例"中，"纳钞"都是一种具体的处罚方式。

4. 赎罪

在明初的律文规定中，"赎"均是以铜钱的形式出现。后期

---

〔1〕《大明律集解附例·卷之七》（明万历间浙江官刊本·影印本）。
〔2〕《大明律集解附例·卷之七》（明万历间浙江官刊本·影印本）。

条例的具体规定如:

> 一赎罪囚犯,除在京巳有旧例外,其外审有力稍有力了项俱原行则例拟断,不许妄引别例,致有轻轻重其有钱钞不行去处,若妇人审有力与命妇军职正妻及例难的决久人赎罪,应该兼收钱钞者,笞杖每一十折收银一钱,其老幼废疾及妇人天文生余罪收赎钞贯者,每钞一贯折收银一分二厘五毫,若钱钞通行去处,仍照旧例收纳不在此限。[1]

在这里,条例明确规定了收赎标准以及钞折银时的具体换算比值。从该条例的内容来看,在此时,收赎的标准主要是以银来计算的。货币形式已经发生了变化。

5. 贪赃

"贪赃"是律文中涉及货币表述较多的一个类型,其中涉及赃物的价值计算、定罪量刑的标准等,这些都需要以一种货币形式作为统一判断的依据。贪赃的多发导致明初的律文规定必然不能适应其发展。因此,诸多条例中都有贪赃方面的具体规定。其中涉及货币的如:

> 一问刑衙门以赃入罪,若奏行时估则例该载尽及虽系开载而货物不等,难照原估者,仍各照时值估钞拟断。[2]

在这里,还是以大明宝钞来拟断,标准是按市值。具体以钞来计算:

> 一在京在外问过囚犯,但有还官赃物直银一十两以上,监

---

[1] 《大明律集解附例·卷之七》(明万历间浙江官刊本·影印本)。
[2] 《大明律集解附例·卷之七》(明万历间浙江官刊本·影印本)。

追年父及入官赃二十两以上给主赃三十两以上，监追一年之上不能完纳者，因全无家产或变卖巳尽及产虽未尽止系不堪无人承买者，各勘实具本犯情罪轻重监追年月久近赃数多寡奏。[1]

该条例与上一条明显不同，赃物的计算是以"银"作为标准，即贪赃十两以上如何处罚，二十两、三十两以上各自如何处罚，是对分级定罪量刑的明确规定：

一军官旗军，但有监追入官还官给主赃物直银十两以下，半年之上不能完纳者，将犯人先发立功纳钞等项各完满日还职着役，仍将各人俸粮月粮照赃数扣除入官还官给主。[2]

这里的计算赃物的标准也是"银"。该条例的对象是"军官"，规定的是"军官"贪赃需要受到的处罚的标准和具体的处罚。在这里，赃物的计算标准是"银"，但是惩罚方式是"纳钞"或扣除"俸粮"。

6. 埋葬银

"埋葬银"是《大明律》的特别规定，这条之所以特别是因为《大明律》以货币形式而不是贵金属的属性提到"银"就是在"赏银"部分和"埋葬银"部分。由于在明初便将这种丧葬抚恤金以银的形式加以明确，因此在后来的发展过程中，条例仍以银来表述。具体如下：

请定夺若不及前数及埋葬银监追一年之上，勘实全无家产者，俱免追各照原拟发落。[3]

---

〔1〕《大明律集解附例·卷之七》（明万历间浙江官刊本·影印本）。
〔2〕《大明律集解附例·卷之七》（明万历间浙江官刊本·影印本）。
〔3〕《大明律集解附例·卷之七》（明万历间浙江官刊本·影印本）。

该条除了规定埋葬银还是按照原本的规定计算外，最重要的是，一年以上无法落实埋葬银的要受到追加处罚。而查清确实没有任何财产可供支付埋葬银的，可以免除处罚。这和现代意义上的执行不谋而合，即若没有财产可供执行，要保障被执行人的基本生活保障，基本生活以外的都要用于偿还。拒不履行的也要承担相应的责任。

当然，除了上述所列内容和具体的"条例"外，还有其他很多"条例"都包含货币表达的内容。对应《大明律》中涉及货币表达的主要犯罪类型，将相关罪名的条例发展列出来，有助于我们了解明代货币法律规制和具体司法实践的变化。

(三)"则例"中的货币描述

"则例"是辅助法律实施的细则，主要涉及经济方面的内容，包含了盐法、税赋、漕运、赎罪等与钱、财政收入相关的内容。由于具有经济属性，"则例"包含了直接的货币流通细则和其他规则中货币表述。其中的赋役和商税则例、捐纳则例、赎罪则例等都有关于货币的表述，但是这些表述都不是针对货币本身的，而是为了具体体现赋役、商税、捐纳、赎罪等事项，货币在这里只被作为计量单位，但我们依然可以知晓当时货币的流通情况。"则例"中有直接与"钱法""钞法"管理相关的内容。如《问囚则例》对埋葬银作出了专门规定。内容是：

> 一问过失杀人绞罪，律该收赎钞四十二贯。今奏过有例收赎钞三十三贯六百文，铜钱八千四百文，给付死者之家，以为营葬之资。[1]

――――――――――

〔1〕 杨一凡主编：《历代珍稀司法文献》（第 5 册），社会科学文献出版社 2012 年版，第 659 页。

在这条则例中，"埋葬银"的表述已经不再是银，而是"营葬之资"，是以钞和铜钱作为计量单位。这是对《大明律》《大明令》规定的改变。

在"则例"中，关于"私铸铜钱"的规定为：

> 一私铸铜钱为从者问罪，用一百斤枷枷号一个月。民匠、舍余发附近充军。旗军调发边卫食量差操。若贩卖行使者，亦枷号一个月，照常发落。[1]

以上是关于"私铸铜钱"的例文内容，具体规定了伪造铜钱的从犯应该受到的具体处罚。同时，还有的"则例"是关于伪造白银的：

> 一伪造假银及知情买使之人俱问罪，于本地方枷号一个月发落。伪造金不引例。银匠为人倾银，暗将铜掺入抵换，依局骗。[2]

由此可见，随着法定货币形式变为白银，为适应新的司法现实，"则例"也随之被修改。这是随着白银地位的变化和法定货币种类的变革于司法实践中新生成的例。

明初白银并不是法定货币，铜钱流通一段时间后，为推行纸钞，禁行了其他一切货币。由于明代法律无法变更，因此为维持货币秩序的稳定，朝廷颁行了部分"则例"来进行相应的调整。其中，《银钱通融则例》等主要是希望通过颁布货币发行流通管理细则解决货币发行流通中遭遇的私铸、造假等问题。

---

〔1〕 杨一凡主编：《历代珍稀司法文献》（第7册），社会科学文献出版社2012年版，第717页。

〔2〕 杨一凡主编：《历代珍稀司法文献》（第7册），社会科学文献出版社2012年版，第717页。

《明会典》记载了一些与货币发行流通相关的则例。特别是"弘治六年，令各关照彼中则例，每钞一贯折银三厘，每钱七文折银一分"[1]这条，明确规定了其他货币与白银的对价。自此，白银的主要法定货币地位得到确立。

通过对明代法律渊源中货币的直接规定和间接表述进行梳理，可知除了直接针对"钱法""钞法"本身的规定外，明代法律中的货币表达主要集中在三个领域：赎罪、受赃、盗窃。基于定罪的需要，货币是定罪量刑的标准量化媒介。从这些具体的法律条文中我们可以看到货币流通的情况。同时，货币表达还体现在赏赐、工价、丧葬费用等方面。在相同领域，不同法律渊源的货币表述是存在区别的。《大明律》和《大明令》多用铜钱来作为赎罪、受赃的计量标准；涉及奖赏时多以"银"作为计量标准。而《明大诰》则多用钞来作为赎罪、受赃和奖赏的计量标准。

关于"白银"的流通问题，学界的主流观点一直是明初的货币是铜钱和纸钞，货币在中后期开启了"白银化"进程。本章对明代货币法律条文的罗列表明这种观点是存在瑕疵的。明初制定颁行的《大明律》《大明令》已经有了白银的身影，而且很难简单地将其中提到的白银认定为贵金属，结合条文的内容，特别是赏银和埋葬银，我们可以看到这些部分的白银是具有非常明确的货币属性的。虽然白银在明初还不是主流的货币种类，也被明令禁止使用，但仍然在小范围内流通，只是不是合法的流通货币形式，也不是主流的货币形式。或者可以说，在大明宝钞被作为唯一法定货币被颁行前，白银也是货币形式的一种。因此，通过本章对具体律文的列明分析，关于白银的

---

[1] （明）申时行等修：《明会典》（万历朝重修本），中华书局1989年版。

精确表述应该是，白银自明代中后期逐步发展成为主要的法定货币，明代的货币白银化进程使得白银在流通中占据了重要地位，成为法定货币。白银的货币属性在明初的法律中已经有所体现，在此之前，白银已经是货币形式的一类，但是流通范围受限，并且不具有法定地位。

本章小结

　　本章主要论述明代货币与货币法制的理论及研究基础，以作为明代货币法制研究的基础。首先，在对明代货币形式的发展演变阶段划分上，本书对明代“货币”进行了界定，明确提出了该“货币”与现代意义指称的货币概念的区别，并确定明代的法定货币形式为铜钱、大明宝钞和白银。其次，对明代货币法律进行了界定，在概念确定的基础上，简要介绍了货币法律的发展。再次，对明代货币法律渊源进行概括归纳，货币法律既包括国家颁行的成文法，也包括乡规民约、行业规范等习惯法，后面的研究需要从这些原始资料中寻找、归纳货币法律的具体规定。最后，在明代货币法律渊源确定的基础上，按照法律渊源的分类，具体列明其中针对货币的直接规定和间接表述，以作为明代货币法制研究的法律文本。

在具体的明代货币法律律文及货币在法律中的具体表述被列明后，本书将在法律本身的基础上，针对明代不同时期、不同种类的法定货币，从发行管理机构、具体司法实践等角度深入探讨整个明代货币法制。明代的货币种类与前代存在一种承继的关系，这些货币种类并不是明代独创的，而是在漫长的经济、文化发展过程中延续而来。明代货币制度的特别之处在于其货币政策与货币法律，因为这是明代统治者根据自身统治需要和当时经济发展进程制定的。明代为维护封建专制统治制定的货币政策和发展中的商品经济间存在矛盾，明代的货币政策并不符合商品经济发展的规律。在这种博弈中，明代的货币法制经历了与其他朝代不同的发展、变革过程。货币法制基于其经济法的属性，强调的是稳定，明代的货币法制具有明确的发展阶段划分和巨大变革，并不稳定。大明宝钞自洪武八年（1375年）起成为法定货币，在其推行期间，其他一切货币均被禁止。可见国家对大明宝钞的发行和流通及其对国家财政的贡献等方面的期望。从前文对明代法律的货币条文规定的归纳来看，《明大诰》中的案例多是以大明宝钞来作为计量单位，其在当时确实是主要的法定货币。明代的"钞法"主要涉及发行管理机构、大明宝钞的形制、防伪措施的制定、发行印制、旧钞更新和大明宝钞与其他货币的换算等内容。在管理机构方面，涉及管理机构的设置和管理。从这些角度我们可以清晰地分析明代大明宝钞发行流通的法律规定并从货币法制的角度对大明宝钞最终崩坏的原因进行探索。在此之前，我们需要对钞法进行历史考察，以明晰其历史进路。

第一节　钞法的历史考察

一、纸币形式的发展

一般的历史教科书认为，最早的纸币就是宋代的"交子"，这是大多数人对纸币形式发展的最初认识。

（一）纸币的萌芽与定型

有些专著主张西汉时期的"白鹿皮币"是最早的纸币，但是白鹿皮本身具有交易价值，其与本身不具有价值的纸币存在极大差别，其和布币、贝壳等都可以算早期货币形式的一种，但并不是最初的纸币。发展到唐代，诞生了"飞钱"制度，"商人至京时，预先委钱于京师诸道进奏院，及诸军使，以轻装走四方，合券取之，谓之飞钱"。[1]"飞钱"是最早期的纸币形式，但却不是严格的纸币。直到宋代"交子"出现，纸币才成为一种形制确定的货币形式。"交子"在一定程度上是"飞钱"发展变化的成果。从宋太祖开宝三年（公元970年）开始，为了方便钱务，允许民间将钱放在京师，执纸质的券到全国其他地方更换使用，但这还不是"交子"。宋真宗时期，张咏管理蜀地时，当地蜀人觉得铁钱太重，不利于交易的进行，便开始使用"交子"。"交子"具体是怎样的？和后来的纸币有什么区别？此时的"交子"和契约买卖中的"制剂"相同，具体"分为同文长短二片：长曰质，短曰剂。一交一缗，以三年为一界，而换之。六十五年，为二十二界。即最长之期限，为二十二界，

---

〔1〕　侯厚培：《中国货币沿革史》，山西人民出版社2014年版，第128页。

六十五年"。[1]"交子"并不是官方的货币流通形式，而是民间基于交易方便而自行组织流通的，是一种私人经营的货币。到宋仁宗的时候，转运使薛田、张若谷请求设置益州的"交子务"，由官方管理"交子"的发行流通，杜绝民间印造。"交子"的发行由私人变为了官办，成了官方货币。"交子"的形制如何？按照明代曹学佺在《蜀中广记·交子篇》中的记录，正面一般书写界分、年号、题记。每一界的题号不同，如"贴额五行料例""强本而节用""国以义为利"等，有蓝色和红色绘制图案，图案大多是有故事情节的传奇，纹印一般是花草。背面也印有图画故事，这些印制工艺可以凸显宋代的印刷技术。在单位方面，交子是以贯来计算。由一贯到十贯，后面改为五贯和十贯两种，也有五百贯这种规格。但是，"交子"自诞生伊始便不顺利，问题众多。在私人经营期间，因为是由固定数量的商人主持发行，只要这些商人不能偿兑，就会涉及诉讼。益州的"交子务"设立后，"交子"在其他地区的推行也不顺利。后来设置了潞州交子务、陕西交子务，但都在不久之后就停止了。存续的地方也大量出现不能承兑的情形。后来，朝廷为了支撑财政开支，大量印造"交子"，不顾准备金减少或不充足的状况，"交子"的价值也因此日趋下降、名存实亡。

　　宋代并不只有"交子"这种纸币形式，在"交子"不顾准备金限额滥发导致贬值后，"钱引"成了一种替代的纸币形式。"钱引"是由四川的"交子"改进而来。朝廷采用发行"交子"的方式来帮助筹集征讨西夏的军费。"交子"的发行额已经远远超过其承载度（有文献表示超过了 20 倍），进而急剧贬值，新的"交子"和旧的"交子"价值也不同。为了改变这种状况，

---

　　[1]　侯厚培：《中国货币沿革史》，山西人民出版社 2014 年版，第 128 页。

朝廷将"交子"这种纸币形式改变为"钱引"。四川的交子务
也变更为钱引务，在43个地方推行。"引准书放数，仍用旧印
行之，使人不相疑扰。"[1]此外，朝廷在部分地区还发行过
"盐券盐钞"，具有纸币的属性。南宋在高宗绍兴元年（1131
年）发行了"关子"，当时因为在婺州屯兵，交通不便利，使用
其他形式的货币重量大，不利于携带，因此储备已有的货币，
发行制造"关子"。商人往来于京城和婺州之间，执"关子"
在固定机构拿钱，也可以用"关子"换取茶、盐、香货、钞引。
"关子"共有两种，其中一种是公据"关子"。关于公据"关
子"，具体的文献描述是：

> 印行于二十九年，付三路总领所淮西湖广关子，各八十万
> 缗，淮东公据四十万缗，皆自十千至百千，凡五等，行使二
> 年。[2]

还有一种为内关子，"作三年行使"。在"关子"的后续发
展过程中，由于自身价值十分明确，因此见到"关子"如同见
到钱，可以直接使用。后期出现了"银关"，也是"关子"的
一种。

除此之外，因为商品经济的发达、朝廷管理的松弛，在宋
代还有其他的纸币形式不断涌现，比如"会子"。这是南宋时期
流通最为广泛的一种纸币形式。最早发行于绍兴三十年（1160
年），由户部侍郎钱端礼督造，城内外都储存有钱，钱的流通转
换由"会子"完成。"会子"刚开始发行时只在两浙流通，随
着发展开始流通于淮、浙、湖北、京西等地。其用途广泛，不

---

〔1〕 侯厚培：《中国货币沿革史》，山西人民出版社2014年版，第130页。
〔2〕 侯厚培：《中国货币沿革史》，山西人民出版社2014年版，第130页。

仅用于一般交通费用的支出，还有军费，连民间的田宅典卖、牛马车船等也都可以使用会子。其行使范围几乎已经完全等同于现代意义上的纸币。但是"会子"最终还是遭遇了封建纸币通常的问题，在刚开始发行流通的时候，信用好，发行新的兑换旧的，规则也能继续推行，而且在严禁伪造方面非常严格。但是，流通数年之后，弊端开始突出。新的"会子"发行的同时，旧的"会子"并未回收，处于流通中的"会子"数量越来越多。因为追求高利益，伪造的人也难以禁绝，于是"会子"的价值得不到保障，不断贬值。在宋代，随着"交子"的出现，其他的纸币形式在小范围区域内也开始蓬勃发展，如"关外银会子""淮交""湖广会子""茶引"等，发行流通模式与本书主要介绍的"交子""钱引""关子""会子"等大致相同。

(二) 纸币的发展

基于宋代商品经济的发达和政权执行的宽松货币政策，纸币这一新兴的货币形式在宋代完成了从确立到定型、从私营到国家发行的完整阶段。虽然纸币存在诸多问题，但是从宋代以后，纸币成为重要的货币形式，得以继续发展。

金朝设置了印造钞引库和交钞库，发行的纸币叫"交钞"。"交钞"有大钞、小钞两种：大钞以贯作为单位，面额有一贯、二贯、三贯、五贯、十贯五种；小钞以百作为单位，面额有一百、二百、三百、五百、七百。"交钞"和铜钱是同时流通的，与宋朝的"交子"相同的是，以7年作为一个期限，回收旧的、发行新的，只是7年这个期限规定长于"交子"。但是，在后来的发展中，"交钞"直接取消了7年的期限，变为了无期限，使得"交钞"在民间无期限地一直流通。如果出现磨损，可以在所在地的官库换取新钞，兑取现钱也是在所在地官库进行，这已经非常接近现代意义上的纸币了。在金朝贞祐三年（1215

年），"交钞"改为"贞祐宝券"，在贞祐四年（1216年）时再次变更为"贞祐通宝"。"贞祐通宝"的发行是为了弥补"交钞"和"贞祐宝券"的弊端，改变纸币贬值的状况。但是，"贞祐通宝"发行后还是遭遇了同样的贬值问题。针对其具体的贬值程度，有资料描述道：

> 一如交钞宝券初时为通宝四贯，当银一两，至兴定五年时，已落至八百余贯。[1]

于是，朝廷又开始发行"兴定宝泉"，但未废止贞祐通宝"的流通，每贯兴定宝泉当贞祐通宝四百贯"贞祐"，以"兴定宝泉"两贯为银一两，各处设置库等机构，方便以"贞祐通宝"交换"兴定宝泉"。之后，金朝还发行过"元光珍货"，每贯当通宝五千，也是通行的状态。但是这些金朝后续发行的纸币在形式上都没有突破与发展。特点是票面金额由小到大，涵盖范围广，非常丰富。

纸币发展到元代，进入了最为盛行的时期，特别是在民间流通中，除了元宝和银两外，几乎全部是钞，连铜钱都不多见，小面值的钞几乎完全取代了铜钱。元代钞的种类大致有三种：丝钞、钱钞和银钞。而钱钞内部，又有中统元宝钞、厘钞、至元宝钞、至正交钞等名称不同、发行时间不同的钱钞；银钞包含了中统银货、至大银钞等。根据《元史·食货志》的记载，元代纸币并不是完全承继宋代或金朝，而是效仿唐代的"飞钱"。元世祖中统元年（1260年），丝钞开始发行，是以丝作为准备金，"每银五十两，易丝钞一千两"。[2]在丝钞之后，朝廷

---

[1] 侯厚培：《中国货币沿革史》，山西人民出版社2014年版，第136页。
[2] 侯厚培：《中国货币沿革史》，山西人民出版社2014年版，第137页。

开始印造中统元宝钞。中统元宝钞可以兑换丝钞一千两。面额有十文、二十文、三十文、五十文、一百文、二百文、五百文，还有以贯计量的一贯、二贯，每一贯和交钞一两的价值等同，两贯等同于白银一两。元代的纸币名目繁多，流通上不断更替，但纸币形式没有发生实质变化，只是政权为解决纸币发行流通阻滞问题而不断寻求突破，发行新种类以解决贬值的问题，这一点与金朝是一致的。封建纸币的形制到此时已经固定，形式上非常接近现代意义上的纸币，但是因为没有掌握纸币背后的经济规律和本质问题，便于携带和利于经济发展的纸币一直循环往复地出现贬值问题，未能得到解决。这也是因为其受限于封建政权的财政经济政策。明代也试图沿用纸币这种货币形式，以适应商品经济的高速发展和财政的需要。纸币这种形式在明代得以存续发展，并且在封建制度层面上，纸币形制已经定型。

二、钞法的演变

宋代将民间主办的"交子"改由国家发行流通，并设置专门的交子务，禁止民间私造。这是最早的关于钞法的规定。规定具体准备金金额和发行的限额，按期发行，每期是 3 年，3 年期满后须以旧换新。限额为 3 年发行 1 256 340 缗。[1]准备金以在四川地区通行的铁钱作为标准。随后增设的交子务（比如益州交子务）是没有规定发行准备金的，这样就导致了当时学者文彦博所说的朝廷因为发行交子获利颇丰的现象。之后的钱引、关子等钞法，都是关于机构设置、票面金额、价值等方面的规定。除此之外，宋代钞法还包括一项重要内容，即对伪造的惩罚。面对纸币的贬值、通货膨胀问题，宋代采取的方法是分界

---

〔1〕 千家驹、郭彦岗:《中国货币演变史》，上海人民出版社 2014 年版，第139 页。

发行货币，全国的货币发行并不是统一的，在机构设置上分界设置交子务，负责各自地区的纸币发行、流通。从宋代的钞法来看，钞法随纸币的出现而产生，在一开始所有的内容便都已经都围绕纸币的发行、流通来展开。钞法从出现开始便已经非常成熟，但还不是定法。

金朝设置了印造钞引库和交钞库，在人员安排方面规定各库设使和副判各一人，都监二人。其中，交钞库使专门负责书押搭印合同。金朝明确了交钞的形制，这是从法律规则上将交钞固定下来。其具体形制为：

> 为直形，外为阑，作花纹，其上横书惯例，左曰某字料，右曰某字号。[1]

针对不按这些规定由专门机构印造发行，而是伪造发行的行为，钞法规定"料号外，篆书曰伪造交钞者斩，告捕者赏钱三百贯"。[2] 为了继续推行交钞，金朝规定租税、官俸兵饷等都以铜钱、绢、钞各半支付，如果金额不大，全部以交钞支付。并且，专门设置了印造小钞的四库，以取代大钞。同时规定以旧钞换新钞，需要每贯支付工墨钱十五文。到了泰和五年（1205 年），朝廷想停止工墨钱的收取，但是因为印费高昂，开始一贯酌情收取六文。关于交钞的价值，在刚开始发行流通时，规定官库以钞易钱，需要支付一贯二贯例，并且支出小钞三贯例就支银一两。但是，随着发展，交钞的面额越来越大，还是出现了封建钞法的问题，一开始具有价值，而后日益贬值。以增加票面金额的方式来解决这个问题是不可能从根本上解决问

---

〔1〕 侯厚培：《中国货币沿革史》，山西人民出版社 2014 年版，第 134 页。
〔2〕 侯厚培：《中国货币沿革史》，山西人民出版社 2014 年版，第 134 页。

题的，钞法必然受阻。

元代采取的是纸币与钱银相辅流通的货币制度。朝廷元宪宗三年（1253 年）设立交钞提举司，专门负责钞的发行、流通事宜。印造发行的"中统交钞"（也就是丝钞）以丝作为本位，两作为单位。中统元宝钞有十种面额：十、二十、三十、五十、一百、二百、三百、五百文和一贯、二贯。[1]中统元宝钞一贯等于丝钞的一两。后又发行了小额的厘钞。在元代后续的发展中，钞的发行机构没有变化过。元代纸币的形制都是模仿宋、金两代的纸币，如形状、图案、文字、花纹等具体的形制都是对前面两代的延续。但是，元代的纸币不再分界发行，也不再设定流通期限，并且确定了由中央统一发行和制定唯一的管理制度。元代在钞法上的突破发生在至元十九年（1282 年），由中书省颁行"行钞法"。这是古代中国最早的关于纸币的条例，确定了国家对纸币的垄断发行地位，严惩私人铸造，除提举司外，在地方设立分支机构推广、保障钞的流通。元代在纸币发行方面与前代不同的地方在于，确定宝钞是唯一的法定货币，禁止金银和铜钱的流通使用，虽然在实际流通过程中存在差异，但明代在发行大明宝钞后也沿用了这一举措。因为禁用其他的贵金属货币就必须明确其他货币形式与宝钞的兑换比值。可见，元代明确规定了每一种纸币的面额、形制、价值，专门颁行了"行钞法"这一条例，宝钞的流通推行得到了发展。钞法通行之后，财政的影响力开始及于金融领域，在发行纸币的过程中也尝试过规定每界准备金的数额，以维持纸币的价值。但是，纸币的滥发致使其价值难以维系。

---

[1] 千家驹、郭彦岗：《中国货币演变史》，上海人民出版社 2014 年版，第 146 页。

第二节　明代钞法规制

在政权成立之初，明朝的法定货币是铜钱——大中通宝，但元代纸币盛行，已经深深地影响到了民间商业交易习惯。钞这一货币形式更加便利，这是民间层面的原因。在官方层面，经历战乱，贵金属缺乏，财政也处于困难时期，这时候发行纸币既是顺应民间交易的需要，也是解决国家财政困难的重要方式。于是，"大明宝钞"顺势而生。在"大明宝钞"发行后，朝廷开始从国家法律层面禁用金银。后为适用交易和大明宝钞流通的现实，开始钱钞并行，最后随着经济的发展，自然变革到以白银作为主要的流通货币，大明宝钞从此退出了流通领域。明代钞法的基本内容还是延续了宋代、金朝、元代的规定，主要集中在发行和流通两个领域。《新纂四六合律判语·卷之上》的户律部分对明代钞法的看法是这样的：

> 唐用飞钱，仓卒裕民之术；宋置交务，缓急应变之权。既兴钱而兼行，当视钱以立法。禁其阻滞，务使流通。今某但爱家兄，不行交子。假关会为虐政，目楮币作虚文。嚣言市乱于犬金，徒诧楚庄之会。谤称候困于鹿币，未原汉武之心。人不聊生，市亦鲜利。倘尧霖九载，安得历山之铜钱；或汤旱七年，何有庄山之楮币？宜申圜法，既利国亦利民；且正刑书，使用钱同于用钞。[1]

之所以称"家兄"是因为古人将铜钱叫作孔兄，也叫家兄。这里的"圜法"是指钱法，因为太公立九府圜法。朝廷希望大

---

〔1〕 杨一凡、徐立志主编：《历代判例判牍》（第4册），杨一凡等整理，中国社会科学出版社2005年版，第115页。

明宝钞的被接受度达到铜钱的水平，能够通过刑法、法律规范使得大明宝钞的流通和铜钱一样。顾炎武对明代货币政策的归纳是"莫善于明之钱法，莫不善于明之行钱"。[1]明代大明宝钞法制同样存在这个问题，钞法的规定十分完善，但是具体的发行流通环节却不完善，问题百出。

一、大明宝钞发行的法制

在大明宝钞的发行方面，钞法主要涉及机构、人员和宝钞本身形制的方面。于洪武七年（1374年）设置宝钞提举司，开始了钞法的制定。洪武八年（1375年）诏告中书省印造大明宝钞，在民间开始流通。其在初期的发行、流通主要是中书省负责，但到了洪武十三年（1380年），中书省被废，户部取而代之。到了洪武十五年（1382年），户部设置宝钞广源库和广惠库，大明宝钞的流入由广源库负责，流出由广惠库负责。具体就是旧钞的回收是广源库的职责，新钞的发行是广惠库的职责。这是与前代钞法不同的新发展。在机构设置上，明代的钞法呈现出明显的细化和进步。

对大明宝钞的具体形制，明代学者胡我琨的描述如下：

取桑穰为钞料，其制方高一尺、阔六寸，许以青色为质，外为龙文花栏，横题其额曰：大明通行宝钞。内上两旁复为篆文八字，曰：大明宝钞天下通行。中图钞贯状十串，则为一贯，其下曰：户部奏准印造大明宝钞，与铜钱通行使用，伪造者斩，告捕者赏银二百五十两，仍给犯人财产。若五百文，则画钞为五串，余如其制而递减之。每钞一贯折铜钱一千文、银一两……[2]

---

〔1〕（明）顾炎武：《日知录集释》，黄汝成集释，栾保群、吕宗力校点，上海古籍出版社2006年版。

〔2〕（明）胡我琨撰：《钱通》，余全有译注，重庆出版社2009年版。

大明宝钞的具体形制是以桑皮纸作为印制原料，形式上是方形，尺寸为高一尺、宽六寸。整体颜色是青色，四周为横纹花栏。在上方横着书写的是"大明通行宝钞"字样，在里面上方两侧写的是"大明宝钞，天下通行"，中间写的是钱贯十串，是为一贯。在下方写的是"中书省奏准印造大明宝钞与铜钱通行使用，伪造者斩。告捕者，赏银二百五十两，仍给犯人财产"。如果钞的面额是五百文便印上钱文图，是五串。其他面额的递减。可见，在吸取了前代纸币伪造现象严重、影响纸币价值的经验后，明代直接在大明宝钞上明确了伪造的责任和处罚。在永乐年间，曾有人提出更改大明宝钞的形制，但是明成祖仍命令按旧制印制，只是将其上的"中书省"更改为"户部"，这也是基于机构的改变而进行的变更。在整个明代，都只有"大明通行宝钞"这一种形制，并且沿用了元代的做法，印造发行权一直掌握在朝廷手中。

图 2-1　"大明宝钞"一贯、五十文

除了确定大明宝钞的形制，明代还结合经济方面的知识，将大明宝钞的面值确定下来，具有固定的效力。大明宝钞的面额有一贯、五百文、四百文、三百文、二百文、一百文总共六种。[1]这是为了保障大明宝钞的统一，从法律方面将面值明确下来，使其发行、流通具有确定的官方效力。对大明宝钞的具体价值，在发行之初的规定是，每贯大明宝钞价值千文铜钱或者一两银，四贯宝钞价值黄金一两。在之后又发行了票面金额更小的小钞，从十文到五十文，和宋代一样，作为对大面额宝钞的补充，以利于流通。与此同时，禁止金银流通，金银只可以被用于向朝廷设置的专门机构兑换大明宝钞。[2]

　　除此之外，对于发行大明宝钞最重要的发行准备金问题，明代没有作出任何规定，既没有像宋代那样确定发行期限、发行区域、准备金数额和发行限额，也没有像元代那样拨足钞本。从资料上看，明代并没有明文规定发行准备金，没有任何基于经济规律的发行考虑和准备。

　　关于纸币的发行，明初学者叶子奇认为应该由地方负责，采用分散的纸币发行模式，但是国家可能没有发行准备金，地方同样可能没有发行准备金，无论是国家还是地方，只要没有解决纸币发行的基本问题，便不能克服纸币发行中无度印造的弊端。范济则认为，元代钞法失败的原因是没有有效地控制纸币发行量，因此明代在纸币发行方面一定要控制好总量，平衡发行和回收的关系。范济认为，纸币的发行数量要根据国家的财政收支状况确定，还要参考印造能力。明代中叶的丘浚认为，印钞成本大大低于票面价值，不能理解将大明宝钞作为价值符号。

―――――――――

〔1〕 梁方仲：《梁方仲文集：中国经济史讲稿》，中华书局2008年版，第228页。

〔2〕 戴铭礼：《中国货币史》，商务印书馆1934年版，第31~32页。

二、大明宝钞流通的法制

大明宝钞在流通之初是和铜钱兼行并用的，就连国家收取商税也是铜钱和宝钞并用，其中铜钱占三成，宝钞占七成。到了洪武十三年（1380年），由于大明宝钞流通日久，钞面出现破烂，朝廷专门颁行了"倒钞法"，规定如何用旧钞换取新钞。[1]命各地设置行用库，允许军民商贾用旧钞、破钞换取新钞，并规定需要支付一定的工墨钱。为了推进大明宝钞的流通，朝廷从洪武十五年（1382年）开始以大明宝钞的形式向在外卫所的军士发放月饷，同时各盐场也发放工本钞，从官方的层面推进宝钞的流通，降低了政权的财政压力。发展至洪武十八年（1385年），全部有司的官饷禄米都被折合成了大明宝钞，具体的标准是二贯五百文折米一石计算。而朝廷对大明宝钞流通的推动并未就此结束，洪武二十四年（1391年），朝廷命令榷税的官吏，只要大明宝钞上面的字"贯"还可以辨识，不管其烂损的程度如何，都收受起来交往京城。洪武二十五年（1392年），宝钞行用库被设置在东市，各给三库大明宝钞三万锭作为钞本，作为旧钞回收的保障。这时候宝钞的流通还是与历代铜钱兼行的，具体的价值交换是一贯大明宝钞价值铜钱千文。洪武二十五年（1392年）的时候，提举司在三月开始印造宝钞，十月停止宝钞印造，在此期间印造的宝钞全部送到内府作为赏赐的物品。这一举动已经违背了货币流通的规律。洪武二十六年（1393年），朝廷取消了行用局。洪武二十七年（1394年），朝廷直接改变了钱钞并行的货币政策，禁用铜钱，开始推行单一的纸币流通制度。虽然国家一直采用各种方式推广宝钞的流通，但是

---

〔1〕 梁方仲：《梁方仲文集：中国经济史讲稿》，中华书局2008年版，第229页。

两浙、江西、闽广地区仍是重铜钱、轻宝钞。因为大明宝钞发行无度，到洪武末年时，民间铜钱百六十文可以折钞一贯，大明宝钞比之刚刚发行时确定的一贯兑换铜钱一千文已大大贬值。虽然朝廷严禁使用金银，以保障宝钞的发行流通，但是钞法在明中期的民间流通过程中已经相当于被废止了。嘉靖四年（1525年），朝廷下令宣课分司收税的时候钞一贯折合银三厘，在税收层面正式认可了银的流通，此时宝钞已经很久不流通了，铜钱也处于困境中，民间交易几乎都使用银。到隆庆初年，大明宝钞已经超过百年没有发行流通了，民间交易时几乎没有收取宝钞的，但是其在法律层面上还没有被废止，因为俸禄仍然用大明宝钞支出。直到隆庆四年（1570年），朝廷才用新铸的隆庆钱替代大明宝钞支付俸禄。

明代的钞法不仅没有规定过发行准备金，在流通方面也没有关于兑现的规定。在纸币出现之始，就有了基于保障纸币价值及正常流通而出现的新旧钞比值兑换规定，但明代只在洪武九年（1376年），也就是大明宝钞发行的第二年规定过"倒钞法"，在各地设置行用库用于更换烂钞。明代对旧钞的回收实际上一直没有执行到位，导致烂钞的使用受到限制，价值得不到保障。同时，旧钞不回收，新钞却不断发行，在民间流通的大明宝钞数量越来越多，贬值已经无法避免。对此，我们可以通过明代大明宝钞与铜钱、白银的比价变化看出贬值的发展细节。

首先是大明宝钞与铜钱的比价变化。在洪武八年（1375年）大明宝钞初发行时：一贯大明宝钞价值一千文铜钱，四贯大明宝钞价值一两黄金，一贯大明宝钞价值一两白银；洪武二十三年（1390年）：一贯大明宝钞价值二百五十文铜钱；永乐八年（1410年）：四百贯大明宝钞价值一两黄金，八十贯大明宝钞价值一两白银；成化元年（1465年）：一贯大明宝钞价值四文铜钱；成化六年（1470 年）：一贯大明宝钞价值两文铜钱；成化末年，一贯大明宝钞价值一文铜钱。

其次是大明宝钞与白银的比价变化，成化末年，一贯大明宝钞折合白银二十五厘；弘治元年（1488 年），一贯大明宝钞折合白银三厘，一两白银折合大明宝钞七百贯；嘉靖四年（1525 年），一贯大明宝钞折合白银三厘，一两白银折合大明宝钞七百贯。[1]比价的变化可以非常直观地反映大明宝钞的迅速贬值及白银逐渐取代了大明宝钞的法定货币地位。

关于大明宝钞的流通，明初学者叶子奇在其《草木子·杂制篇》中论述了自己的观点。他追溯元代纸币流通的过程，认为元代纸币流通之所以失败不是因为钞法不好，而是因为"后世变通不得其术也"。[2]也就是用无度发行的纸币来支撑财政支出，加剧了纸币的贬值，导致钞法崩溃。他首先提出，朝廷必须保证纸币在流通过程中随时能够兑现，这是对钞法价值和信用的要求，这样才能保证民众对大明宝钞流通的信任，保障大明宝钞的流通。其次，叶子奇提出要调节货币流通量，他主张物价和货币流通量之间存在必然的关系，可以通过对货币流通量的调节控制物价。其具体的表述为：

> 以钱为母，以引为子，子母相权，以制天下百货，出之于货轻之时，收之于货重之日，权衡轻重与时宜之，未有不可行之理也。[3]

物价低，是因为纸币流通少，这时就发行更多的货币提高物价水平；若物价过高，因为纸币发行太多，这时就减少流通

---

〔1〕　梁方仲：《梁方仲文集：中国经济史讲稿》，中华书局 2008 年版，第 229 页。
〔2〕　（明）叶子奇撰：《草木子·杂制篇·卷三下》，中华书局 1959 年版。
〔3〕　（明）叶子奇撰：《草木子·杂制篇·卷三下》，中华书局 1959 年版。

中的纸币量，以降低物价。具体的操作中涉及纸币如何回笼。加大纸币流通量，只用加大发行量即可，但是如何回收？叶子奇并没有讨论这个实际操作的问题，虽然只提出了一个理论，但他在这方面的相关论述是符合货币和经济规律的，是可行的办法。他已经观察到货币流通是有一个容量限度的，超过这个度，纸币便将难以维系。

针对叶子奇未提到的如何在流通中解决大明宝钞回笼的问题，明代学者夏原吉提出可以用增加商税的办法回收宝钞。因为大明宝钞投放的方式众多，包括发放粮饷、军费等，但是回笼只能靠商税，如果要加快大明宝钞的回笼，便只能增加商税。他提出：

> 钞多则轻，少则重，民间钞不行，缘散多敛少，宜为法敛之。请市肆门摊诸税，度量轻重，加其课程，钞入官，官取昏软者悉毁之，自今官钞宜少出，民间得钞难，则自然重矣。[1]

他提出从两个方面控制纸币流通量和物价：一个是减少发行量，另一个是增加商税。这是一种积极的提法，他认识到了纸币贬值的本质问题，但是并未得到官方的认可。同时，夏原吉增加商税以回收宝钞的方式也有负面作用。《续文献通考》专门就夏原吉观点的负面效应作出了评述：

> 夫课钞之增也，始自门摊，其后乃无所不取，始曰量加，其后顿益五倍，始曰权增，其后虽减免有之，而钞关竟为永制，泛滥于宣德，权兴于洪熙。而赞成之者原吉，此皆明之贤主良臣，

---

[1] （清）张廷玉等撰：《明史·卷四十四·食货志·钱钞》，中华书局 1974 年版。

其意固欲通钞法以裕国便民，非有他也，而实则徒为民害。[1]

可见，夏原吉的理论在实际操作上也存在缺陷，会导致更深层的问题。这一时期，纸币的流通受制于封建制度，很难有所突破。但也反映出了明代学者对钞法制度的认识更加深刻。

三、明末钞法的重构

（一）大明宝钞的贬值及钞法的废止

因为明代没有对发行准备金作出规定，也没有规定大明宝钞发行的限额，因此大明宝钞的价值在发行之初便开始下降。到洪武二十三年（1390 年），一贯大明宝钞在两浙地区只能兑换铜钱二百五十文。并且，因为没有兑现机制，新旧钞的价值差别极大。在洪武二十四年（1391 年）时，根据记载，旧钞的价值比新钞少一半。洪武二十七年（1394 年），在大部分地区，一贯大明宝钞只能价值铜钱一百六十文。此时，明代钞法要求严禁使用铜钱和其他金银货币，一方面是继续推广宝钞，另一方面是以此维持宝钞的价值和购买力。虽然颁行了严刑峻法，但大明宝钞的贬值仍然无法阻挡。永乐年间，因为战争等原因，财政开支增大，宝钞滥发的情况更加严重，贬值的情况愈加剧烈。在洪武时期还能用一贯大明宝钞折一石米，但到了永乐时期，十贯大明宝钞才能折米一石，之后继续发展至二十五贯大明宝钞换一石米。[2]大明宝钞的购买力下降迅速。在税收方面，以大明宝钞折抵物品的价值下跌得更加迅猛。大明宝钞的贬值已经极大地影响到了商品经济的正常发展，民间已经无法继续以大明宝钞作为货币了。在明英宗之后，大明宝钞的贬值速度

---

〔1〕（明）王圻撰：《续文献通考·钱币四》，上海古籍出版社 1988 年版。
〔2〕戴铭礼：《中国货币史》，商务印书馆 1934 年版，第 35 页。

加剧，不再具备实际价值，在民间几乎被停用。正统年间，朝廷取消了禁银令，令税收折银，停止收钞为税。景泰三年（1452年），朝廷令官俸折银，取消以大明宝钞形式发放俸禄。直至嘉靖初年，朝廷规定税收入国库全部折为银，大明宝钞只能留在地方。这相当于在官方层面宣布了大明宝钞的废止。在大明宝钞停止在民间流通期间，白银和铜钱作为法定货币流通。

（二）明末钞法的理论重构

崇祯十七年（1644年），因为财政困难和其他问题，皇帝接受了蒋臣关于重新行钞的计划，试图重构宝钞法制。关于宝钞法制的重构，有诸多学者进行了可行性分析。

1. 吕维祺的"条议钞法揭"

崇祯二年（1629年），吕维祺[1]上《条议钞法揭》，提议重启大明宝钞的发行。具体陈述如下：

> 欲足国用，莫如法祖意，行钞法……从古国家不足之象，未有如今日者。体天之心，法祖之意，与时推移，使银由其道而不知，非皇上莫能变通也……然多利害半，求其有全利无小害，生生不涸者，莫如钞法。[2]

从这段陈述中我们可以看出，他认为钞法没有小害，全是优点。并且认为按照他提出的大明宝钞的防伪措施及自上而下的流通方式来具体施行的话，国家财政难题就能够得到解决：

> 如此法果行，岁用本十万，可得息百万，用本百万，可得

---

[1] 吕维祺，字介孺，新安人。明末著名的理学家，二十六岁中进士，担任至吏部主事，后辞官。在崇祯元年复官，担任南京兵部尚书。

[2] （清）王鎏原著，马陵合校：《〈钱币刍言〉整理与研究》，东华大学出版社 2010 年版。

千万，国家无穷利源，从此开浚，祖宗以良法待皇上之变通，天若以不足之象启皇上之神化，苟得其人通变不倦，即以足国可也，何虑仰屋哉？[1]

但是，明初钞法的实施确实失败了，大明宝钞的发行流通都没能延续，最终被社会经济所抛弃。吕维祺将大明宝钞失败的原因归纳为如下几点：

考洪武初令中书省造大明宝钞……太祖足国之道，端由于此。至景泰、弘治之间始壅。其壅者何也？则以桑穰质脆，色青易混也；钞数不同，易缘为奸也；钞本不过分文，而利至百倍也；禁用金银，不便民用也。[2]

结合前文对大明宝钞发行、流通法制的分析，其归纳的并非直接导致明初行钞失败的原因。从宋代开始直至明代，纸币发行流通失败的根本原因均在于朝廷在发行准备金不足或根本没有准备金的情况下，完全无视发行的限额，无节制地发行宝钞，使得流通中的宝钞大于流通所需的数量，致使宝钞不断贬值，钞法难以维系。吕维祺提到的原因都是基于其地位想当然得出的，并未触及纸币发行和流通的本质。并且，其认为钞法的实施只会给财政带来好处，没有任何弊端。按照这种想法重构钞法、发行宝钞只会加速宝钞的贬值，导致行钞再次失败。从吕维祺重行钞法的思想我们可以看出，他并未抓住宝钞发行流通背后的本质，对经济规律和基本原则并不理解，是一个想

---

〔1〕（清）王鎏原著，马陵合校：《〈钱币刍言〉整理与研究》，东华大学出版社2010年版。

〔2〕（清）王鎏原著，马陵合校：《〈钱币刍言〉整理与研究》，东华大学出版社2010年版。

为解决国家财政问题出力的理想主义者。

2. 倪元璐的"钞法窒碍疏"

倪元璐掌管着国家财政，因此在明末崇祯年间主导重新行钞。倪元璐与吕维祺一样，非常推崇发行宝钞，认为钞法的重构能够缓解紧迫的财政危机。他在《钞法窒碍疏》里提及了钞法窒碍四端和具体的解决方法，尝试重构可行的钞法框架和具体的实施办法。

第一，"法行自上"，强调法律的规则作用。他分析道：

> 当推行之先，愚民未明圣意，讹兴挠阻也。今议早颁诏谕，明告天下，以法行自上，如正赋、关税、罚赎、税契、间架等项悉俱收钞；其在朝廷所发军饷、商本、役饩、匠值等项，凡民间交易行使悉听愿便，更不抑勒急遽强行。如是则民初不怖，即而乐之，而后钞可大行也。[1]

从法律的层面将宝钞的发行流通固定下来，安定人心，以保障宝钞的全面、广泛推行。

第二，设立钞商，自朝廷批发宝钞，然后转售到民间，以此行为获取收益。这种操作模式下的钞商，应先由官方经营，以为表率。倪元璐认为，这样可以带动民间参与宝钞的批发转售。具体分析：

> 议设钞商领散，而始事必怀观望，先须官自为之。官则虑有胥役为奸，留难勒索。民以多费为苦，即咎立法不良。今议遴选能吏试于近畿，授之科条，以充榜样。必如民间交易，简易

---

〔1〕 （明）倪元璐：《钞法窒碍疏》，转引自陈绍闻：《中国古代经济文选》（第3册），上海人民出版社1980年版，第214~217页。

公平，使民翕然称便，因而推之天下如流水也。[1]

第三，严饬有关部门遵行钞法，不能名为征钞，实则征银，带头破坏钞法的实施，并将具体的行钞作为官吏考核的依据，调动官吏推进宝钞流通使用的积极性。他具体阐述为：

> 有司征收，未必凛遵功令。有名为征钞，其实征银。或钞十三，银居其七。钞之去路无多，民必不以钞为有用。今议责成抚按，严饬有司遵行。凡赎、税一两而上，宁减数（指减免税、赎各项）示宽，不许换用银镪，违者赃论。仍以钞行多寡殿最考成，有司知励也。[2]

第四，防囤宝钞，造成宝钞成为奇货，宝钞价值上涨。对地方宝钞供应商，宁可多给，也不能因为宝钞数量太少而造成宝钞价值奇高。他认为：

> 民间买钞以输粮税，贫者既不能顿遽收买，福而黠者或多攘积，征贵居奇，乘急罔利，则小民大困。今议设法禁杜，仍计地方应领钞贯，依数倍之，如应十万者，倍给二十万。宁赢留余，毋缩踊贵，则亦无弊也。[3]

从倪元璐的《钞法窒碍疏》来看，其虽然是掌管国家财政的大臣，但却连最基本的经济原理和规律都不懂，也不清楚宝

---

〔1〕（明）倪元璐：《钞法窒碍疏》，转引自陈绍闻：《中国古代经济文选》（第3册），上海人民出版社1980年版，第214~217页。

〔2〕（明）倪元璐：《钞法窒碍疏》，转引自陈绍闻：《中国古代经济文选》（第3册），上海人民出版社1980年版，第214~217页。

〔3〕（明）倪元璐：《钞法窒碍疏》，转引自陈绍闻：《中国古代经济文选》（第3册），上海人民出版社1982年版，第214~217页。

钞作为纸币的本质。不清楚钞法阻滞和宝钞贬值的原因，只看到宝钞能迅速给国家财政带来改变，却忽视了宝钞发行流通所必需的基础。倪元璐强调法律的规则作用，在推行宝钞前，先明确法律的规定，这是一种正确的思路。但是，将宝钞作为货物，设立钞商进行宝钞的买卖是对国家货币性质的极大误解，并且还将朝廷作为卖方，普通民众作为买方，且不谈价格如何，从宝钞的实际流通来看，不一定会有民众愿意以白银购买宝钞。可见，倪元璐对民间的交易和货币使用情况根本不了解。其理论最大的错误是认为会有人囤积宝钞以为奇货，地方宝钞会供应不足，必须加大宝钞的发行和供应量。这就不是对宝钞的规律不理解这么简单了，而是对民初宝钞贬值的情况就没有过了解。宝钞贬值的根本问题就是在没有准备金的情况下发行无度，不顾发行限额大量印造。而倪元璐竟然还认为会有人囤积宝钞，进而导致宝钞数量在民间流通中不够、价值上涨，进而主张大量印造。这种完全错误的理解导致其主张的重行钞法并未真正实施。他主张的宝钞改革基于他自己的理论必定不会成功，对于其提出的理论，"莫有应者，急且卷箧去，钞法卒格不行"。[1]

3. 蒋臣的"议行钞法条上八事"

蒋臣作为桐城秀才，一直鼓吹重行宝钞，因为观点相同而被户部尚书倪元璐推荐为户部司务。蒋臣关于钞法的不少观点与倪元璐是一致的，二者都致力于重新推行宝钞。蒋臣的看法及提出的理论并不新奇，一直都有人论证，他将其归纳起来提出了"钞有十便十妙"，对纸币的优点加以渲染。其归纳的"十便十妙"是：

一曰造之本省，二曰行之途广，三曰赍之也轻，四曰藏之也简，五曰无成色之好丑，六曰无称兑之轻重，七曰革银匠之

---

〔1〕 （明）倪会鼎：《明倪文正公（元璐）年谱》，中华书局 1985 年版，第 178 页。

奸偷，八曰无盗贼之窥伺，九曰钱不用而用钞，其铜尽铸军器，十曰钞法大行，民间货卖并可不用银，银不用而专用钞，天下之银可尽实内库。[1]

纸币确实有很多的优点，其产生和发展也是顺应社会经济发展需要的。但是这些优点都是立基于纸币正常履行其职能、背后有金属货币作为价值支撑的。违背了纸币的基本经济规律，其发行流通只会给国家经济和财政带来灾难。蒋臣在《议行钞法条上八事》中提出了行钞的具体措施。这些措施的前提和基础是站在统治者的角度提出的。

（1）颁发行钞榜文，诏告行钞目的。这与倪元璐的先制定钞法确定行钞规则，明确行钞目的的观点是一致的。蒋臣作为封建官员，提出行钞的目的是缓解朝廷的财政困难。但其却主张行钞目是便民裕国，掩盖了自己的真实目的。其认为行钞榜文一发，"此令一下，民欣感泣下，不忧钞法之不行矣"，[2]认为行钞榜文能坚定普通民众对宝钞的信心。可见其行钞理论是存在极大问题的。其对民众和民间货币流通的情况存在错误的认识。其主张的具体表述是：

约岁行钞五千万，则为蠲赋五百万，行之四年，则新练两饷，可以全蠲，五年而夏秋两税，可以时减。[3]

蒋臣的陈述完全掩盖了其真实的行钞目的。而且，行钞根本不可能达到他希望收获的效果。

---

〔1〕　花村看行侍者：《花村谈往·二卷·补遗一卷·铸钱造钞》，民国乌程张氏刊本。

〔2〕　程演生主编：《崇祯长编》，神州国光社1946年版，第13页。

〔3〕　程演生主编：《崇祯长编》，神州国光社1946年版，第13页。

（2）分界发行宝钞，确定使用期限。明初的宝钞发行是不分界也没有使用期限的。民间流通的宝钞的数量越来越大，朝廷无法确保其价值。蒋臣主张效仿宋代的做法，提出分界发行宝钞，确定使用期限，到期进行新旧钞的更换。提出"今岁行五千万，五岁为界，是为二万五千万……一界以后，以旧易新"。[1]蒋臣的观点比倪元璐的观点合理的地方在于其提出行钞需要发行准备金，一贯宝钞价值银一两或者铜钱一千文，要按照这个设定的标准备足准备金。但是，他又不愿以朝廷的现银或其他贵金属作为准备金，而是估算民间流通的白银数量，将这些并未被冻结的白银作为准备金。提出"与民间白金之数，稍稍相准，过此则不能行矣"。[2]这种提法的实质是以没有发行成本的宝钞兑换在民间流通的白银，试图通过宝钞的发行将民间白银收归朝廷，同时禁止白银流通，以达到宝钞流通和收回白银的目的。这比直接发行宝钞还要更难推行。在当时的社会经济环境和货币流通情况下，没有人会愿意以自己持有的白银去换取朝廷发行的宝钞。

（3）强调宝钞制作工艺。强调宝钞制作工艺的本意应该是防止伪造，但是蒋臣提出这点是为了"御前颁发者，质厚重而致洁清，为外廷所未经见"。[3]其目的只是为了炫耀御制手艺的精美。关于宝钞的印造机构，他认为，除了明初的户部外，可以考虑由内府印造。因为内府的制作工艺更为精美，也不易出现伪造的情形。具体到宝钞的形制，他认为，宝钞上应加盖内府印，宝钞提举司的印应该被更换为户部左右堂督理的印鉴，连印鉴的颜色他都做了考虑，认为紫粉色可以突出宝钞的地位。

---

〔1〕 程演生主编：《崇祯长编》，神州国光社 1946 年版，第 13 页。
〔2〕 程演生主编：《崇祯长编》，神州国光社 1946 年版，第 13 页。
〔3〕 程演生主编：《崇祯长编》，神州国光社 1946 年版，第 13 页。

对于印制成本，他认为，印造费用"并纸墨工本印色诸费至五厘一张，则无不精巧矣"。[1]

（4）宝钞倒换。宝钞不能倒换是明初大明宝钞崩溃的一个重要原因。基于此，蒋臣提出：

> 钞法所以不行者，惟是赏赉或有颁出，市肆不行倒换，故上用而下不用也。今既课程赃罚，一切用钞，则民间不得不倒换於官，及恐官胥留难。[2]

他认为，朝廷必须保证新旧宝钞的倒换。其认为明初各地设置的行用库对宝钞的推广特别有效，还可以方便民众实现宝钞倒换。在倒换的过程中，他期望用特定方式，鼓励民间用银买钞。具体而言：

> 商领于官者，使之少有美溢，则商自趋之如鹜……，不论商民人等，换于官库者，每钞一贯，止纳银九钱七分，而通用行使，输纳完官，准作一两实收。倒换铜钱，准作一千文。[3]

其实，这种方式根本无法令民众或商人用白银去购买宝钞，这是蒋臣在对宝钞认识不足的情况下提出的实施办法，根本不具有可行性。

（5）重开铸局，铸造铜钱配合宝钞的发行。蒋臣主张在钞法层面上确定宝钞可兑换铜钱，重新恢复各地已经废止的铸局，认为"今既颁发钞法榜文，即宜颁行钞法，其十三省，皆令各布政司开局鼓铸，布政专董之"。[4]蒋臣还主张将铸钱所需的费

---

〔1〕 程演生主编：《崇祯长编》，神州国光社 1946 年版，第 14 页。
〔2〕 程演生主编：《崇祯长编》，神州国光社 1946 年版，第 14 页。
〔3〕 程演生主编：《崇祯长编》，神州国光社 1946 年版，第 15 页。
〔4〕 程演生主编：《崇祯长编》，神州国光社 1946 年版，第 14 页。

用强加到不愿铸钱的地方，"铜价炭价，尽责地方之不铸者"，[1]
期望以此督促各省尽快开局铸钱。关于具体的兑换问题，其认
为应明确银一两可以兑换钞一贯，白银一两兑换铜钱一千文，
同意民间以银兑换宝钞，但事实却是宝钞不能兑换银，只能用
宝钞兑换铜钱一千文。商人和民众从此就可以看出宝钞的价值，
根本不会用白银去兑换宝钞。蒋臣提出的这种兑换规则只存在
于钞法理论上，根本不可能实际推行。

（6）在宝钞管理机构方面，钱法由户部侍郎监督管理，保
障实施，同时宝钱局还有专门的官员负责钱法的管理实施。蒋
臣提出应效仿钱法的管理机构和官员设置，由户部侍郎主管，
而宝钞提举司的官员也应该由户部直接委派。其是想通过强力
的管理推进宝钞的发行流通，并保障其顺利进行。但这显然会
触及各方面的利益，并且其提出的六项举措都或多或少地存在
背离纸币本质的问题，推行的可能性不大。其也因此遭受了强
烈反对。虽然崇祯皇帝坚持实行蒋臣提出的举措，并具体在钞
法重行上"特设内宝钞局，昼夜督造，募商发卖"，[2]但其实
重新行钞在政权更迭的形势下未能真实施行。

综上所述，从明末学者针对重行钞法提出的理论观点和具
体建议举措来看，他们都受限于自己的身份和知识领域，提出
的理论及建议都背离了纸币发行流通的本质，根本不具有可行
性。白银的流通是社会发展的大势所趋，在没有符合经济规律
和货币本质的纸币出现之前，宝钞的崩溃是历史的必然，其无
法单纯因为政治力量的推动而重新成为货币流通的主流。

---

〔1〕 程演生主编：《崇祯长编》，神州国光社 1946 年版，第 15 页。

〔2〕 （清）龙文彬纂：《明会要·卷五十五·食货三·钞法》，中华书局 1956 年版。

第三节　钞法施行的司法实务

对宝钞法制的研究，除了包括对基本发行、流通方面的静态法制研究，还包括针对司法实务操作的动态研究。除具体的司法判例之外，司法实践还包括朝廷为维持钞法而具体采取的法律措施。司法判例就是在这些具体法律措施和律文的规定下进行的案件审理裁判，裁判的结果是对当时朝廷钞法和维护钞法实施的具体法律举措的体现。对具体司法判例的研究、分析能直观地反映明代钞法实施过程中的具体情形，是宝钞法制极为重要的一个部分。

一、朝廷为维持宝钞制度采取的法律措施

大明宝钞对明代财政具有极其重要的意义，稳定及发展需求要求国家对货币有绝对的控制和调配权。而从发行开始，大明宝钞于短短数年间就遭遇了贬值、伪造等一系列问题，为了保障宝钞制度的顺利实施，朝廷采取了有针对性的办法和措施，其中包含了政治、经济、法律等各方面的举措，如以增收商税杂税的方式回收宝钞、以田赋实物折收宝钞等。其中，法律方面的措施有：

（一）禁用金银、铜钱，使大明宝钞成为独占的货币

为了保障大明宝钞在民间的流通和推广，朝廷在其发行之初就已经禁用金银等贵金属货币。在洪武二十七年（1394 年），因为大明宝钞已经出现贬值等其他问题，流通受到阻滞，朝廷开始禁用铜钱，以维护大明宝钞这一法定货币的顺畅流通。在洪武三十年（1397 年），朝廷再次以钞法阻坏为由强调禁止金银交易。自此，大明宝钞成了唯一合法的流通货币。这种从法

律上明确禁止其他货币形式流通的方法并没有就此停止。因为大明宝钞价值难以保障，民间私下交易中其他货币形式仍然存在。朝廷于永乐元年（1403 年）再次令严禁金银，"违者以奸恶论"，这是非常严格的法律处罚。可见，为了禁止其他货币形式以保障大明宝钞的流通和钞法的推行，朝廷在法律上采用了极为严苛的手段。但因为这种法律措施并未挽救大明宝钞的价值，民间自发使用其他货币进行交易的情况大量存在。基于此，朝廷在宣德元年（1426 年）再次重申禁止用银，"违者罚钞"。之后，朝廷于宣德三年（1428 年）再次下令，以银进行交易的，一两白银就要罚钞万贯，在明确具体罚钞数量的基础上加大了处罚的力度。但从户部的奏折来看："比年巨商富民并权贵之家，凡有交易俱要金银以致钞不通行。"[1]因此，到了正统元年（1436 年），朝廷不得不解除银禁。

在洪武二十七年（1394 年）禁用铜钱之后，朝廷于永乐、宣德期间均有过铸钱行为，虽然没有在法律层面上明令解除钱禁，但准用铜钱是可以确定的。例如，朝廷在宣德十年（1435年）准许两广地区钱钞兼行。到了正统十年（1445 年），民间小额交易都是用铜钱。景泰三年（1452 年），为了保障大明宝钞的流通，朝廷再次重申禁用铜钱，但自己却在同年使用铜钱。于是到了天顺四年（1460 年），朝廷明令解除铜钱的流通禁止。综上，朝廷为了保障大明宝钞的流通和钞法的施行，采用宝钞独占法定流通货币的举措是失败的，因为这一举措违背了经济规律。民间的货币流通和交易自下而上地改变了朝廷的法律禁令。在白银和铜钱都禁止的时期，法令已经成为一纸空文，无法限制民间实际流通的货币形式。直到放松了银禁，大明宝钞

---

〔1〕《明宣宗实录·卷五十五·宣德四年六月庚子》。

下降为辅币，至钱禁废止，大明宝钞已经完全无法流通，钞法崩溃。由于朝廷在大明宝钞流通过程中不得其法，在商品流通和具体的交易过程中民众会自发使用金属货币，从而排除掉了价值不确定、不利于流通的宝钞。法令虽然能够在一时取得成效，但是违背经济规律的法令无法使大明宝钞继续流通，终将被自下而上的影响所改变。

（二）各地设行用库倒换昏烂旧钞

在大明宝钞的流通方面，明代期望通过法律规则确定管理的机构，特别是在大明宝钞倒换这个重要的领域。宝钞倒换涉及宝钞在实际流通中的数量和价值。在钞法实施的第二年即洪武九年（1376 年），朝廷在京设置了外行用库，用于倒换旧钞并收取新钞的工墨费。因为对倒换宝钞的不重视，外行用库于不久后便被废止。洪武二十三年（1390 年）和洪武二十五年（1392 年），朝廷又先后两次设置在京的行用库。但是，洪武二十三年（1390 年）这次只存续了 5 个月，洪武二十五年（1392 年）这次存续了近一年。永乐七年（1409 年），朝廷设置了北京行用库，但实际变为以钞换取民间金银的敛财机构，所以在永乐二十二年（1424 年）就废止了。明代钞法难以维系，不能倒换旧钞是其中一个原因。因为大明宝钞作为纸币，如果不进行回收，会一直处在流通之中，不像金属货币那样可以被储藏。随着流通次数和流通时间的发展，其很快就会发生损坏。虽然大明宝钞本身都存在贬值的情况，但是旧钞的贬值比新钞更为严重。因此，民众基于其更易贬值的考虑，会将稍有破损的大明宝钞也送去进行更换，即便支出工墨费也愿意，以免遭受更大的贬值损失。但是，这样的直接后果是半旧的大明宝钞无法流通，导致其正常流通受阻。

从法律的角度来看，为了保障流通，除了兑换宝钞，朝廷还会收钞，试图将旧钞或过多流通的宝钞收回，并基于此发布过"钞关收钞例"。成化三年（1467年），太子太保兼户部尚书和刑科给事中雷泽都针对收钞提出了建言，皇帝看过后的批复是"准拟"。《皇明条法事类纂》的户部类部分对"钞法收钞例"进行了逐项开列：关于旧例，沿河设置钞关，是为了疏通钞法，保障宝钞的流通，但是课收的宝钞却都充作了国用。比照先帝时候，由户部、都察院、锦衣卫各自派遣官员一名，共同挨着收受船料钞贯，不分纸质的软硬和新旧，只要还能成片，能辨认"一贯"字样，都收到官方。每晚当堂监督负责的库役进行挑拣，如果是四角俱全、比较完整的真钞，就放入库中；如果出现挑剜描凑情况，不能再正常流通行使，就放到一块进行烧毁。刚开始这样严格实施的时候，钞法施行得较为顺利，大明宝钞的流通也很顺畅，过往的船只都很便利。但是，实施数年后，各处负责钞贯收受查验的官员，只要在收取船料钞贯时遇到有权势的客船过关便不敢阻挡纳钞，而且在收取钞贯时，只要有四角完整且硬朗的，便不再收取旧钞和有缺陷的。按这样实行，假如有一条船从直沽揽载二三百石到通州的张家湾，中途不卸货，除去费用外，能剩下的脚价银不超过一两八九钱。缴纳宝钞及用银一两三四钱的人有，八九钱的人也有。其实，船户在几处受害，而商铺的获利加倍，这种形式和结果不利于大明宝钞的实施。宣德四年（1429年），因为钞法不通，宣宗皇帝钦定收钞事例，户部派遣官员和监察御史崇文等到河西务、淮安、扬州、临清等地监收船料，每艘船一百料收取宝钞十五贯，至正统四年（1439年）停止。然后，户科给事中等部分官员李锡等上奏称，"内外军民人等将钞不行通使"，认为大明宝钞的流通使用出现了问题，题本上奏。朝廷准许依照宣德、正统年间的旧例，重新派遣官员前去各处收钞。吏科给事中李瓒等题本上奏称，因为钞法不通，派遣官员监督物料收取。但是，各处水旱问题交替出现，人民处在困苦之中，派遣官员前去的数量过多，官员的日用供给越来越浩繁，反而成了负担，朝廷由此暂时停止派遣去收钞的官员。朝廷对该题本的回复是：

　　节该奉钦依：如今百姓难，差去各处河上监收船料钞贯官取回来，着巡河御史，无巡河的，着巡按御史，每年委官仍自往来提督监管。还斟酌多寡，不许下人作弊。违了的，都重罪不饶。钦此。[1]

　　根据该回复，户部召回了收钞官员，命令各府的佐贰官轮流代管收钞工作。所收取的钞贯，只要能成整张整片，字迹贯数分明，并能辨明真伪，便即刻收受到官库，坚持遵守这个原则。但是，施行数年之后，缺少官员去收受船料、遇到有势力的客船通过时不敢阻挡下来收钞、收受的时候只要较新的宝钞等问题再度出现，导致船户权益受损、商铺受益。由于已经有了召回官员的事例，因此朝廷认为增添官员会导致官多扰民。但确实需要监督的人，由户部到各府行走、落实原本委任的佐贰官员、监督命令老人和库役等，遇到有船只来往，要按照丈量结果收到钞料，只要宝钞完整、字迹贯数分明、不存在挑描伪造情况便都收受官库。如果还有关于收钞的违法行为出现，准许受害人到巡按、巡河监察御史处举报，"拿问惩治"。
　　明代朝廷没有想出其他的解决办法，直接从源头上下令字迹清晰者不得倒换。但是，其自己在收税时却进行挑拣，这致使昏钞的价值与新钞的价值差额已经大于了倒换宝钞的工墨费。

---

　　[1]　刘海年：《中国珍稀法律典籍集成（乙编）》（第4册），科学出版社1994年版，第574页。

因此，民众会将宝钞揉烂，以达到更换新钞的条件。这样发展下去，倒换制度便无法维系了，因此出现了反复设置行用库，又不得不取消的状况。从基本经济理论来看，倒换宝钞并不需要以确定的贵金属作为钞本，因为如果需要的话，宝钞就变成了兑换贵金属货币的凭证。但是，其必须遵循两个基本的原则：首先，朝廷不得拒绝收受按照"倒钞法"规定不应倒换的旧钞。虽然"倒钞法"规定这种旧钞不能倒换，也就是不能换取新钞，但因其不具备流通可能，如果不更换新钞便应将这些旧钞收回。其次，旧钞对新钞不应贬值，或者贬值程度不能超过"倒钞法"规定的工墨费。在实施的过程中，不管是在旧钞收回方面还是在旧钞贬值速度方面，明代的"倒钞法"都已经不符合这两个基本原则，因此其根本无法推行。朝廷为维护钞法运行采取的这一法律措施最终只能以失败告终。

（三）户口食盐法

明初，朝廷颁布了"户口食盐法"，一直在部分地区实施，如洪武时期闽、广、江、浙等沿海主要产盐地区，都有纳钞给盐的规定，但是这时的"户口食盐法"与钞法没有关系。因为发行宝钞无度，民间流通中的大明宝钞数量远超当时国家的承载度，贬值情况严重，为了阻止其贬值和通货膨胀，朝廷需要将过多的大明宝钞收回。永乐三年（1405年），"议行户口食盐之法于天下"。[1]陈瑛作为"户口食盐法"的提出者，认为这可以作为一种短期的法律措施，比如按照大明宝钞一贯值盐一斤，"大口月食盐一斤纳钞一贯小口半之"。[2]按照当时记录在册的户籍人口计算，不到一年时间就可以将大明宝钞发行以来的所有宝

〔1〕 梁方仲：《梁方仲文集：中国经济史讲稿》，中华书局2008年版，第508页。
〔2〕 （清）张廷玉等撰：《明史·卷八十一·食货志五·钱钞》，中华书局1974年版。

钞全部收回。朝廷可以趁此进行改革，自此之后节制大明宝钞的发行，达到在流通中的平衡，使大明宝钞的价值得以稳定。但是，廷议决定长期施行"户口食盐法"，根本没有考虑短期行使以图改革的情况。朝廷基于对自身财政和统治者利益的考量，从来没有想过借此减少、节制大明宝钞的发行，也没有考虑过钞法的改革问题。反而将这一维护钞法稳定的法律措施作为增加国家收入的途径，导致其从一开始便失去了收缩通货、维持钞值的意义。永乐四年（1406年），朝廷下令罢天下农民户口食盐纳钞，征米征钞视各地而异。随着大明宝钞的不断贬值，纳米的地区大多请求纳钞，因此朝廷每年收入的大明宝钞数量有所增长。因此，"户口食盐法"成了大明宝钞回流的主要渠道，宣德四年（1429年）之前，在朝廷收钞的项目之中，通过"户口食盐法"收回的大明宝钞数量是最多的。该法对于宝钞回流而言确实是一项有用的措施，但鉴于该法律措施的实施目的已然"变味"，其在维持钞法实施方面并未起到多大的作用，钞法仍然在发展中逐渐走向崩溃。

（四）纳钞赎罪及罪钞

从本节第二章对具体与货币法制相关的法律条文、令、例的列举中，我们可以看到，赎罪是与货币间接相关的重要法律内容。从这些具体法律规定和操作标准中我们可以看到，赎罪所需要缴纳的货币金额很高，一方面是为了警示、预防犯罪，另一方面是为了增加国家的财政收入。明代的赎罪收入是财政的一个重要来源，虽然有缴纳实物赎罪的，但缴纳铜钱、大明宝钞、白银的还是主流。从《大明律》《大明令》来看主要是缴纳铜钱，但从《明大诰》来看主要还是缴纳大明宝钞。因此，正统之前主要是缴纳大明宝钞，正统之后主要是缴纳白银和铜钱。

《大明律》明确规定五刑收赎皆以铜钱计算，最低者答一十纳钱六百文，最高者是斩罪，纳钱四十二贯。具体内容是：

答刑五：一十。赎铜钱六百文。二十。赎铜钱一贯二百文。三十。赎铜钱一贯八百文。四十。赎铜钱二贯四百文。五十。赎铜钱三贯。

杖刑五：六十，赎铜钱三贯六百文。七十，赎铜钱四贯二百文。八十，赎铜钱四贯八百文。九十，赎铜钱五贯四百文。一百，赎铜钱六贯。

徒刑五：一年杖六十，赎铜钱一十二贯。一年半杖七十，赎铜钱一十五贯。二年杖八十，赎铜钱一十八贯。二年半杖九十，赎铜钱二十一贯。三年杖一百，赎铜钱二十四贯。

流刑三：二千里杖一百，赎铜钱三十贯。二千五百里杖一百，赎铜钱三十三贯。三千里杖一百，赎铜钱三十六贯。

死刑二：绞、斩，赎铜钱四十二贯。[1]

从中我们可以看到，收赎都是以铜钱计算，但其实此时已经禁用铜钱了，所以在后续实际操作的时候，罪犯都是以大明宝钞缴纳赎款。按照铜钱和大明宝钞的比价，一贯大明宝钞在这时价值铜钱千文。到了永乐十一年（1413年），答罪需要五百贯，斩罪需要八千贯，已远超刚开始的标准，可见大明宝钞贬值速度之惊人，但赎罪标准增加的速度是超过了大明宝钞贬值的速度的。增加赎款金额可以看作是朝廷收敛大明宝钞以稳定钞法的手段。宣德二年（1427年），朝廷明确表示增加赎款的金额可以"庶奸顽有所儆省，钞法得以流通也"。[2] 由此可

〔1〕 怀效锋点校：《大明律》（点校本），法律出版社1998年版，第1页。
〔2〕 （清）张廷玉等撰：《明史·卷八十一·食货志五·钱钞》，中华书局1974年版。

见，该制度既能对犯罪起到警醒的作用，还能通过收敛宝钞保障钞法的实施。此时关于赎罪的具体规定为，"每笞一十赎罪例钞二千贯"。[1]正统年间，赎罪一度采用缴纳白银的方式，但是到了景泰年间，又重新以钞法制定"赎钞例"。弘治十四年（1501年）开始，以白银和铜钱作为赎罪的缴纳方式。正德期间是铜钱和大明宝钞都可以作为赎罪缴纳的方式。[2]嘉靖七年（1528年）和万历十三年（1585年）确定以缴纳白银作为赎罪的标准。

其实，纳钞赎罪这一方式在弘治年间便已不具备维持钞法稳定的意义了，如果继续按照钞法规定的数额缴纳赎款，就会出现死罪所需缴纳的大明宝钞价值对应铜钱八十四文（也就是缴纳八十四文赎款就可以免去死罪）的情况。作为刑法处罚的一种措施，其已失去了存在的意义，不仅不能对犯罪起到震慑的作用，反而会间接鼓励犯罪，让民众误认为犯罪并不会遭受处罚。这种矛盾情况的出现反映出明代的货币法制存在因循守旧的问题，货币法制没有跟随币值的改变而做出相应的变化，司法实践工作存在混乱的情况。这种混乱还表现为，钞法实施的受阻催生了一些针对应受到笞杖罪或某些非法行为施行临时刑的罚钞制例。例如，永乐二十二年（1424年）"命私宰耕牛者十倍时直追钞"[3]；宣德年间也有很多令是关于对阻坏钞法者的罚钞处罚的；正统十三年（1448年），"用钱阻钞法者罚钞"[4]。

总的来说，凡是能增加市场对大明宝钞的需要、扩展大明

〔1〕　梁方仲：《梁方仲文集：中国经济史讲稿》，中华书局2008年版，第510页。
〔2〕　（清）张廷玉等撰：《明史·卷九十三·刑法志一》，中华书局1974年版。
〔3〕　（明）沈德符：《万历野获编》，中华书局1959年版。
〔4〕　梁方仲：《梁方仲文集：中国经济史讲稿》，中华书局2008年版，第511页。

宝钞流通的范围、对通货膨胀进行抑制、稳定大明宝钞价值并能加强民众对大明宝钞价值的信任的法律措施，都是明代朝廷针对钞法稳定及大明宝钞流通所做的努力和尝试。但是，明代朝廷的这些举措根本不是对钞法的改革，明代中央政权根本不愿进行触及钞法根本的改革。正统年间，黄福提议朝廷用白银换取民间流通的大明宝钞，待流通中的大明宝钞数量减少后再发行新钞收回白银，并在新钞发行时对钞法进行改革。这种可以提高大明宝钞在民间交易中的信誉的提议根本没有得到重视，其因在某方面触及封建中央政权的利益而无法得到实施。因此，明代朝廷所采取的这些维护宝钞法制的法律措施都没能真正阻止钞法崩溃的脚步，且暴露出了钞法实施过程中的诸多问题。

二、钞法施行的判例分析

钞法在具体实施过程中涉及具体的犯罪行为及对这些行为的处罚，我们从犯罪行为中可以看出当时大明宝钞发行、流通的情况，从具体的判例中可以看到钞法、司法人员的价值导向和具体的审理过程。这是对宝钞法制的动态研究，可以直观地体现明代钞法实施的真实情况，而并不是将明代钞法局限在文献资料的描述中。从这种动态发展中我们也可以看到大明宝钞是如何在发展中遇到问题的，以及钞法实施在现实中受到哪些具体因素的牵制和影响。基于此，本书拟在寻找司法判例的同时对判例按具体犯罪行为类型进行分类，包括直接的钞法犯罪和间接的其他类型犯罪中的钞法表现。按类别归纳判例并对判例进行详尽的分析。这些具体的犯罪行为、判罚及司法推理的过程可以直观地反映钞法的实施情况。

《诸司职掌·吏户部职掌》针对"钞法"的具体实施和操作流程做出了明确的说明和指引。其具体表述是：

凡印造大明宝钞，与历代铜钱兼行使用，每钞一贯准铜钱
一千文。其实宝钞提举司，每岁于三月内兴工印造，十月内住
工。其所造钞锭，本司具印信长单，及关领勘合，将实进钞锭
照数填写，送赴内府库收贮，以备赏赐支用。其民间行使，及
税课司局、河泊所收受课钞，除挑描伪钞外，其余不分油污、
水迹、破烂，务要收受。如有沮丧，照依本部原给钞法榜文内
例治罪。其合用桑穰数目，本部每岁预为会计，行移浙江、山
东、河南、北平及直隶淮安等府出产去处，依例官给价钞收买。
所在官司应付脚力，差人起解赴京，仍申达本部。本部将来文
立案，割付宝钞提举司交收，及出给印信长单，具手本赴内府
关领勘合，填写付差来人于承天门照进，赴提举司交收。取获
实收，回部入卷备照。[1]

这是对大明宝钞发行、流通过程中朝廷控制过程的清晰描
述，能准确地反映朝廷所期望的对大明宝钞发行、流通的监管。
每年三月，宝钞提举司兴工印造，在十月停止。印造出来的钞
锭，由户部负责印信长单的罗列制作，然后完成关领勘合。如
实填写钞锭，由内府库接收进行仓储保管，以备赏赐的时候支
取领用。同时，对民间行使流通、起解和回收的流程也进行了
详细的规定。但实际上，中间存在着各种变化。因为宝钞犯罪
获利巨大，有大量的人参与到了与宝钞相关的犯罪中，朝廷虽
然从一开始就严厉处罚，但却难以禁绝。这点从明代的"钞法
告示"中可以看出：

巡按监察御史某为出巡事。照得：财利乃民生所资，刑宪

〔1〕 杨一凡、田涛主编：《中国珍稀法律典籍续编》（第3册），张冠梓点校，
黑龙江人民出版社2002年版，第130~131页。

实纲纪所在。故宝钞必须出自公家，而钱法岂可滥为私室。律有正条，奚容故犯。近访得按属无籍军民人等，敢以匹夫之贱，窃弄在上之权，恣意妄为，往往伪造宝钞，以肥家私，铸铜钱以利己。字号花文，宛若朝廷之制；作边栏贯数，俨如官府之裁。成文字规模，深得蹈袭之巧；成丝足色，极尽煎销之工。或将宝钞挑剜补凑描改，以作伪者有之；或将铜钱煎销薄小，贩铜以求利者有之；或将丝银杂以锡铅、参以白铜，而美假成真者有之。四方行使商民，受其荼毒，输纳挃入，国家被其欺罔。若不禁革，上下受害。为此给示仰各府州县卫所人烟辏集去处，常常张挂晓谕，敢有行使钱钞等件，系伪造描剜假银者，许被害之人即时拿送，依律重究，决不虚示。[1]

这是《锲御新颁大明律例注释招拟折狱指南·上栏所载文献·卷五》记录的"钞法告示"的内容。按照明代基本的法律思想，就是法律条文必须要清晰明了，并且要广为宣传，做好基本的普法工作，让普通大众都清楚法律的规定。在钞法方面更是如此，为了预防钞法犯罪，朝廷颁布了"钞法告示"，明示依律重究，期望起到警醒的作用。先告知法律规定及具体的法律后果，若仍然犯罪，则严惩不贷。可见，在司法操作中，在处理具体的犯罪前，明代已经对钞法犯罪的后果及严重性进行了普法教育。《锲御新颁大明律例注释招拟折狱指南·上栏所载文献·卷五》在"钞法告示"之前还有判告体式的规定，其中就有关于钞法的"钞法判"。其能规范一般钞法判例中的判告体式和说理逻辑、裁判思路。具体内容是：

---

〔1〕 杨一凡主编：《历代珍稀司法文献》（第 5 册），社会科学文献出版社 2012 年版，第 713~714 页。

唐用飞钱，仓卒裕民之术；宋置交务，缓急应变之□。既与钱而兼行，当视钱以立法，禁其阻滞，务使流通。今某但爱家兄，不行交子。假关会为虐政，目楮币作虚文。嚚言市乱于大金，徒诡楚庄之令；谤称候困于鹿币，未原汉武之心。人不聊生，市亦鲜利。倘尧霖九载，安得历山之铜钱；或汤旱七年，何有庄山之楮币。宜申圜法，既利国亦以利民；且正刑书。使用钱同于用钞。[1]

可见，这是关于保障大明宝钞的发行和流通的规定，开头从唐、宋历史引出大明宝钞发行的好处，同时保障大明宝钞的流通，不至于因为民间观念"但爱家兄"，就影响大明宝钞的实际流通。"家兄"是古代对铜钱的一种称呼，因为观念问题，民间更易接受作为金属货币的铜钱，对大明宝钞的流通存在天然的抗拒心理。这里除了阐述大明宝钞的优势及确保其流通外，还强调"且正刑书"，以期使民众像接受铜钱一样接受大明宝钞。这是在具体案例分析前对明代朝廷的宝钞司法理念的集中介绍，我们从中可以看到明代宝钞司法实务的指导思想和审理原则。

（一）大明宝钞发行方面的判例

1. 漏用钞印

从前文所引"钞法告示"可知，"宝钞必须出自公家"，其发行权和管理权必须掌握在朝廷手里，这也符合经济法的公权力特点。同时也是大明宝钞权威性得到保障的根本。如何确定宝钞由公家发行？确定大明宝钞的形制，即大明宝钞的印刷、图文、大小等。而"钞印"就是要确定大明宝钞由公家发行的

---

〔1〕 杨一凡主编：《历代珍稀司法文献》（第5册），社会科学文献出版社 2012年版，第 713 页。

身份象征。"漏用钞印"是重要犯罪问题。律文关于"漏用钞印"的规定是：

> 凡印钞（谓钞造官吏匠作言）不行仔细，致有漏印及倒用印者，一张笞一十，每三张加一等，罪止杖八十。若宝钞库不行用心检闸，朦胧交收在内者，罪亦如之。（漏用及倒印者，罪止杖八十。何比前较轻？盖宝钞之印，止防行使，难比官文书漏使，故论罪轻。）[1]

这是《锲御新颁大明律例注释招拟折狱指南·卷五·户律仓库》中的条文。可见，漏用官印的处罚也分为故意和无意，强调犯罪的主观能动性。这里对为何漏用及倒印者定罪"止杖八十"进行了释明，即钞印是为了防止假冒，漏用或倒印造成的危害与官文书漏使造成的后果不能相提并论，因此相比于官文书漏使处罚更轻。这是确定"漏用钞印"量刑轻重的关键点。该条下所列出的对应判例是：

> 或问：赵甲依印钞不行仔细，致有漏使倒用者。钱乙依宝钞不行用心检闸，朦胧交收在内。问拟何如？[2]

具体的案例涉及两个人的犯罪问题。其中，赵甲在印钞过程中不仔细，有漏印或者倒印的情况出现，本来钱乙按照职责要求应该用心检查的，但是其没有履行自己的职责，没有仔细查验就"交收在内"。此时应该如何拟断定罪？对此，《锲御新颁大明律例注释招拟折狱指南》采用法律问答的形式引出了具

---

〔1〕 杨一凡主编：《历代珍稀司法文献》（第4册），社会科学文献出版社2012年版，第104页。

〔2〕 杨一凡主编：《历代珍稀司法文献》（第4册），社会科学文献出版社2012年版，第104页。

体的裁判及说理。这个案例所答内容包含了审理查明的内容"审得"和本院认为的说理"议得"。其中，"审得"的内容为：

一审得：赵甲系监造官吏匠作者，所司不谨，致使有漏使颠倒之误。钱乙以主守宝钱库者，点闸不周，致有朦胧交收之弊，罪合并坐。[1]

查明的具体法律事实是，赵甲作为监督匠人制作大明宝钞的官吏，工作不严谨，导致出现了漏印宝钞或钞印倒置的错误。而钱乙是专门主守钞库的官吏，检查验收不严格，导致其糊里糊涂地将出现错误的宝钞收到钞库中，两者应该一并定罪。"议得"的内容为：

一议得：赵甲依漏印钞一张，笞一十，每三张加一等，二十二张罪止。钱乙依漏印律，各杖九十。俱有《大诰》减等，各杖七十。系库役工匠，无力的决做工，有力与官吏纳米，完日还职役。[2]

两者应该一并定罪，具体的判罚是赵甲依照"漏印钞一张，笞一十"的法律规定，漏掉一张大明宝钞的钞印，就笞一十，每出现三张漏印，就加一等处罚，最多按二十二张的标准计算。钱乙按照"漏印律"，两者都各杖九十。在此之外，按照《明大诰》的规定，如果持有《明大诰》就可以减等，减为杖七十。如果是宝钞库的劳役或工匠，没有能力的就以做工的方式赔偿，有能力的参照官吏纳米，之后还需要承担职役。归纳起来，在

---

〔1〕 杨一凡主编：《历代珍稀司法文献》（第4册），社会科学文献出版社2012年版，第104页。

〔2〕 杨一凡主编：《历代珍稀司法文献》（第4册），社会科学文献出版社2012年版，第104页。

司法实务中，如何具体对"漏用钞印"案件进行论述推理呢？针对判词的书写内容、说理和格式，《锲御新颁大明律例注释招拟折狱指南·上栏所载文献·卷二》新增判告体式部分的"漏用钞印判"进行了具体的列明，以供司法实务人员在说理、书写判词时加以参考：

> 楮币权钱，实拟流泉之利；印文示信，将严伪造之防。故桑皮之质虽成，而韭叶之文必用，苟徒存乎素纸，何以信乎庶民。今某操贾师之利权，忍秦相之印篆。裁宝钞以为章，竟漏朱涂之刻；练刬藤而成质，徒看墨刷之刑。岂谓出于公家，间用稽于叠篆。非古券币之私制，奚以便于民间；即唐飞钱之空，又安可行于天下。加尔鞭笞之罚，惩丝疏怠之愆。[1]

"漏用钞印判"强调了大明宝钞的地位以及大明宝钞印文之于大明宝钞发行的重要性。强调大明宝钞的形制对于其法定地位和威信的确立，以及取得民众的信任有重要的意义。特别具体明晰了大明宝钞形制（包括材质、印篆等），认为唐代飞钱失败的部分原因便是形制不完备。如果漏掉钞印，要严惩。"漏用钞印判"包含了在"漏用钞印"案件中的法理和推理论据，是司法官员审理案件的重要依据。

2. 伪造大明宝钞

伪造大明宝钞是严重影响货币发行的犯罪行为，《大明律》中有专门的律文对伪造宝钞行为进行规定。伪造大明宝钞不仅会影响大明宝钞的流通，而且会直接威胁大明宝钞发行的权威，是对朝廷独断发行大明宝钞的挑衅。但伪造大明宝钞的巨大利

---

〔1〕 杨一凡主编：《历代珍稀司法文献》（第4册），社会科学文献出版社2012年版，第104页。

益驱动大量的人不顾严刑峻法，投身其中。从纸币发源开始，伪造问题便难以禁绝。元代对抓获伪造纸币者的奖励作出了大量规定，从中可以看到朝廷对杜绝伪造纸币的重视。《通制条格所载判例·卷第二十·赏令》记载了三个具体判例，其中大德七年（1303年）的判例的具体内容是：

中书省刑部呈：议得扬州路江都县弓手王兴，亲获伪造宝钞贼人郑贵，赏钱例应减半，虽已身故，拟合给付家属。都省准拟。[1]

这是中书省刑部呈上的判例。王兴亲自抓获了伪造宝钞的贼人郑贵，按照"赏钱例"应该是赏金减半的，虽然其已经去世，但是赏金还是按照规定支付给了家属。这足以体现朝廷对抓获伪造宝钞贼人的重视。但这并不是偶然的孤例，由于可以获得大量奖赏，有人为了获得这种赏钱试图钻法律规定的漏洞。如至元四年（1267年）：

中书省四川行省咨，成都路申：句龙高状首，驱男丑奴，用至元宝钞贰两于巴张花处买到至元伪钞肆两。句龙高若比例给赏，诚恐差池。刑部议得：句龙高因驱丑奴买使伪钞，为恐事发累及，自行陈首，难拟理赏。都省准拟。[2]

句龙高这个人，驱使自己的丑奴用二两至元宝钞在巴张花处购买伪钞四两。但是，他的目的并不是购买使用伪钞，而是去状告丑奴购买伪钞的行为，希望得到赏钱。他的所有行为都

---

〔1〕 杨一凡、徐立志主编：《历代判例判牍》（第3册），杨一凡等整理，中国社会科学出版社2005年版，第78页。

〔2〕 杨一凡、徐立志主编：《历代判例判牍》（第3册），杨一凡等整理，中国社会科学出版社2005年版，第78页。

是为了获得法律规定的抓获伪造宝钞贼人的高额赏金。因此，刑部的判罚是，句龙高因为驱使自己的丑奴购买和使用伪造的宝钞，又怕东窗事发之后连累自己，所以主动去陈首这件事，不能简单按照法律规定给他赏钱。除此之外，还有针对官吏抓获伪造宝钞贼人是否可以得到赏钱的判例。如大德九年（1305 年）：

> 中书省陕西行省咨：庄浪路司吏李济，捉获印造伪钞贼人赵失剌、立吉等，合该赏钱，若便全结，缘系请俸人吏。刑部议得：庄浪路司吏李济即非应捕身役，合得赏钱，依例全行支付。[1]

李济作为庄浪路的司吏，是公职人员，其抓获了印造伪钞的犯罪分子，本来按照法律规定，应该给其赏金。但是，因为他是官吏，是否该给呢？刑部的最终决定是李济的公职并不是"应捕身役"，虽然是官吏，但抓获伪造宝钞的贼人不是他的本职工作，应该依例全部支付赏金。这些都是涉及元代抓获伪造宝钞贼人的奖赏问题的案例。针对伪造宝钞这一影响宝钞发行流通的犯罪行为，明代采取严刑峻法的方式处理。

明代朝廷针对伪造宝钞及假钞泛滥影响钞法实施的问题有一套完整的看法和理论，具体体现在《申明禁约假钱疏通钞法例》中。成化十五年（1479 年），太子少保、户部尚书等人题本上奏，内容涉及为了禁止、约束假钞问题，疏通钞法以便于民众等事。大多数官员都普遍认为钞法不行的原因在于伪造宝钞的行为日益严重，对此应该防患于未然，加强法律约束。洪武、永乐年间，印造大明宝钞与铜钱相兼行使、共同流通是为

---

〔1〕 杨一凡、徐立志主编：《历代判例判牍》（第 3 册），杨一凡等整理，中国社会科学出版社 2005 年版，第 78 页。

了便民。朝廷印造宝钞一贯，需要的材料浩繁，制作工艺复杂。在初期，一贯大明宝钞可以折抵铜钱一千文，白银一两价值大明宝钞八十贯。宝钞虽然碎破，但只要字迹分明，就能够在流通中正常使用、没有阻碍，所以大家都乐于使用。但是，随着钞法运行的发展，新钞一贯只能价值铜钱一二文，旧钞五六贯都不值铜钱一二文，计算大明宝钞的工料和成本，还不如假钞的时价。这个现实与朝廷的设想完全不同。追究原因，在于多年以来，不管是在京还是在外，乡村市井买卖中的军民人等都不使用宝钞，而是继续沿用历代的旧铜钱。只有在法司赎罪和估算赃物的时候才按照旧制折收钞贯。在京的诸司衙门在收取盐、粮、商税、门摊等税收时，是以宝钞与铜钱各占一半的方式征收。一贯大明宝钞只能折抵铜钱二文，各行户都称宝钞不值钱，不肯在交易中适用。收到的宝钞也堆放在家，没有人愿意收，钞法的流通日益艰难。不遵守、阻坏钞法实施的，挑描剜补或者伪造假钞进行贩卖并且买卖假钞用于实际使用的，在外地由巡抚、巡按会同司、府、州、县、衙门处理，在京由巡城御史、锦衣卫巡视官校、五城兵马司一同缉拿罪犯，按照钞法的规定审判。并且，在处罚之后要求犯人按照每钞一贯追钱一千文的标准罚款，在履行完毕后再按原裁判发落。但是，为了激励大家告发伪造宝钞的行为，朝廷允许到官府进行首告，如果查明属实，按例给赏。若有人故意诬陷善良，按伪造宝钞之罪发落，并且按照例的规定进行追钞。这样伪造宝钞的行为便可以得到遏制、平息，钞法可以得到疏通。[1]

《大明律》对伪造宝钞行为作出了详细规定。而具体能体现律文实施的判例在涉及伪造宝钞问题时会遭遇怎样的具体情况，

---

〔1〕　刘海年：《中国珍稀法律典籍集成（乙编）》（第4册），科学出版社1994年版，第578~579页。

官府又如何作出有针对性的判罚呢？《锲御新颁大明律例注释招拟折狱指南·卷五·户律仓库》提到：

> 或问：赵甲以宝钞民间买卖诸色课程并听收用，违者。钱乙依将宝钞赴仓场、库务行纳课程，不行用心辨验，收受伪钞、挑剜描辏钞贯在内者。孙丙依民间关市交易不行仔细辨验，伪钞、挑剜描辏钞贯在内，误相行使者。何如问拟？[1]

这条判例列举了钞法可能遭遇的伪造大明宝钞的几种具体的犯罪情形：赵甲以民间买卖中的伪造大明宝钞作为盐课、茶课、商税等的课税，违反了法律规定。钱乙将这些伪造的大明宝钞放入仓库或者用于仓库库务行纳课程，没有用心检验宝钞的真伪，收受伪造的宝钞，或者有被"挑剜描辏"的宝钞夹杂在其中。孙丙在民间关市交易过程中不仔细检验辨认，导致有伪钞和存在"挑剜描辏"情况的宝钞夹杂内，并且错误地继续用于流通使用。这里比较全面地提出了使用伪钞的几种情形。对此，《锲御新颁大明律例注释招拟折狱指南》给出的解答是：

> 答曰：一、审得：赵甲以颁行宝钞而不遵，悖上之令矣。钱乙以课赃而有伪挑等钞之收，孙丙于关市而有伪挑等钞之用，经手行使之人，相应与甲并罪。[2]

通过审查事实官府发现，赵甲不使用颁行的宝钞，而使用私造的宝钞，违背了钞法的规定。钱乙作为公职人员负责仓库

---

〔1〕 杨一凡主编：《历代珍稀司法文献》（第4册），社会科学文献出版社2012年版，第133~134页。

〔2〕 杨一凡主编：《历代珍稀司法文献》（第4册），社会科学文献出版社2012年版，第133~134页。

管理，却收入伪钞或者存在"挑剜描辏"情况的宝钞。孙丙在关市中故意使用伪钞或者存在"挑剜描辏"情况的宝钞，属于经手、使用伪钞的人。这几类人应该和赵甲一样定罪处罚。具体的判决结果是：

> 议得：赵甲、钱乙、孙丙律各杖一百，俱有《大诰》减等，各杖九十。系斗库军民，无力的决，有力纳米，完日应役宁家。犯人倍追过收伪钞入官。[1]

赵甲、钱乙和孙丙按照律文规定各杖一百，如果都有《明大诰》，可以减等处罚，改为各自杖九十。如果是斗库军民，没有能力的就执行，有能力的就纳米赎罪。完成应该的劳役后方可回家。同时，还要将伪造的大明宝钞收回入官，不能放任伪钞流通。

判罚的最后一点是"收伪钞入官"。律文"伪造宝钞条"中也有关于财产并入官的规定，但是同时还有关于"仍给犯人财产"的规定。在什么情况、什么标准下判决给犯人财产？在什么情况下没收财产入官？《新增律颐断法》对此作出的解释是：

> 谓如五七人共伪造宝钞，数内一人被人告发，通获到官，将其余之人财产并入官，其被告之人财产给首告之人充赏。故云仍给犯人财产也。[2]

在多人共同伪造宝钞的情况下，如果有一人被告发了，这

---

〔1〕 杨一凡主编：《历代珍稀司法文献》（第4册），社会科学文献出版社2012年版，第133~134页。

〔2〕 杨一凡主编：《历代珍稀司法文献》（第4册），社会科学文献出版社2012年版，第136页。

些伪造大明宝钞的人全部会被捕获收押到官府，其余所有人的财产都会被充公，其中最先被告的那个人的财产应给首告的人作为赏金。因此说"仍给犯人财产也"。具体是给首告之人，是为了激励告发的行为，这和元代的做法相似。

（二）大明宝钞流通方面的判例

1. 损毁宝钞

从前文对明代宝钞法制基本情况的介绍可知，明代宝钞的一个特点是不可更换，大明宝钞损毁意味着贬值，会严重影响大明宝钞的正常流通。即便是在现代货币体系之下，故意损毁纸币也是《刑律》处罚的重要犯罪行为。针对"损毁宝钞"最基本的审理原则，《比附杂犯罪律》作出了具体规定，以作为统一裁判的标准：

> 一扯破宝钞，比依弃毁制书律斩。[1]

朝廷对扯破大明宝钞这种犯罪行为的处罚异常严厉，是比照弃毁制书的律文规定，判处斩刑。朝廷为了保障大明宝钞的正常流通，采取了各种机构设置方式和各种激励措施，若故意损毁大明宝钞（如扯破等），会极大地影响其本身所代表的权威性。因为大明宝钞是官方发行流通的，其代表的是朝廷在经济领域的最高权威。故意损毁大明宝钞是对稳定货币秩序的挑衅，因此朝廷对该类犯罪的定罪非常严苛。

2. 偷盗官钞

在流通领域，可考的比较典型的犯罪类型是"偷盗官钞"，其除了是对朝廷权威的挑衅之外，也相当于现代的偷盗银行或

---

[1] 杨一凡主编：《历代珍稀司法文献》（第5册），社会科学文献出版社2012年版，第665页。

官方金融机构，这是针对货币流通机构实施的犯罪行为，性质非常恶劣，会严重影响货币流通机构的正常秩序和货币的基本安全。这种偷盗被分为两种：一种是管理人员（即管理官钞的人员）利用职务之便偷盗官钞；另一种是其他人员强行偷盗官钞。《比附杂犯罪律》规定库官偷盗大明宝钞的裁判标准是：

> 库官偷盗官钞，四十贯，律，斩。[1]

如果管理大明宝钞的库官利用职务之便偷盗官钞，应该按照"四十贯律"的规定判处斩刑。在对大明宝钞发行流通的保障方面，犯罪行为只要触及大明宝钞的正常发行流通，刑罚都非常严苛。但是，惩罚偷盗行为需要依据具体标准等级（即偷盗数量达到的程度）承担相应等级的刑罚。因此，在司法实务中，在简单的"四十贯律"基础上，针对库官偷官钞的裁判标准，《比附杂犯罪律》规定：

> 一库官偷官钞五十贯，拟斩罪，发本库交盘。又盗七十贯，议常人盗官物论，从重，依前斩罪发落。[2]

在具体的司法审判中，如果库官偷盗的大明宝钞达到五十贯，超过了四十贯，按照规定，应该判处斩刑，让其到所在仓库交接盘点清楚。如果又盗了大明宝钞七十贯，此时因为是戴罪之身，不能按其库官的身份来处罚，应该按照常人偷盗官物的标准来从重论罪，最后应该按照前罪所定的斩罪来具体实施处罚。

---

〔1〕 杨一凡主编：《历代珍稀司法文献》（第5册），社会科学文献出版社2012年版，第668页。

〔2〕 杨一凡主编：《历代珍稀司法文献》（第5册），社会科学文献出版社2012年版，第669页。

第四节　明代钞法崩坏的必然

通过对宝钞法制中的钞法、人员、机构和钞法司法实务的结合分析，我们可以基本厘清明代宝钞法制崩坏的原因。

一、大明宝钞发行之初钞法就处于崩溃边缘

明代的钞法并未突破封建国家钞法的本质，是一种对前代钞法的延续。这种钞法的基本特征就是在皇权思想指引下，认为所有物品都属于皇帝，没有想过要为宝钞的发行作足值的准备。宋代、金朝和元朝都以某些金属货币作为纸币发行的准备金。但是，明代完全没有准备金，纸币的价值是由皇权设定的。因为没有准备金，所以纸币本身没有任何价值。朝廷对大明宝钞发行流通的约束是不足以对抗基本经济规律的。朝廷为了财政需求而过度发行大明宝钞，贬值是在钞法颁行之初就可以预见的结果，其只能算是朝廷为了敛财而印制的毫无价值支撑的纸张。

在缺乏发行准备金的前提下，宝钞还能发行，钞法还能颁行的根本原因是其以朝廷信用为支撑，但是朝廷信用也有稳定期和不稳定期。在宋代纸币出现时，纸币是民众和朝廷的共同选择，那时朝廷获得更大财政收益的愿望和民众降低交易成本的愿望是一致的，双方站在不同角度共同促成了纸币的流通。朝廷为了推行纸币而强制财政收支都使用纸币，并且改革纸币的兑换支付方式，提高纸币公信力和使用效率，扩大其流通范围，进而稳定币制。但是，朝廷的不稳定性在于，到了明代，支出时使用的是大明宝钞，收回的却是铜钱等贵金属货币，朝廷发放宝钞，自己却不愿意回收宝钞，也没有完备的宝钞兑换

制度，这向社会发送了一个信号，即大明宝钞的价值是不确定的、是不可信任的。朝廷在本就缺乏准备金的前提下，还为了短期利益大量印制宝钞，攫取大量利益和资源，使得大明宝钞赖以存在的国家信用荡然无存。因此，明代的钞法从颁行之初便一直处在崩溃的边缘。虽然都是封建统治下的钞法，但是明代的钞法完全摒弃了前代的做法，使得钞法从颁行开始便存在缺陷。

二、所有法律举措都是为了挽救钞法

明代为了保障大明宝钞的顺畅流通，采取了大量法律方面的举措，包括前文归纳的禁用金银铜钱，确立大明宝钞独占法定货币地位；各地设行用库倒换昏烂旧钞；户口食盐法；纳钞赎罪及罪钞。这些举措涵盖了从发行到流通的各方面，全是为了保障大明宝钞的顺利流通、钞法的稳定推行而制定的。但这些举措并不涉及明代钞法的根本，也不会触及大明宝钞发行背后的朝廷利益。因此，钞法还是难以维系。从明初开始，朝廷针对钞法所采取的一系列措施都是为了挽救钞法，期望有针对性地解决钞法实施过程中的具体问题，但从未想过对钞法进行改革。所设计的这些具体举措能反映出在纸币产生之后的一段时间内，人们对纸币发行流通的经验更为丰富。这些举措都能减少大明宝钞的流通数量、稳定宝钞价值，也能让阻滞的钞法获得畅通的条件和可能。但是，这些举措真实发挥作用，使法律与经济之间得以互相影响的基础是朝廷放弃其对滥发宝钞的依赖。由于解决财政问题是明代推行大明宝钞的重要原因之一，朝廷不可能放弃通过无度发行宝钞收敛财富这一目的。因此，朝廷虽然在钞法存续期间不断尝试推出不同的法律举措，但这些举措都是在挽救钞法，从未想过改变钞法颁行时的基本缺陷。

所以，这些举措无法扭转大明宝钞贬值的形势，也无法迟滞钞法崩溃的速度。

三、司法实务服务于朝廷的宝钞政策

经济法本来就是公法性质的法律，而钞法则是维持国家政权稳定的最根本的经济法。明代为钞法制定的政策都是以财政需求作为第一目标的，而司法实务则服务于朝廷的政策。在大明宝钞发行方面，针对"漏用钞印""伪造宝钞"的司法审判，不仅有专门的律文规定，司法判例所体现的审理过程和裁判结果也都非常严苛，这是为了确保大明宝钞发行时的权威，也是为了维护朝廷的宝钞政策，保障朝廷垄断的宝钞的发行地位。用以保障大明宝钞流通的方式或者手段有两种：其一是法律规定由朝廷发行宝钞，宝钞可以被用于缴纳商税；其二就是刑罚，涉及了司法实务的问题。可见，与大明宝钞相关的刑罚和司法实务都是保障宝钞流通的手段，必然是服务于朝廷的货币政策的。从涉及宝钞的判例中我们可以清晰地看出其对朝廷货币政策的贯彻，凡是触及朝廷财政利益的、宝钞权威性的犯罪行为，都会受到异常严苛的刑罚。朝廷通过刑罚来达到警示的作用，同时通过刑罚来巩固宝钞发行、流通的正当性，确保钞法的顺利推行。明代朝廷并不想牺牲自己的利益从根本上解决问题或者改变钞法，因此只能加大刑罚力度，力求通过严刑峻法强制保障钞法的基本正常运行。但是，从判例可知，基于各方利益的博弈，伪造宝钞等案件层出不穷，虽然处罚异常严厉，但还是不断有人为了巨大的收益而触犯钞法。这种违反钞法的案件的特点是人数众多、涉及面广。不仅涉及伪造宝钞的人员，还涉及购买宝钞的人员以及知情包庇的人员等。知情包庇的人员还包括官吏或者里长等带有公权力性质身份的人。因此，从具

体判例中我们可以看出，涉及伪造宝钞的案件归案人员数量惊人，能达到从当地到京城全是同案人员的情况。因此，虽然司法实务都是为了服务于朝廷的货币政策，但由于宝钞政策从源头上存在问题，钞法的司法实务并不能达到维护该政策长久运行的目的，只是对个案的简单重复，不能阻滞钞法的崩溃。

本章小结

大明宝钞延续了自宋代纸币产生时的特性，并且从其发行到停止流通为止，从未改变过封建纸币违背货币经济规律的本质，是政权为收敛财富而大力推行的货币形式。明代钞法从始至终都没能突破封建钞法的局限，回笼渠道只有部分商税的征收这一种，而投入流通的渠道却有支付俸饷、赏赐、购买商品等。导致民间真实流通的大明宝钞数量远远大于市场的承载量，致使宝钞迅速贬值。在形制的规范上，大明宝钞吸收了从宋至元的优点，强调从规格形式上突出国家发行的权威性。明代设置了具体的机构和官员保障大明宝钞的发行和流通。从明代学者的观点中我们可以窥见明代发行和确保大明宝钞独立法定货币地位的目的。统治者单方面认可大明宝钞发行给政权带来的收益，过度忽视大明宝钞的本质及实际使用宝钞的民众的个体意志和商业规律。因此，从大明宝钞发行、钞法实施开始，宝钞的流通便问题不断。针对这些问题，朝廷也采取了一系列法律举措，希望能够通过法律手段弥补钞法本身的不足，确保宝钞的顺畅流通。但这些举措并未动摇明代钞法的根本，只是针对表面问题采取的应对措施，违背了经济的发展基本规律，仍然无法与高速自由发展的明代民间商业相匹配。钞法在其存续过程中一直处于崩溃和调试循环往复的过程中，并最终因为白银的大量使用和朝廷对白银的接纳而淡出历史舞台。我们可以看到，明代司法在钞法方面并没能超出朝廷的宝钞政策，属于在朝廷宝钞政策指引下展开的司法审判活动。这些对宝钞违法行为的打击和处罚，是对明代朝廷确保宝钞发行流通的反映。通过对具体的钞法、宝钞发行中的具体形制、机构设置、人员、流通及司法实务进行分析，我们能够清晰地重现明代初期到中期的货币法制情况。在这一时期，钞法占据主要地位，但是钞法和宝钞本身却存在着问题，朝廷为了财政和政权的稳固，一直采取各种法律举措对其加以维系。而明代钞法虽然承继了前代很多东西，但却抛弃了流通年限、旧钞兑换等重要规定，从而加速了大明宝钞的贬值和钞法的崩溃。总的来说，明代钞法在明代中期就基本淡出了货币法制运行，其原因是从大明宝钞流通开始钞法就处于崩溃边缘；所有与大明宝钞相关的法律举措都是为了挽救钞法；司法实务服务于朝廷的宝钞政策。而在钞法实施的过程中，钱法也间或成为法定货币，而这涉及下章"明代钱法"的内容。

　　铜钱法制，在封建时期的律文中被称为"钱法"，本章关于明代钱法的研究主要就是对明代钱法内容本身、实施及管理机构、司法实务等方面的梳理考察。《明史·食货五》开篇就是"钱币之兴，自九府圜法，历代遵用。钞始于唐之飞钱，宋之交会。金之交钞。元世始终用钞，钱几废矣"。[1]在洪武八年（1375 年）大明宝钞发行之前，明初流通的货币就是铜钱，虽然为保障大明宝钞的流通而禁用铜钱，但在禁用金银及铜钱令颁布后不久，铜钱的使用就已经恢复了，这在《明大诰》的内容中可以得到体现，其中有大量关于铜钱的表述。万历年间的户部尚书侯恂归纳为："秦兼天下，币二等，黄金为上币，铜钱为下币，而珠、玉、龟贝、银、锡之属为器饰宝藏，不为币。汉自建元以后，卽山铸钱，而又用白鹿皮为币，造银、锡为白金，未几皆废。唐于铜钱外有飞钱。宋以铁钱与铜钱兼行，又仿飞钱为交子，为关子，始以楮为钱。南宋造会子，有大钞、小钞之别，凡十等，又谓之钱引，亦谓之关会，实一而已。元造交钞，以钞一贯权铜钱千文。无何，物价腾踊逾十倍，积钞不售，国用大诎。明兴，右钞抑钱，旋令钱钞兼行。"[2]因此，铜钱很少被单独作为某一时期的法定货币，而是一直以辅币的形式存在于明代整个货币体系之中。明初刚从元代的政治及法

---

　　〔1〕（清）张廷玉等撰：《明史·卷八十一·食货志五·钱钞》，中华书局 1974 年版。

　　〔2〕（清）孙承泽：《春明梦余录·卷三十八·户部四》，广陵书社 1990 年版。

律体制中转换过来，社会经济亟待复苏，管理着流通物的法律也处在创制时期。在创制时期，钱法是如何规定的？其后随着明代政治制度及法律制度的创建发展，具体的钱法规制又是如何变化的？本章将围绕史籍及材料梳理明代钱法规制，通过对钱法司法实务的具体展现来探讨钱法背后所表现出的本质，阐述铜钱法制在整个明代货币法制中的地位及对明代货币法制变革的作用及意义。在做这些研究之前，我们需要明确钱法的历史进程，将明代的钱法放到整个历史进程中去观察。

第一节　钱法的历史考察

一、铜钱形式的发展

在中国封建货币历史中，铜钱占据绝对主体地位。其流通领域广、形制变化多、自带一定的贵金属属性、不易崩溃，不仅是朝廷首选的货币形式，也是民间商业贸易长期大量使用的货币种类。铜钱拥有数千年的流通历史，经历了不同的朝代，其形式和轻重都基于不同朝代的律文规定而不同。虽然基本的形式都表现为圆形内有孔，但是根据轻重大小的不同、名称的差异，历史上存在过的铜钱有成百上千种。有的铜钱流通时间短，有的铜钱流通时间长。如五铢钱的流通时间就非常长，从秦代一直到隋朝末年。至明代，铜钱形式大致已经经历了如下发展阶段。

（一）铜钱的早期发展

在铜钱产生之前，已经有原始的货币形式存在，货币自夏起源，"农工商交易之路通，而龟贝刀布之币兴焉，所从来久远。自高辛氏之前尚矣，靡得而记云……虞夏之币，金为三品，或黄，或白，或赤，或钱，或布，或刀，或龟贝"。[1]在夏朝时便已经存在早期的交易，而交易除了最原始的物品交换之外，还需要有交换的媒介。中国历史上国家货币的起源是确定金、刀、泉、布、帛五种作为国家货币。可见，在那时，流通中的货币已经有了几种较为普遍的形式。在夏朝的时候货币是有等级之分的，地位最高的为珠玉，然后是黄金，最后是白金，此时铜钱还未出现。这些说法在《管子》中的表述为"以珠玉为上币，以黄金为中币，以刀布为下币"。[2]古代大多数学者都认为货币和铜钱起源于古代圣王，货币是古代圣王所造。但是，这是一种对货币起源的错误认识和看法，货币并不是古代圣王为了交易便利而创造发明的，而是在商品交换中基于经济规律的发展自发产生、进化的。

随着农业经济的发展及冶炼业的成熟，金属货币开始被自发推广使用。周太公确立九府圜法，钱圆函方[3]，开始用铜铸造货币，并采用九府圜法所规定的"外圆孔方"的形制。周朝初年铸造铜钱的时候只有一种，发展到景王的时候，认为铜钱太轻，需要铸造更重的大钱，取名为"宝货"。宝货的直径有一寸二分，重达二十铢，形制仍是"外圆孔方"。大钱铸造之后小钱的流通并未停止，而是两者并行使用，达到互为补充的作用，使用了几百年，其后各代在轻重上有变革。在秦始皇统一铜钱形制之前，铸造铜钱的形制有刀币、圜钱和蚁鼻钱等。[4]

秦始皇统一中国后，确定了货币制度，也将货币形式规定

〔1〕（汉）司马迁撰：《史记》，（宋）裴骃集解，（唐）司马贞索隐，（唐）张守节正义，中华书局2014年版。

〔2〕（唐）房玄龄：《管子》，（明）刘绩注，刘晓艺点校，上海古籍出版社2015年版。

〔3〕（清）孙承泽：《春明梦余录·卷三十八·户部四》，广陵书社1990年版。

〔4〕参见彭信威：《中国货币史》，上海人民出版社2015年版。

为铜钱，材质和周朝的铜钱一致，上有文字"半两"，重量和其文字"半两"对应，是下币，与作为上币的黄金共同行使流通。这是封建中国采用贵金属作为货币的开始。也就是说，秦朝统一了货币种类，明确了铜钱形制为九府圜法，但铜钱不是唯一的货币形式，与黄金共同作为货币流通。

西汉初期，为了休养生息、活跃民间经济，统治者对货币铸造采取开放的态度，没有要求必须由朝廷控制专铸货币，民间也可以自铸钱。汉高祖认为"半两"太重，不利于商业交易，携带行使都较为不便，变更为铸造成榆荚的形式，叫作荚钱。荚钱重一铢，半径五分，上面的文字为"汉兴"，禁止私铸。铜钱形制变轻，购买物品所需的铜钱就会更多，导致买一石米需要万钱，不方便的情形没有发生根本性改变。到高后二年（公元前186年）的时候，朝廷开始铸造"八铢钱"，文帝即位后铸"四铢钱"，在钱上写的是"半两"，其实重量四铢。这个过程是在不断尝试改变，寻找最合适的、能平衡铜钱重量和交易便利的交界点，也是"五铢钱"出现前的一个不断实验的过程。到了景帝的时候，为了对抗民间泛滥的私铸和盗铸问题，将铜钱形制改为一面为文字、一面为图画。到武帝初年，这种混乱的情形没有得到改变，适逢出击匈奴，财政困难，开始清理之前发行的铜钱，重新确定铜钱形制，整顿铜钱法制的问题。废除了"四铢钱"，改为铸"三铢钱"，使重量和其文字相匹配。因为不能改变私铸的现实，"五铢钱"开始铸造发行。汉武帝时，政治、经济统治都得到加强，中央经过斗争完成了铜钱的铸造权之争，五铢钱制度建立。货币的重要作用是流通，五铢钱的标准是四公分[1]，更便于携带，适应了当时社会经济发展

---

[1]　参见彭信威：《中国货币史》，上海人民出版社2015年版。

状况和物价水平对货币单位的需求，标志着中国古代钱币进入了新的发展时期。但是，汉代还因为"五铢钱"太轻而铸有"赤仄钱"，规格上以一当五。"赤仄钱"的形状和五铢钱相似，但是更大，以赤铜作为材料，并未流通多久就被废止了。汉代后续还有"三官钱"。但是流通最广的还是"五铢钱"，因为其重量一定，民间交易使用方便。其间，王莽废除了五铢钱，发行新钱，但随着其政权的覆灭，五铢钱制度得以恢复并持续流通七百余年。五铢钱的流通大大促进了社会经济的发展。总的来说，就是"五铢钱"数次废止，又数次重新流通。在整个魏晋六朝时期，铜钱形式的发展几乎都没有超越"五铢钱"的形制。即便是六朝时期的"四铢钱""两铢钱""夹子"等在形式上也都还是沿用了"五铢钱"的形式，没有突破。因此，魏晋六朝时期仍是"五铢钱"流通使用的时期。

（二）通宝铜钱的形制发展

"五铢钱"的流通一直持续到隋末。唐代建立后，统治者开始了对铜钱的整顿改革。唐高祖武德四年（公元621年），朝廷废止掉了隋朝的"五铢钱"，改为铸造"开元通宝"。自此，"开元通宝"完全取代了五铢钱，成为流通的钱币。在形制上沿用了五铢钱的方孔圆形钱式，直径八分，重量为二铢四絫，在单位上十黍是一絫、十絫是一铢。每一千铜钱，重量是六斤四两。也就是每十文重一两，这个重量和五铢钱一样，便于携带。钱的字体为真草篆体，背纹一般为月纹等饰纹，铸造精美。"开元通宝"在轻重、大小等各方面都非常适宜，易于交易和保管携带等，而且在形状上优于五铢钱，在流通中推行起来更易于被接受，适应了社会经济发展的要求，迅速取代了旧的钱币。这是通宝铜钱的开端，自"开元通宝"开始，对铜钱的命名都固定为通宝、元宝等并加以朝代或年号，这也象征着铜钱作为经济流通重要媒介的成熟。而且，"开元通宝"是第一次有铜钱铸造完全打破五铢钱的形制，开启了铜钱形式的新阶段。唐高宗即位后，在乾封元年（公元666年），改铸新钱，名为"乾封泉宝"，直径一寸，重量为二铢六分，兑换旧钱的时候以一个当旧钱十个。但是，其很快便因为物价高涨而被停用，朝廷重新开始使用"开元通宝"。到唐肃宗时，铸造"乾元重宝钱"，直径一寸，每缗重达十斤，以一当十，和开元通宝同时流通使用。后又铸造了更大的"乾元大钱"，以一当五十，每贯重达十二斤，与"开元通宝""乾元重宝钱"同时行使。但是，唐代的铜钱中，还是"开元通宝"在大小、轻重方面最为适中，也只有"开元通宝"改变了"五铢钱"的形式，是铜钱形式发展的一个新阶段。而在唐代之后，铜钱的发展进入了一个繁复的阶段，因为后续有新的货币种类出现，铜钱不再是主要的货币种类，其地位发生了一定的改变，其形式也必然会产生相应的变化。

（三）纸币时代的铜钱形式

在唐代之后，封建经济发展到了一个新的阶段，对交易媒介的需求发生了极大的变化，货币开始进入信用货币时期。铜钱作为贵金属货币的一种，在此期间经历了怎样的变化发展？

宋代的货币体系在封建中国的货币进程中是个全新的阶段，纸币的出现引导国家货币体系从贵金属时代进入了信用货币时代。宋代初期使用的除了铜钱还有铁钱，但主要仍然是铜钱。宋太祖建隆三年（公元962年），铸造了"宋通元宝"；太平兴国元年（公元976年），铸造了"太平通宝"；淳化元年（公元990年），铸造了"淳化元宝"；至道元年（公元995年），铸造了"至道元宝"。并且规定每次改变纪元的时候都要重新铸造铜钱，名字都叫元宝，并且冠以年号。到宋仁宗时期，下令凡是铜钱都以"皇宋通宝"命名，材质都采用铜。在此时有小平钱被广泛流通。按照宋代的铸钱制度，用铜三斤十两，铅一斤八两和锡八两，就可以做出千钱，重量为五斤。建州铜钱的材料分量稍有不同，是铜的重量增加五两，铅减少五两。到宋景佑时期（1034年至1038年），有三司官员建议将铜铁混合铸钱，其中铜占三成，铁占六成。皇帝同意了这个提议，下诏书同意推行这个铸钱法。但是，现实状况是铜和铁的混合表面上节约了铜的使用，但铜铁混合很难成功铸造出铜钱，耗费了大量人力，而铸造的铜钱数量却很少，故因不能长久行使而被废止。宋崇宁中期，废止小平钱的使用，确立钱钢验样法，每缗用铜九斤七两，一半的铅和三分之一的锡混合。并将这种铸造比例推广至地方。又基于小平钱的便利而规范了小平钱的标准，重新开始流通。具体的标准是以八分铸小平钱，以二分铸当十钱。宋代还出现过乌背鹿铜钱，也在各地区流通使用过。总的来说，宋高宗时有"建炎通宝"；孝宗时有"淳熙元宝""乾道元宝""隆兴元宝"三种；宁宗时有"庆元元宝""嘉泰元宝""嘉定元宝""开禧元宝"四种；理宗时有"大宋元宝钱"；宝庆元年有"绍定通宝""端平通宝"。嘉熙四年（1240年），朝廷铸造了"嘉熙通宝"和"嘉熙重宝"。后期还有"淳祐通宝""淳祐元宝""开庆通宝""景定元宝""咸淳元宝钱"。宋代铜钱发行的种类虽多，但是在形制上并没有突破唐代的开元通宝，仍是开元通宝的一种延续使用。

辽时期，按照契丹风俗，重游牧，商业交易不多。但是也设置了盐铁转运使和度支钱帛诸司。辽时期铸造过"天赞通宝钱"，直径九分，重三铢六象。还有"乾亨新钱""太平钱""重熙通宝钱"，到道宗时期，共有4种铜钱，分别为"咸雍""太康""大安""寿昌"，4种铜钱产生的原因都是改元。

金在政权初建的时候使用宋辽的旧钱，到正隆三年（1158年），开始铸造铜钱。文字为"正隆通宝"，轻重与宋代的小平钱一致，但材质更好。大定十八年（1178年）的时候铸造了"大定通宝"，材质好于"正隆通宝"，而且其用料中添加了银。泰和三年（1203年）朝廷开始铸造大钱，以一值十，叫作"泰和重宝"，字体是篆体，背面的花纹为二螭虎。但是，因为金代大量使用纸币，铜钱的铸造量其实不大。

元代完全是废钱用钞的时期，很少有铜钱铸造，民间商业往来中也很少有铜钱的使用。

二、钱法的演变

有钱币的流通使用，就有相应的钱币立法。钱币立法隶属于货币立法，均为经济法的范畴。最早的钱法源于国家开始介入货币发行流通领域。在国家介入之前，货币只是交易中的简单媒介，经过交易的自然选择，出现了各种形式的媒介，但都是在没有公权力干预的情况下的自然形式。在确定金、刀、泉、布、帛五种国家货币形式后，流通中的交易媒介被固定下来，这就是最早的钱法。国家自此开始对货币发行流通进行管理规范。有文字记载的最早的关于钱币的立法是《国语·周语下》关于春秋时期周景王铸"大钱"的描述——"废轻而作重"。但是并没有具体规制的内容存世，不能判断此时就有了钱币立法，可以确定的是此时国家有关于钱币发行的具体规制。在钱法出现的初期，对于铜钱的形制没有具体的规定，因此铜钱的规格并不统一。周朝后，太公立九府圜法，确定了用铜铸钱，和铜钱的基本形制为外圆孔方，用铢这个单位来确定其轻重，至此才有法律明确货币制度。因此，后世都以九府圜法颁行的周朝作为货币起源的时代。有具体规制内容并得到推广实施的是秦。

秦始皇统一中国后，车同轨、书同文，统一度量衡，同时还推行统一的货币制度，要求"货币王室专铸"。秦始皇推崇圜法，禁止将贝壳、珠玉、银锡等继续作为货币流通，开始了统一的货币法制，强化了中央政权对铸币权的控制。秦将"半两钱"推至全国，配合"半两钱"的发行流通推广，有具体、可操作的钱币立法规制。

　　秦朝钱法统一铜钱币制具有非常积极的意义：①铜钱的统一是在经济上巩固封建统治的基础，不同的铜钱流通不利于政权对经济的统一管理。而且，通过钱法统一铜钱形制的核心就是铜钱由官方专铸，禁止民间私铸。通过立法的方式将铜钱的发行和流通都收归政权掌控是封建皇权对经济领域的有力控制。②铜钱形制的统一有利于经济的发展，这种统一有利于消除原本商业往来中由货币不同带来的隔阂，有利于商业交易的统一和方便，能起到活跃经济的作用。③秦朝的这次统一币制的立法实践，给封建中国后续的钱法及整个货币法制带来了深远的影响。货币由官方发行管理这一思想和具体的制度安排为历代王朝所奉行。秦朝在钱法中具体规定货币单位为铢，且将原始的货币形制都统一到了固定的形制之下，明确了方孔圆形这一基本形态，明确了重量、文字等，在易于管理的同时也便于民众在交易中的识别和流通。

　　随着秦朝的灭亡，这种统一的货币制度也随之结束。汉高祖刘邦基于政权建立初期货币混乱的状况，不再强调朝廷对铜钱铸造的垄断，允许民间自由铸造铜钱。这种货币政策对西汉初期休养生息、恢复战后经济起到了积极的作用，但并不是可以长久推行的政策。因为民间铸钱必然难以统一铜钱形式，会有伪劣铜钱出现，难以保证流通中铜钱的价值。所以，朝廷很快就禁止民间铸造，至于从何时开始禁止民间私铸铜钱，学界没有定论，存在多种学说。比如，有学者认为，汉代从惠帝三年（公元前 192 年），开始禁止民间铸钱，或者认为于高后二年（公元前 186 年）在铸造"八铢钱"的同时下令禁止民间铸钱，但可以确定的是民间铸钱被禁止，因为汉代于文帝五年（公元前 175 年）时废除了《盗铸钱令》，恢复了民间私铸。景帝中元六年（公元前 144 年），朝廷再次禁止私铸。在这一时期，贾谊在其《新书》的"铸钱""铜布"部分分析了民间铸钱的危害：①诱使民众犯罪。允许民间冶炼铜，掺杂铁、锡等材质铸造铜钱，因为利益丰厚，会诱惑民众铸造假钱。②钱法不确定。铜钱形制不统一、铸造方不同、市场交易中各式铜钱混乱，没有明确的钱法对铜钱形制、铜钱规格进行规定，官吏在执法、管理时都会陷入混乱，无法判定。贾谊明确提到了法定货币这一概念，即"法钱"，法律确定的铜钱。③允许民间私铸的铜钱会导致民众都不再关注农业。因为开采铜矿铸造铜钱的获利更大，大家都参与开采和冶炼便会荒废农业生产，导致本末倒置，社会发展和民众基本生活都会出现混乱。但是，贾谊的主张并未得到支持，直至汉武帝时期朝廷才建立了统一的五铢钱制度，将铸造权掌握在朝廷手中，铸造权收归中央，铜钱立法也随之发展，确定了中央铸造的原则，铜钱流通开始趋于稳定。从放开私铸和禁止私铸的过程来看，自钱法产生之日起，私铸铜钱和铸造假钱等问题就是钱法规范的重要对象。在汉朝有大量关于铜钱应由官方统一铸造还是由民间分散铸造的讨论，也直接影响到了汉朝钱法的变迁。虽然在争论的当时没有结论，但是随着封建社会政治和经济的发展，政权稳固和中央集权的思想还是占了上风，铸币权集中在中央符合封建政权统治的需要，是封建社会客观经济发展的必然趋势，完美契合了封建政权的利益需求，有利于当时社会经济的发展。

　　隋唐时期封建法制成熟，中央政府重视法律的创制，货币立法完善且制度化，此时的货币除了铜钱与金银，还包括实物货币。钱法在这个时期也日趋成熟，不仅有关于钱币发行的规制，还有完善的关于保障钱币流通的规制，如禁止私铸、恶钱、民间蓄钱等。唐代在铸造"开元通宝"的同时废止了"五铢钱"，但是由于社会经济的发达，唐代商业交易对货币的需求量特别大，民间私铸和恶钱的问题一直是非常严重的司法难题。朝廷采取了"出米收晋钱毁之""禁卖铜及造铜器者""以好钱及布绢杂物博取恶钱""以厚价募工铸钱""令市肆钱货兼用"等法律措施。唐代铜钱面临的突出问题是唐代商业繁荣，商品交易和对外贸易都非常发达，对铜钱的需求量大，但是铜本身的有限导致了唐代铜钱量的不足，出现了钱荒问题。

　　至宋代，在结束了实物货币流通的同时，还出现了纸币。钱法与钞法等货币法律并行。宋代在铸造"宋通元宝"的同时严禁民间的诸多小钱和私铸铜钱流通，限一个月的时间将民间所铸的铜钱交付官府，并严禁私铸。为了防止贵金属的流失，不准在江南、塞外以外的地方使用铜钱。宋太宗时期，朝廷在镇江、升州、江西、饶州等地方设置钱监，负责铸钱。金代于正隆三年（1158 年）设置宝源局，利用三监铸钱，并明确了所铸铜钱的规格形式。元代作为大力推广纸币的时期，在世祖至元十四年（1277 年）的时候禁止江南地区铜钱的流通，作为其钞法推行的开始。到武宗至大三年（1310 年）才开始有钱法，铸造了"至大通宝"和"大元通宝"两种。但是，元代的钱法问题断断续续，并未形成完整的、可持续的铜钱法律规制。

第二节　明代钱法规制

　　元明交接之际，元钞作为流通物随着政治体制的崩溃已经开始丧失其经济功能，处于没有国家强制力背书的无价值状态。反对元朝统治的义军在建立政权后都以铸造铜钱的方式来反映自己政权在经济领域与元朝的区别，并达到了控制货币流通的目的。此时，政权并不稳定，铜钱相比于纸钞而言本身自带贵金属的属性，在战乱时期更易于保存、流通及推广。因此，从朱元璋受封吴国公开始至洪武八年（1375年）颁行大明宝钞前，铜钱一直是商业流通中的主流货币。主流货币需要加强管理，保证其形制、流通等能服务于国家经济，与国家法制相适应。"前代生财之法，较之今日，尚缺一大政焉，钱法是也。钱者，泉也。如水之行地中，不可一日废者。""而钱之法，上尤得筦其权。权在，则利存焉。"[1]可见，在新政权建立之初，钱法在保证钱币发行、流通及社会经济的恢复稳定方面发挥着非常重要的作用。明初关于钱法的创制迫在眉睫。在其后明朝货币政策和货币法制的多次改革中，钱法的相应变动都是重点。嘉靖时期的文人何良俊将钱法的重要性论述为：

> 夫天子所以开利源而不竭者，惟钱耳。何也？盖财之所出，不过天之所生，地之所长，皆有限极，惟钱之用不穷者，以能权其轻重，而伸缩之数，在我制之耳。[2]

明代文人郭子章也大肆宣传钱法万能的观点：

> 钱法者，不收之田，不计之海，不出之府库，无大损于国贮，而博利于民生，诚今日救弊之急务也。[3]

---

〔1〕（清）孙承泽：《春明梦余录·卷三十八·户部四》，广陵书社1990年版。

〔2〕（明）何良俊："与王槐野先生书"，载（明）陈子龙等选辑：《明经世文编·卷二〇四》，中华书局1962年版。

〔3〕（明）陈子龙等选辑：《明经世文编·卷四二〇·郭青螺文集二（郭子章）》，中华书局1962年版。

顾炎武也认为钱法"可以易富贵"〔1〕。可见，对于钱法的颁行，明代的大量学者均是非常推崇的。认为钱法的颁行对明代的整个经济体系的建立及国家对经济的控制有重大的意义，能确实保障铜钱的流通。

而客观上的原因是，铜的出产远远多于金、银。"夫钱出于铜，铜不铸钱，则铜而已。铸之为钱，而可以前民用，则是尽天下之铜皆已变而为银也，利孰大焉？以钱济银之穷，而又用钱杀银之势，使钱广布民间，则可阴歛银以归之上。"〔2〕因此，钱法创制在客观上也是势在必行的。

一、明代铜钱发行的法制

钱法在明初虽然处于创制时期，但只是针对明朝政治体制的创制而言，其发展至明代，已经形成了一套完整的理论和方法。关于明代钱法的具体规制，有翔实的史料记载，能明确地反映明代钱法规制的内容。

（一）铜钱铸造机构

明代钱币发行机构最早是宝源局，其间经历了数次变更。太祖初年，朝廷在应天设置宝源局，铸造"大中通宝"钱。〔3〕关于宝源局，《春明梦余录·卷三十八·户部四记》载："宝源局，在皇城东北。国初钱法专属工部宝源局。自天启二年，始设户部钱局，以右侍郎督理之，名钱法堂，加炉制造，以济军兴。"〔4〕

---

〔1〕（明）顾炎武："钱法论"，载《亭林文集》卷一。

〔2〕（清）孙承泽：《春明梦余录·卷三十八·户部四》，广陵书社 1990 年版。

〔3〕《明史·食货五》和《明会要·卷五十五·食货三》均记载："太祖初置宝源局于应天，铸［大中通宝］钱，与历代钱兼行。"《大明会典》卷三十一记载："洪武初置宝源局于应天府铸大中通宝钱，与历代钱兼行。""设官专管江西等行省各置货泉局""令户部及各行省铸洪武通宝钱"。

〔4〕（清）孙承泽：《春明梦余录·卷三十八·户部四》，广陵书社 1990 年版。

太祖即位后，"各行省皆设宝泉局，与宝源局并铸"。[1]同时，在江西等行省置货泉局。可见，朝廷在各省设宝泉局的同时，要求户部铸钱。但是，"八年，罢宝源、宝泉局。十年，复设宝泉局，铸小钱与钞兼行"。[2]"九年罢各布政司宝泉局，十年令各布政司复设宝泉局铸小钱。"[3]到万历四年（1576年），户部和工部按照嘉靖年间的钱式，铸"万历通宝"[4]。户部和工部也成了货币的发行管理机构。这些都是有史料记载的铜钱铸造发行机构。

关于铜钱发行流通机构的问题，在后期钱法混乱的时候，学者郭子章提出过一个整顿钱法的方法，即设立有权威的机构专门加强对钱法的执行。其论述道：

> 钱法之行，原非细故，内责之两局，外办之藩司，事权不重，稽核未严，奈之何其卒行之也。
> 今宜略仿古制，令两京领于工部侍郎，各省添设督铸司道，岁终严考成之法。[5]

可见，铜钱的铸造和管理机构从开始时期到混乱时期都非常重要，在后期成了学者探讨挽救钱法的重要方法。明末学者郝敬也在其《钱法议》中提出要加强管理，设立专官：

---

〔1〕（清）龙文彬纂：《明会要·卷五十五·食货三·钞法》，中华书局 1956 年版。

〔2〕（清）龙文彬纂：《明会要·卷五十五·食货三·钞法》，中华书局 1956 年版。

〔3〕（明）李东阳等撰，（明）申时行等重修：《大明会典·卷三十一·户部十八·钱法》，广陵书社 2007 年版。

〔4〕《明会要·卷五十五·食货三》记载："万历四年，命户、工二部，准嘉靖钱式，铸万历通宝金背及火漆钱。"

〔5〕（明）陈子龙等选辑：《明经世文编·卷四二〇·郭青螺文集二（郭子章）》，中华书局 1962 年版。

欲行钱，宜责成司道官董其事，选委地方廉干属官分理，每年差御史一员巡视，以钱法之行滞，注各官之能否，事干钱政，一体纠劾，庶事有责成，不致推诿。[1]

到了明末，学者认为设置专官管理铜钱发行流通，实施钱法是必要的，是推行钱法改革的保障。顾炎武也主张铸币权的统一，强调朝廷要掌握钱法大权，将权力完全集中在朝廷手中，由朝廷安排机构和人员进行发行流通管理，不能放权给民众。

（二）明代铜钱的形制

关于明代钱币的形制，"其钱之式，如邱文庄之议，改而为篆，尤可一新耳目。其钱之名，当改为大明通宝，使万世行之，而无新旧之阻"。[2]实际上，后来"大中通宝"和"洪武通宝"的形制规定分别为：

以四百文为一贯，四十文为一两，四文为一钱。

其制凡五等，当十、当五、当二、当一。当十钱重一两，余递降，至重一钱止。[3]

图3-1　"洪武通宝""大中通宝"的一种

〔1〕（明）郝敬："钱法议"，载（清）陈梦雷编纂：《古今图书集成·卷三五八·经济汇编·食货典》（影印本），中华书局1986年版。

〔2〕（清）孙承泽：《春明梦余录·卷三十八·户部四》，广陵书社1990年版。

〔3〕（清）龙文彬纂：《明会要·卷五十五·食货三·钞法》，中华书局1956年版。

"大中通宝大小五等钱设官铸造。"[1] "重皆如其当之数。小钱重一钱。"[2]洪武四年（1371年）的时候改铸大钱为小钱。[3]到洪武二十二年（1389年），变更铜钱的形制为"生铜一斤铸小钱百六十，折二钱半之。当三至当五，准是为差"。[4]洪武二十三（1390年）年再次变更形制为"每小钱一文用铜一钱两分。其余四等钱，依小钱制递增"。[5]永乐九年（1411年），朝廷铸造"永乐通宝"，宣德九年（1434年）铸造了"宣德通宝"，后又铸"弘治通宝"，都是沿用的开元旧法。一直到嘉靖六年（1527年），朝廷要求两京工部铸"嘉靖钱"，史料记载的具体形制为：

> 每文重一钱三分；且补铸累朝未铸者。
>
> 三十二年，铸洪武至正德九号钱，每号百万锭，每锭五千文；嘉靖钱千万锭，锭五千文。[6]

图3-2 "嘉靖通宝"的一种

〔1〕（明）李东阳等撰，（明）申时行等重修：《大明会典·卷三十一·户部十八·钱法》，广陵书社2007年版。

〔2〕（明）李东阳等撰，（明）申时行等重修：《大明会典·卷三十一·户部十八·钱法》，广陵书社2007年版。

〔3〕《明会要·卷五十五·食货三》："洪武四年，改铸大中、洪武通宝大钱为小钱。"

〔4〕（清）龙文彬纂：《明会要·卷五十五·食货三·钞法》，中华书局1956年版。

〔5〕（清）龙文彬纂：《明会要·卷五十五·食货三·钞法》，中华书局1956年版。

〔6〕（清）龙文彬纂：《明会要·卷五十五·食货三·钞法》，中华书局1956年版。

具体有四种钱，分别是金背、火漆、镟边、一条棍：

金背，以金涂背。火漆，以火薰其背，使墨。镟边，钱边皆镟，色黄实坚，工料重大。一条棍，色杂货轻，其边刓磨麄糙，工费轻省。[1]

"万历通宝"金背和火漆钱的形制为：

一文重一钱二分五厘，又铸镟边钱，一文重一钱三分。[2]

图 3-3　"万历通宝"的一种

天启元年（1621 年），铸泰昌钱，泰昌钱的形制经历停铸大钱，收大钱，改铸。到南都钱，形制轻薄，"乃定每文重八分"。崇祯元年（1628 年），户部铸钱，听从钱法侍郎孙居相的提议，一钱变更为二分五厘，[3]即"皆以五十五文当银一钱"[4]。其形制虽然比明代之前的钱币稍重，但是与五铢钱对

---

〔1〕（清）龙文彬纂：《明会要·卷五十五·食货三·钞法》，中华书局 1956 年版。
〔2〕（清）龙文彬纂：《明会要·卷五十五·食货三·钞法》，中华书局 1956 年版。
〔3〕（清）孙承泽：《春明梦余录·卷三十八·户部四》，广陵书社 1990 年版。
〔4〕（清）张廷玉等撰：《明史·卷八十一·食货志五》，中华书局 1974 年版。

比是轻的，这种变化带来的是"体质坚厚，又磨镕莫施"[1]而且轻重适合携带，方便民间交易使用。关于其铸法，要求每钱一文必须用黄铜二钱，经过剉磨，只保留一钱二分五厘。

明代铜钱的形制与前代没有根本变化，但是社会经济和交易模式在明代已经有了新的发展，铜钱形制客观上会妨碍流通便利。商品经济在明代已经高度发达，便于民间商品交易流通的一个标志就是交易的便捷。在嘉靖、万历之前，五六百文才价值一两，对一般小民而言，不影响使用，但是对商贾而言，携带大量的铜钱，大大影响了其交易的便利性。还有就是铜钱的形制导致富豪之家储藏不便。这些原因大大阻滞了钱法的施行。而朝廷在铜钱的流通渠道上也没有更多的措施和方法，加之钱钞或钱银的兼并使用，导致钱法的推行大大受挫。

时至明末，受整个社会思想活跃的影响，有学者提出了不少关于铜钱形制改革的想法，最突出的（也是元代尝试过的）是铸大钱。因为铜钱在明末已经处于辅币地位，是对白银的一种补充，其形制并不大，属于小钱。天启元年（1621年）的时候，王象乾提出铸造虚价的大钱，就是和纸币性质相同，铸造铜钱价值和实际使用价值不同的大钱。王象乾是隆庆年间的进士，历任御史、巡抚宣府、兵部尚书、太子太师等，其思想代表了统治阶级的观点和认识。他提出虚价的大钱可以缓解明末入不敷出的财政危机。明末因为动荡，开支巨大，若为了弥补亏空而采用原有的苛捐杂税的方法会引发更多的反抗，王象乾主张变换方式，采用较为隐蔽的方式敛财。他提出：

> 军需浩大，征派不可屡加，内帑不能常继，今日急国，一铸山。请两京十三省设局鼓铸，择铜而定其衡，择工而精其式，

---

[1] （清）孙承泽：《春明梦余录·卷三十八·户部四》，广陵书社1990年版。

尽封天下铜穴而历其禁。直省各冶所铸钱定以六百为一两，兼铸当十、当百、当千三等大钱，尽用龙文，略仿白金三品之制。[1]

因为财政无法支撑军需，统治阶级想出的办法不是如何从经济上进行调整，而是鼓铸。并且，铸造的是实际价值和流通价值不对等的大钱，在降低铸造成本的同时，加大流通中的货币总量。王象乾提出的具体形制也是强调不惜工爱铜，仿照白金三品的形制，铸以龙纹，铸造的大钱以六百为一两，还同时铸造能当十、当百、当千使用的三个等级的大钱。其设想非常具体，将大钱形制详细列明。这里的"白金三品之制"源于汉武帝时期。汉武帝时期常年征战，为解决财政危机提出铸造能当钱三千、五百、三百使用的银币。所以，铸造大钱是历代统治者为了解决财政问题提出的一种收敛财富手段。王象乾也是基于其统治者地位，参考前代的做法提出了这个建议。但是，王象乾提出的不仅是铸当十、当百的大钱，还有当千的大钱。如果真的进入流通，会造成流通中的铜钱的购买力下降，通货膨胀问题突出，进而引发钱法的混乱和崩溃。王象乾根本不是专门的经济学家，完全不清楚基本的经济规律，不符合实际。社会地位不同的钱秉镫提出了与王象乾完全不同的主张，强调要铸造足值的铜钱，反对减质的铸造铜钱方法。他认为：

钱法之坏，由司铸者以钱重则少而利薄，乃轻之以取多，盖先自坏之，而盗者因而坏之也。[2]

---

〔1〕《明熹宗实录·卷十三·天启元年八月庚午戊戌》。
〔2〕（明）钱秉镫：《钱钞议》，转引自王鎏原著，马陵合校：《〈钱币刍言〉整理与研究》，东华大学出版社2010年版。

钱秉镫认为，如果铸造不足值的铜钱，就是和民间私铸、盗铸产生的坏钱性质一样，是对官铸铜钱信用的消耗。他的解决办法也是国家集中控制铜这种原料，由国家掌握铜之后铸造足值的铜钱。

（三）明代铜钱的发行量

如果按照《大明律》的规定，每炉有七个匠人，七个人一整天可以铸钱万文。每千钱需要铜九觔，每觔的价值是八分，因此，每千钱的价值是七两二钱。每个匠人的工银是五分。每炉用掉的炭价值二钱。因此，总共成本七两七钱五分就可以铸钱万文。这是铸币的数量价值的基本体现。按照明建国初的法律规定，每千文价值银一两，那一炉铸造的钱币可以得到净价值二两二钱五分。在明初，每个布政司都开设宝源局，两都的宝源局大约可以设置千个炉子，藩司的宝源局还有补充。"则是举天下之大，而可共得一万三千五百炉也。每炉岁铸百日，即可得钱一钱三百五十万缗，度其余利，值银三百三万八千五百两。"[1]按明初的规制，铸币给朝廷带来了巨大的财富，极大地帮助了社会经济的恢复和金融的流通，但是无计划、无额度限制的铸币也为后续钱法实施的阻滞埋下了伏笔。

钱币的发行数量由户部或宝泉局工匠数量、炉的数量、铜的储藏量决定。大量的铜钱通过朝廷的鼓铸进入市场流通，朝廷对钱币的发行总额度没有任何限制，完全没有考虑过客观经济对铜钱的真实需求。

关于对铜钱供应量的调节，明代学者邱浚提出铜钱和投放量和流通中的商品价值应当匹配适应，以此保证物价和铜钱价值的稳定。具体的调节方式为：

---

〔1〕（清）孙承泽：《春明梦余录·卷三十八·户部四》，广陵书社 1990 年版。

铸铜以为钱，物多则予之以多，物少则予之以少。[1]

其论述可谓浅显易懂，但是在实施上却非常困难。封建中国不具备精确统计流通中商品数量和价值的条件和能力，只能以物价的变化作为判断商品价值和数量的依据，并进而以物价的变化来判断铜钱的流通量，对铜钱流通数量进行调节。但是，固定期间内流通所需要的货币量是与商品流通总额和同一单位的货币的平均流通速度相关的，即仅涉及是商品价值的问题，还是货币本身流通速度的问题。若货币的流通速度快，货币的供应量就应减少，反之则应增多。当然，封建中国因为商业化程度并不高，货币的流通速度相对稳定而缓慢，因此邱浚关于铜钱发行供应量的观点也基本适用于明代社会。那如何调节铜钱的流通量呢？邱浚认为，可用起源于西汉的"平准"方法通过货币的投放和回笼来调控物价。"平准"需要国家设立用于操作平准的部门，由该部门直接控制大量商品，当市场上的某种商品价格出现不正常上涨时，负责平准调控的部门就抛售此类商品，加大供应量、拉低价格。反之，在低价时由平准机构进行收购。邱浚在货币流通方面采用"平准"的方法，是将对一般商品的控制换成了铜钱。而在明中期以后，由于钞法的阻滞，呈现钱钞兼行的状态，对于如何保证流通量的调节问题，邱浚认为，如果官制铜钱的流通量太多了，就投放宝钞以回笼铜钱，使两者的流通达到平衡。如果宝钞的流通量太多了，就投放铜钱以回笼宝钞，保持流通中的平衡。这是非常好的设想，但钱法在解决铜钱流通量问题时背离了这种设想。

---

[1]　（明）邱浚：《大学衍义补·铜褚之币》，蓝田玉等校点，中州古籍出版社1995年版。

二、明代铜钱流通的法制

从铜钱铸造发行开始，在流通中就一直存在三个比较突出的问题：一是恶钱问题。所谓恶钱，就是不按照钱法规定的铜钱形制铸造，由民间私铸的、钱质恶劣且规格、重量不足的铜钱。铜钱的私铸在各个朝代都无法避免，也难以禁绝。二是通货膨胀问题，这是在货币流通中疏于控制时必然会遭遇的问题。三是原料铜的匮乏问题，基于铜本身的收藏属性，将铜钱融铸成铜器和佛像等问题在民间比较普遍，随着经济发展对铜钱需求的增多，铜的产量和存量都难以满足铸造需求。这三点是铜钱流通的普遍问题。明代为了解决这些问题，在流通法制方面有如下具体法律规范和司法程序。

（一）禁止钱币私铸

关于禁止私铸，涉及一个流通的重要问题，那就是流通中铜钱的铸造权的统一和私铸铜钱犯罪问题。邱浚反对"弛钱禁"，认为铜钱铸造权应该统一在中央，由专门机构负责。理由包括：

（1）对社会稳定的积极作用。铸币权涉及巨大的利益，若朝廷将这些利益放到民间任其发展，会引起民间争利。一方面，货币制度和规则不会稳定；另一方面，社会经济也不会稳定。这些利益就是巨大争议的开始，将这些利放到民间不加控制就是引诱民众犯罪。邱浚认为，西汉早期将铸币权放开导致了一系列的问题，应引以为戒：

> 钱之为利，贱可使贵，贫可使富，蚩蚩之民，孰不厌贫贱而贪富贵哉？顾无由致之耳，所以致之者钱也。操钱之权在上，而下无由得之，是以甘守其分耳。苟放其权，而使下人得以操之，则凡厌贱而欲贵，厌贫欲富者，皆趋之矣。非独起劫夺之

端，而实致祸乱之渊薮也。[1]

从社会稳定的角度出发进行讨论，币制统一是国家统一的经济基础，货币权的垄断是符合货币管理要求的。

（2）铸币权的垄断可以使朝廷获利从而减轻民众负担。国家既可以通过垄断货币发行权获利，也可以调节社会分配，使一般民众负担减轻。当然，实际情况是国家获利后并不想进行社会分配，而是将这种垄断权作为财政收入的重要来源，无节制地发行铜钱，导致通货膨胀。

（3）国家统一铸币权有利于国家对市场物价的调节。邱浚已经认识到货币是调控市场物价的重要手段。货币数量和轻重价值会影响物价的走向。其提出：

> 重者，母也；轻者，子也。重者行其贵，轻者行其贱，贵贱相权而并行焉。盖民之所患有轻重，上则持操纵之权，相权而行之，要之患轻则作重，患重虽作轻，而亦不废重焉。[2]

通过对流通中铜钱数量的调节来达到操控市场物价的目的，其前提是朝廷对铸币权的垄断。明代朝廷也确实垄断了铸币权，但却滥发铜钱而引发市场失控。可见，明代的主流思想还是确保中央对铸币权的垄断。因此，在各时期，明代中央政权都很注意对私铸钱币的禁止，"太祖初即位，严私铸之禁"。[3]在洪武六年（1373年），也有专门关于禁止民间私铸铜钱的规定。在成化十七年（1481年），朝廷命令在京师的内外都只许流通

---

〔1〕（明）邱浚：《大学衍义补·铜褚之币》，蓝田玉等校点，中州古籍出版社1995年版。

〔2〕（明）邱浚：《大学衍义补·铜褚之币》，蓝田玉等校点，中州古籍出版社1995年版。

〔3〕（清）龙文彬纂：《明会要·卷五十五·食货三·钞法》，中华书局1956年版。

历代及洪武、永乐、宣德时期的旧钱，不能私造新钱，阻坏钱法，如有违反，严格依律文治罪。在正德三年（1508 年），再次重申私铸的禁令。嘉靖六年（1527 年），户部请求申明禁止私铸的禁约。禁约内容为：

> 若有藏蓄私铸小钱，许赴所在官司出首，照铅锡价给与官银。仍免其罪。违者，照私铸例究治。[1]

嘉靖三十八年（1559 年），朝廷更加严厉地禁止私铸假钱。到后来，私铸在民间愈加盛行，钱法的通行受到阻滞，朝廷要求内外衙门严加防治私铸行为。宝源局的工匠役人等如果侵吞铸币材料、减少工序，导致钱币轻小、易烂、不堪使用，将被直接送法司从重问罪。而盗铸只有依靠将钱币铸薄、铸小，同时降低钱币材质才能获取利益，因此钱法规定明确禁止私铸。

关于如何遏制私铸，明代中期采用过在形制下功夫的方法，用好的原料和复杂的人工来铸造铜钱，铸钱的工本超过了铜钱的市场价值，期望以此达到遏制私铸的目的，维护钱法的实施。但朝廷却难以维系这种方式，因为其也希望通过铸钱获利，以缓解财政问题、维护统治。因此，官铸的铜钱也是不符合铜钱形制的，难以要求民间私铸符合形制，导致私铸问题更加严重。

（二）禁止假钱的流通使用

因为私铸的盛行，奸商、奸匠靠私铸赚取利润，将官钱熔炼，掺入铅、锡等材料，使得钱币的重金属价值降低，导致民间假钱盛行，奸商借机蛊惑、搅乱金融市场。如《春明梦余录》记载：

---

〔1〕 （清）龙文彬纂：《明会要·卷五十五·食货三·钞法》，中华书局 1956 年版。

　　奸商当铺因而为奸，每于通衢关隘倡言某钱盛行，某钱不行，转相煽弄，既贵卖其所积以图目前之利，又贱收其所弃以图他日之利。时而私钱得与官钱并价，此其所积者多而欲出也；时而私钱二三文折官钱一文，此其所收者少而欲入也。若辈操其利权，钱法受其壅滞，岂可无整齐之术，听奸钱日生而莫之禁乎？[1]

　　奸商和当铺相互勾结，在通衢关隘大肆鼓吹某种铜钱不行、不能流通，煽动流言，然后将自己堆积的铜钱以更高的价格卖出，低价回收被其诋毁的铜钱以作为下次获利的本钱。而且，有时市场上私铸铜钱的价格和官方所铸铜钱的价格相当，有时私铸铜钱二三文才能折抵官钱一文，这些都是犯罪分子操纵市场以达赢利目的的结果，必然导致钱法推行受阻，法定铜钱的流通受到影响。

　　于是，嘉靖三十八年（1559 年），朝廷严禁私铸假钱和商贾贩解。在崇祯时期也多次申饬，"将一切低假薄小之钱，概禁行用"[2]。在铸造崇祯通宝时，其具有天然的效用，铸假钱者都喜欢盗铸新钱，而不铸旧钱，因为旧钱的真伪容易分辨。崇祯通宝的形制色泽要求相同，每钱的重量是二分五厘，如果有轻重不合形制的，就能确定是盗铸的假钱。对盗铸匠人的处罚也非常严厉，规定：

　　真犯匠人，依天启三年令拟斩无赦，其知情买使及贩卖行使者，查照律从重问拟。[3]

---

〔1〕　（清）孙承泽：《春明梦余录·卷三十八·户部四》，广陵书社 1990 年版。

〔2〕　（清）龙文彬纂：《明会要·卷五十五·食货三·钞法》，中华书局 1956 年版。

〔3〕　（清）孙承泽：《春明梦余录·卷三十八·户部四》，广陵书社 1990 年版。

对一般民众有一定的宽限，但若不按期将收买的私铸假钱自首倒换，也会受到严厉的处罚。如：

敢隐藏不出首者，事发，比照私铸铜钱为从者律问罪。[1]

而对民众的宽限的具体规定为：

令下限三月内，许民间将前所收买私铸钱自行首出倒换，依嘉靖六年例照铜价给与价银，免其私贩之罪。[2]

在规定的三个月期限内将收买的私铸铜钱倒换、自首，可免掉其私自贩卖私钱的罪。这些规定内容和具体的司法实施表达了中央政权对私铸、假币处罚的决心，也在一定程度上显示了中央政权对金融流通的控制力。并不只是流于法律规制上的严格，对民间的违法行为也有控制打击。

（三）禁止造钱材料他用

朝廷不是不知道鼓励铸币的利好，其根本原因是铜资源匮乏。造成铜资源匮乏的原因有两点：一是器饰大量用铜；二是民间私铸。基于铜的金属属性和传统中国的习俗，大量的器具都由铜进行打造。同时，因为宗教信仰问题，铜被大量用于塑造铜像。被打造为器具、佛像的铜将不再具有流通属性，而是进入一种收藏使用的状态，无法交易。但是铜作为一种矿藏，其数量是有限的。大量的铜进入收藏领域，能用于铜钱铸造的必然会减少。只有通过钱法的严格规制缓解铜的匮乏问题才能保障钱币的发行流通。因此，中央政权严格限制将铜挪作他用。在唐、宋时期，朝廷也是严格禁止将铜挪作他用。在王安石变

---

〔1〕　（清）孙承泽：《春明梦余录·卷三十八·户部四》，广陵书社1990年版。
〔2〕　（清）孙承泽：《春明梦余录·卷三十八·户部四》，广陵书社1990年版。

法时期，其倡导铸铁钱，开始废除对铜挪作他用的禁止，之后钱法就开始崩坏。因此，吸取这个教训，明代严格限制将铜挪作他用。表现为：

> 有销新旧钱及以铜造像制器者，罪比盗铸。[1]

> 命见用器饰，自镜金、乐器、古代鼎彝外，俱勒上之于官。每净铜一觔，给钱一百二十文。有故匿者，没其家，以半赏告者。所收之铜，加之铅药，所费尚不及八分。而民间除镜金、乐器听钱局带造市易，余以锡铁代之，无所不便。品官之应用铜者，亦量为改易。铜屋、铜像，更属不经，先销之以为民望。[2]

对私自用铜铸造其他器具的现象进行严厉处罚。具体的处罚是：

> 有私铸者，朝报夕诛，没家赏告亦如匿铜。[3]

可见，明代政权为保障钱币发行流通，在材料方面采取了对症的措施，除了严格的禁令处罚之外，还多次明确铸钱规格，提高官铸钱币的质量和数量。

国家要实现对铜钱铸造的垄断，需要垄断作为铸钱原材料的铜。铜这种原材料的缺失必然会导致铜钱铸造出现问题，流通中的铜钱将受到极大的影响。明代学者郭子章主张收铜要采取处罚和奖励并行的办法，对私藏者要重罚，对缴铜者要给予奖励。这样很快就能回收大量铜以满足铸钱需要和减少民间私铸的材料。但这也只是建立在其思想之上，并没有实践的支持。

〔1〕（清）龙文彬纂：《明会要·卷五十五·食货三·钞法》，中华书局1956年版。
〔2〕（清）孙承泽：《春明梦余录·卷三十八·户部四》，广陵书社1990年版。
〔3〕（清）孙承泽：《春明梦余录·卷三十八·户部四》，广陵书社1990年版。

同时，他还认识到若不能控制铜流入民间的源头，收铜就会无休无止。他提出，要从源头防止铜流入民间，却控制铜矿，不允许民间开采。他论述道：

> 铜器收矣，铜源未固，民得滥取，其私铸犹故也。防水者，先源后流，披木者，先根后枝，铜山者，钱之根源也。
>
> 今滇中之铜，赏得私贩，盗掘铜锡，罪止戍边，则私铸之贼，何虑无铜？今欲禁私铸，当先禁私贩，欲禁私贩，当先封铜山，欲封铜山，当先严盗掘之律，铜源一绝，即有项梁参木之徒，无自而逞，故铜之源不可不固也。[1]

而且，在私铸盛行的时候，由朝廷接管铜山也是对私铸的打击。他同时提出对铜山的封禁并不是不进行开采开发，而是变开发的主体为朝廷，由朝廷对铜资源进行调配，铸造铜钱。侯恂也提出要严禁铜的私贩，从源头上减少私铸行为。铜作为原料如果缺乏管理，必然大部分流向市场，使朝廷铸造铜钱时缺乏材料，而民间私铸的材料却非常丰富。对如何管理铜，禁止私贩这种原料的行为，他主张：

> 凡商人收买铜铅，必告官给批，方许运发，除两京及滇、蜀、秦、楚四省听从便往卖，报官收买。如无批及阑出他省，事发依盗掘铜铅律，人论罪，货没官。[2]

但侯恂提出其观点时已经是明代末期，其想法并没有得到真正的实践。顾炎武认为，明代的钱法规制是符合当时发展的，

---

〔1〕（明）陈子龙等选辑：《明经世文编·卷四二〇·郭青螺文集二（郭子章）》，中华书局1962年版。

〔2〕（明）王圻撰：《续文献通考·卷十一·钱币五》，上海古籍出版社1988年版。

问题出在铜钱的流通之中。其提出："莫善于明之钱法，莫不善于明之行钱。"[1]其对明代铜钱流通中的法制问题的具体认识是：

> 明自洪武至正德十帝，仅四铸，以后帝一铸，至万历而铸益精。钱式每百重十有三两，轮廓周正，字文明洁，又三百年来无改变之令，民称便焉。此钱法之善也。然其后物日重，钱日轻，盗铸云起，而上所操以衡万物之权，至于不得用，何哉？盖古之行钱，不特布之于下，而亦收之于上。
>
> 钱自上下，自下上，流而不穷者，钱之道也。明之钱下而不上，伪钱之所以日售，而制钱所以日壅。请仿前代之制，凡州县之存留支放，皆以钱代，则钱重，钱重则上之权亦重。[2]

除了为发行而铸造铜钱时要不惜铜爱工、铸造高质量铜钱，在流通方面，顾炎武还强调要疏通铜钱的上下流通渠道，防止铜钱"下而不上"。这抓住了明代朝廷在铜钱流通方面的重要问题。在顾炎武看来，明代的铜钱在铸造上与历代相比是数量少而质量高的，并且币制较为稳定，所以钱法本身并没有问题。问题在于流通中铜钱的渠道受阻，只有国家投放流通的下行渠道，没有上行渠道。这个问题的根本在于朝廷不愿"收之于上"，具体表现就是赋税不愿收铜钱。因此，他认为，明代铜钱在流通中受阻的责任主要在于朝廷本身。王夫之也认为钱法的重点应该是流通，也就是行钱方面。其认为，以铜钱作为货币的突出优点是作为铸钱原料的铜较为充足，没有匮乏的担忧。他认为，明代钱法在流通方面存在问题：

---

〔1〕　（明）顾炎武：《日知录·卷十一·钱法之变》，商务印书馆1929年版。
〔2〕　（明）顾炎武：《日知录·卷十一·钱法之变》，商务印书馆1929年版。

利者，公之在下而制之在上，非制之于豪强而可云公也。[1]

他认为，私铸铜钱违反了公之在下而制之在上的标准，是错误的。认为铸钱不能讲收益，应从长远考虑，朝廷不应过分看重自身利益，导致铜钱流通出现问题。他提出：

铸钱轻重之准，以何为利？曰此利也，不可以利言也，而利莫有外焉矣。如以利则榆荚、线环尚矣，淆杂铅锡者尚矣。然而行未久而日贱，速敝坏而不可以藏，故曰：此利也，不可以利言也。[2]

王夫之的认识非常先进。他认为铜钱的流通不应只看眼前利益，而应关注铜钱流通的顺畅给社会经济带来的长久稳定和发展。但是，明代朝廷的货币政策都是期望通过铜钱发行和流通攫取财富和利益，未考虑过长远的问题，也没有关注过社会经济的发展方向和前景。可见，重点就是朝廷在铜钱流通时不应过分追求利益，应关注铜钱流通顺畅所能带来的长久的经济发展红利。

三、明代钱法的弊端

钱法是明代延续最久的货币法律规制，铜钱是明代使用时间最长的法定货币形式，其在整个明代货币体系中占据着重要的地位，大部分时间处于辅币地位。但明代的钱法却不是最先进的货币法律，为了符合朝廷货币政策的需要，其制定的发行和流通规则必然与经济规律有所背离。从明初到明末，经过几

---

〔1〕 （明）王夫之：《读通鉴论·卷二·汉文帝》，中华书局 1975 年版。

〔2〕 （明）王夫之：《黄书·噩梦》，王伯祥校点，中华书局 1956 年版。

百年的延续发展，明末的学者已经能比较清晰地论述其对钱法的看法，尤其是对钱法的弊端都有了完整的认识。

明末的学者张溥是江苏太仓人，崇祯时期进士，明史中有关于他"七录七焚"的典故记载。他知识涉略极广，包含了各个领域，对于经济认识著有《国朝经济录》，在其中详尽归纳了自己对明代钱法的观点和认识。内容涉及铸局、铸息和私铸等方面。他认为的明代钱法弊端包含了四个方面：

（1）钱法规定广开铸局，因为铸局数量多，铜钱的铸造量大，而铜本身的数量不足，导致铜价的上涨超过了市场承受能力，致使铸钱根本无法看到铸钱的利益，被铸钱的原料——铜——的价格所限制，铸钱的成本超过了铸钱所能带来的收益。他具体论述为：

> 万历初，从科臣议行天下，省直一体开铸，与在所旧钱兼行，降钱式，每百文重十三两，每文重一钱三分，必轮廓周正，字文明洁，以铜质厚即易为全美也。盖仿古不爱铜惜工之意，使私铸者无利，不禁而自止，诸省皆鼓舞称便。
>
> 顾开铸之初，许借官帑银于州县，收买黄铜鼓铸，其红铜烊点成黄而用之，而吏责民输铜，销器毁成不尽给其直，责铜急而铜价腾跃，非产铜之地尤甚。则是未得钱之利而已被铜之害也。[1]

"烊点"是指鼓铸的意思，原本是为了遏制私铸铜钱而提高了铜钱的质量，是一种好的措施。但是因为广开铸局，所铸的铜钱数量大，铜的产量跟不上铸造所需，因此铸钱的成本不断

---

[1]　（明）王圻撰：《续文献通考·卷十一·钱币五》，上海古籍出版社 1988 年版。

增加。在保证铜钱质量的前提下，铜钱的铸造已经成了朝廷的负担。而且，明代铜钱价值的波动主要是私铸铜钱的价值波动，因为其不具备官方地位且质量难以保证，价格会随数量和质量的变化而波动。而官铸正规铜钱的价值一直较高，对钱法的整顿应该从私铸入手是正确的做法。如果国家大量铸造质量高的铜钱投放市场，对钱法不是有益的，反而会导致民间铜钱流通量增大，影响原本官制铜钱的价值。所以，保证铜钱质量、治理私铸是根本，广开铸局并不能导致私铸没有市场，只会导致铜钱的更快贬值，同时会使民众在官制铜钱价值无法保障的情况下更多地使用私铸铜钱。张溥关于广开铸局弊端的认识在当时是很有道理的。

（2）过分重视铜钱质量，铸钱难以维系。因为强调不惜铜爱工，铸钱的本钱远超过收益，虽然能有效区别于私铸铜钱的质量，但也使得朝廷铸造铜钱难以维系。张溥提出：

> 及既开局，工作之费，物料之需，诸翻砂、看火、提罐之人，挫眼、穿条、熏色之匠与焊铜质、雕钱模之工又多费不赀，比钱始流，民乐奉令，则铜已告乏，鼓铸不给。是患不在于钱之不行，而在于钱之不继，不在于钱之不继，而在于铜之不广，钱不继而欲其如流泉之不穷者，否也。[1]

张溥认为，明代钱法的根本问题不是铜钱太少，而是铜钱的流通混乱。因为明代钱法的基本政策导向是禁止私铸，但是却并未明确禁止私铸铜钱的实际流通。虽然严厉打击私铸行为，但是私铸出来的铜钱却仍可使用。所以，民间根本不缺少铜钱，

---

〔1〕　（明）王圻撰：《续文献通考·卷十一·钱币五》，上海古籍出版社 1988年版。

而是各种铜钱使用混乱、缺乏管理。如果直接禁止私铸铜钱的流通，就会导致官铸的高质量铜钱无法满足铜钱流通的数量需要。从张溥的论述来看，其是主张禁止私铸铜钱流通的，但在铜数量有限的前提下强调铜钱的高质量是明代钱法的一大弊端。

（3）私铸泛滥。私铸泛滥是各个朝代各个时期钱法都会面临的问题。私铸的泛滥必然会造成官铸法定铜钱的流通出现阻滞。明代对此也没有更好的措施和方法。他主张：

> 无何私铸盛行，滥恶满市，而私铸之法明峻而不申，听其兼使，收买之科姑息而不立，重以留难，则是不患于真钱之不行，而患于伪钱之错行，伪钱错行，而欲真钱通行而不壅者否也。[1]

从这段论述中我们可以看出，张溥认为对于私铸铜钱的治理，应采取双管齐下的方式：一方面，从源头上禁止私铸，另一方面，从流通上禁止。这是对历代治理私铸铜钱的总结归纳。

（4）铜钱只有支出，没有回收。这点和大明宝钞的情况相似。明代的货币政策指引就是朝廷为了利益，铸造宝钞和铜钱投入流通，却不愿回收，但凡回收的项目都尽量只收保值的贵金属（如白银）。这不利于铜钱的流通，会使民众对铜钱的流通和铜钱本身的价值丧失信心。张溥提出：

> 及既行使，诸解京贡赋之入固必精良白金，即藩省禄给、存留、盐税、薪俸、工食之类，又辄以钱不便行而不收，所为张示告诘责之必行，而罪其不行者。非先之卖菜之佣，则责之荷担之子，虽设行铺户，名为倒换，责恣留难，见钱之出而不

---

[1]（明）王圻撰：《续文献通考·卷十一·钱币五》，上海古籍出版社 1988年版。

见其入，则是壅抑之于上而责其必行于下，勒收受于彼，而不
开倒换于此也，而谁与行之？民愚相扇，闭匿观望，而奸豪右
族依托城社者又从而簧鼓之，以济其私。一日而下令，二日而
闭匿，不三四日而中阻矣。[1]

　　朝廷只想通过货币法律，包括钱法、钞法和铜钱、宝钞的
发行流通获利，不愿按照经济规律制定和履行法律规制。最直
接的表现就是发行货币投入市场流通，但是回收货币时却只愿
意收取保值的贵金属货币。这种朝廷收纳以白银而出之以铜钱
的方式必然会导致铜钱流通出现问题。就大明宝钞的流通，已
经有大量的学者提出了意见和批评，但是朝廷在钱法上仍然依
此方式，这是枉顾经济规律，将朝廷利益最大化的表现。

　　针对这些弊端，张溥也提出了改进的对策。他借鉴纸币管
理中的"称提"来管理钱银之间的倒换。虽然他的对策都是延
续前人的方法和学说，但是他关于银钱兼用的主张是适应当时
社会发展和需要的。关于对策，其具体论述为：

　　诚原本初议，于国家产铜之处，开局鼓铸，特设风宪大臣
监督之，以开其源而灌输之各省，各省具如今部司议，凡课程
之征，藏赎之锾，举钱之收，上而朝廷赉予之典，宗室之禄，
百官之俸，皆准银钱兼给，又立行户，令以白金（银）倒换而
称提之，则敛于上而复散于下。又严低钱行使之禁，以峻防之，
废铜收之入于官，而诸用银贝之地，各从其故，而不强其所不
便，庶四弊去而钱法其可行乎？[2]

---

　　〔1〕（明）王圻撰：《续文献通考·卷十一·钱币五》，上海古籍出版社1988
年版。
　　〔2〕（明）王圻撰：《续文献通考·卷十一·钱币五》，上海古籍出版社1988
年版。

　　"称提"原本是南宋时期为防止纸币贬值而采取的举措，一开始主要调整铜和铁的比值，后来用于表示铜钱、金银和实物收兑贬值纸币，限制纸币的发行量，是利用政府手段干预货币的价值。在这里，张溥提出了"称提"的方法，将称提的对象由纸币扩展到铜钱和白银之间，希望用这种方式摈除钱法的弊端。张溥的这种提法在明末是先进的，只是朝廷并不愿意牺牲自身利益去采用这种方法。

　　陈子龙作为崇祯十年（1637年）的进士，在其《钞币论》中也论述了钱法的弊端。他认为，钱法败坏的原因和钞法是相似的，是由"下用而上不收"导致的。他认为，这是钱法最主要的弊端：

　　钱之法弊亦然。钱之所以滥恶者，亦以既出于上，则听其下之自用，而上未尝收之耳。[1]

　　朝廷基于财政需要、自身利益，铸造铜钱投入流通，但是收回时却不愿以铜钱结算。除此之外，陈子龙认为铜钱一直可以历代兼行，明代流通的铜钱中就包含了过去历代铸造的铜钱，铜钱的形制并不统一，这是极大的弊端，是历代钱法的通病。他评议"钱文不一，最是弊事"[2]，认为这是造成铜钱贬值和价值不稳定的原因之一。

　　黄宗羲认为明代钱法有六弊。具体为：

　　有明欲行钱法而不能者，一曰惜铜爱工，钱既恶薄，私钱

　　〔1〕（明）陈子龙等选辑：《明经世文编·卷二八六·萧同野集一（萧端蒙）》，中华书局1962年版。
　　〔2〕（明）陈子龙等选辑：《明经世文编·卷二八六·萧同野集一（萧端蒙）》，中华书局1962年版。

繁兴；而曰折二折三，当五当十，制度不常；三曰铜禁不严，分造器皿；四曰年号异文。此四害者，昔之所同。五曰行用金银，货不归一；六曰赏赉赋税，上行于下，下不行于上。[1]

黄宗羲对明代钱法的弊端进行了归纳总结，包含了其他学者提到的弊端部分。他认为，前面四种弊端是历代钱法都存在却一直未能解决的，而后两种是明代特有的。他认为，朝廷不禁止白银和宝钞的流通是钱法的弊端。但是，针对自己提出的六弊，黄宗羲认为解决的对策是不惜铜爱工、不用年号、严格铜禁及赋税必须收铜钱等。这些方法和对策都已经有学者提出，部分也尝试实施过。黄宗羲的钱法改革举措并没有新的观点。他具体论述为：

> 钱币所以为利也，唯无一时之利，而后有久远之利。以三四钱之费，得十钱之息，以尺寸之楮，当金钱之用，此一时之利也。使封域之内，常有万千财用流转无穷，此久远之利也。
>
> 京省各设专官鼓铸，有铜之山，官为开采。民间之器皿，寺观之像设，悉行烧毁入局。千钱以重六斤四两为率，每钱重一钱。制作精工，样式画一，亦不必冠以年号，除田土赋粟帛外，凡盐酒征榷，一切以钱为税，如此而患不行，吾不信也。[2]

黄宗羲的对策论述包含了四个层面：①国家垄断铸造权，保证统一的货币制度、严禁私铸，这是明代一直在做的。②管理铜的使用，禁止民间和寺观使用铜制作器皿和佛像。③制造质量好、形制统一且不设年号的铜钱，保证铜钱价值的稳定。

---

[1] （明）黄宗羲：《明夷待访录》，段志强译注，中华书局2011年版。
[2] （明）黄宗羲：《明夷待访录》，段志强译注，中华书局2011年版。

④除了土地征收实物税之外，其他税收都以铜钱的方式收取。黄宗羲的对策只是对明代在铜钱流通中所采取的主要方法的简单归纳，没有提出新的有见地的主张。

顾炎武的思想带有民主性，在货币方面，他认为货币是为商品流通服务的，并不是君主个人的私藏，不能只将好的白银、铜钱收回而深藏不出，这会减少流通中质量高的铜钱的数量，致使物价不稳定、民众利益受损。朝廷的这种行为会破坏社会经济的发展，而且是"财聚于上，是谓国之不详"[1]。

第三节　钱法施行的司法实务

在明代钱钞并行制度下的钱法是服从于以钞为主、以钱为辅的金融流通政策的。但并不是服从于金融货币的基本经济规律。明代钱法数次变更，明初直到洪武七年（1374年）是钱法的创制时期；洪武八年（1375年）至洪武二十七年（1394年）钞法开始施行，钱法作为流通的补充，相应地做出变更，铜钱的法定地位被降低；洪武二十七年（1394年）至宣德十年（1435年），完全禁止用钱，但也并非绝对废止钱法；正统元年（1436年）至嘉靖四十五年（1566年），放开对银的限制，恢复了钱币法定流通货币的地位；隆庆元年（1567年）至崇祯时期（1628年至1644年），以银为主、银钱并行，又变更了钱法的部分规定。可见，明代钱法的历次更迭都不是基于市场经济或金融流通的需要，而是国家货币政策变更的需要。钱币的发行流通并不符合经济规律，主要是为中央集权的统治而服务的。因此，钱法阻滞的问题一直存在，难以适应市场流通的需要。而

---

〔1〕 （明）顾炎武：《日知录·卷十二·财用》，商务印书馆1929年版。

钱法的不稳定及私铸的盛行极大地影响了民众对钱币流通的信任。明代学者郭子章提出要保证钱法的实施和铜钱的流通，扩大铜钱的使用范围，必须以法律文本的形式确定铜钱的法定货币地位。他提出：

　　夫钱下而不上，则其权在市井，上而下，下而上，则其权在朝廷，诚用之如循环，行之如流水，上辟其出之涂，若赏赐，若俸薪，若雇募之类，无不以下。下辟其入之涂，若军兴，若榷税，若镪赎之类，无不以上。[1]

　　王夫之认为推行钱法，只是铸造精美的铜钱是不够的，必须依靠强有力的法律和处罚措施保障钱法的实施。他认为：

　　发粟以收恶钱者，使人不丧其利而乐出之也。销毁虽多未尽，而民见上损十万粟之值付之一炬，则知终归泯灭，而不肯藏，不数年间，不待弃捐，而自不知其何往矣。[2]

　　他认为，如果仅靠发粟赎买的方式销毁恶钱，不仅达不到整治恶钱的目的，而且会让私铸的人尝到甜头，变本加厉。最好的方法是利用法律，在具体司法实践中严加处罚。那么，铜钱发行和流通的法律规定、思想和举措在钱法实施过程中是如何体现的呢？想回答这个问题，我们要先具体分析一个时期的货币法制状况，不能仅从律文规定、司法人员安排、机构设置这些静态的角度入手。具体的司法判例能动态地展示整个铜钱法制运行的过程，从其中的细节可以清晰地窥见朝廷的货币政

---

　　[1]　（明）陈子龙等选辑：《明经世文编·卷四二〇·郭青螺文集二（郭子章）》，中华书局1962年版。
　　[2]　（明）王夫之：《读通鉴论·卷二十二·唐元宗》，中华书局1975年版。

策。是全面理解、分析铜钱法制不可或缺的一环。而依据具体判例中的犯罪问题，我们可以知晓钱法实施中存在的具体问题。

一、铜钱发行方面的判例分析

（一）私铸铜钱

这一类犯罪问题涉及对基本对象的界定问题。什么是私铸铜钱，什么是私钱？这是相对于官方按照钱法规定所铸铜钱而提出的概念，是民间所铸的铜钱，不具有法定货币地位。在前文中，唐代也称为恶钱，就是没有法律地位的，民间所铸、成分比例有所缺失的铜钱。私钱问题伴随着明代钱法的颁行而出现，因为这是历代钱法都无法彻底解决的问题。明初实施钞法的一个理由就是私铸铜钱的人太多，导致钱法不通，影响了正常的经济秩序。可见，私铸铜钱的问题在明初已经大量存在。但从史料来看，私铸铜钱的问题并不只是在明代早期出现，而是伴随整个明代货币法制进程，并且在中后期愈加普遍、难以禁绝。明末学者李之藻的看法是：

> 盗铸者贱售，官铸者不贱售。其究也，盗铸者必行，官铸者必不行。[1]

这种私铸铜钱的流通导致法定的铜钱没有市场，完全扰乱了正常的货币秩序，导致钱法难以施行。这是钱法实施和司法实践中最为普遍和严重的犯罪行为。明代学者康海也提出：

> 盗铸不已，则必以法绳之，严法之际，官吏又缘以偿愤报怨，民则有死而已。况利之所在，人必趋之，示民以利，而又

---

[1]（明）陈子龙等选辑：《明经世文编·卷四八四·李我存集二（李之藻）》，中华书局 1962 年版。

绳其为盗，恐杀者日多，而铸者日盛也。[1]

即只要朝廷开始鼓铸铜钱，民间的私铸便会因利益的诱惑而难以禁绝，严刑峻法并不能阻挡和警示私铸铜钱的行为，最终的后果可能是因为利益巨大，处罚的人越多，越有人参与私铸。而且，由于铜的匮乏，铜的价格贵，朝廷铸钱获利少，不愿铸钱，官铸的铜钱数量不足造成私铸铜钱泛滥、铜钱价值不定、犯罪问题突出。

1. 定罪和处罚标准

审理私铸铜钱案件必须有一个基本标准：首先，要认定主体为个人，不是法律规定的铜钱铸造机构；其次，是私钱，即铸造的铜钱不符合法律规定的铜钱的形制，属于恶钱；最后，是在前两者明确的基础上，怎样才能定罪？抓获的过程中必须符合什么样的条件？《问刑则例》关于定罪标准是这样规定的：

一凡问私铸铜钱，亦须拿获钱模与新钱，方坐其罪。[2]

就是要对私铸铜钱问罪，必须要在抓获人员的同时有钱模证明其在私铸铜钱，还要有私铸的新钱。也就是说，必须抓住现行、有确凿的证据才能定罪。定罪后具体的处罚如何？依据什么律文来进行判定？《比附杂犯罪律》记录的关于私铸铜钱的具体处刑标准是：

〔1〕（明）陈子龙等选辑：《明经世文编·卷一四〇·康对山文集（康海）》，中华书局1962年版。

〔2〕杨一凡、田涛主编：《中国珍稀法律典籍续编》（第4册），张冠梓点校，黑龙江人民出版社2002年版。

一私前人银两及造铜钱之类，比依常人盗仓库钱粮律，绞。[1]

私造铜钱被抓获的，比附依照"常人盗仓库钱粮律"处罚，具体的刑罚是绞，也就是死刑，处罚非常重。因为私铸铜钱本就是严重违反钱法的行为，并且会直接影响钱法的实施效果，给社会稳定带来巨大影响，也间接影响了朝廷的财政收入。在定罪量刑的标准都明确的情况下，司法审判会更易操作。下面，笔者将通过对具体案例的分析来探究明代私铸铜钱的司法实态细节。

2. 具体判例和分析

关于私铸铜钱的具体案例和裁判说理，《新镌官板律例临民宝镜·卷之九》有详细记载。具体审理查明的案件基本事实是：

【审】审得：某，欲侔厚利，轻犯严刑。冶铸开于私家，规模得蹈袭之巧；铅锡杂于通宝，轻重极范围之上。[2]

审理查明的基本事实是某人想牟取暴利，轻微触犯法律但是要严刑处罚。私自在家开炉冶炼，规模和工艺等都沿袭官方制钱的技巧，用铅和锡夹杂在原料中铸造通宝，铜钱的轻重不符合标准。这是民间私铸铜钱的犯罪形式，夹杂其他材质模仿官方制钱的形式，以私铸牟取暴利。这种行为会给社会经济造成极大破坏。根据该查明事实，其具体触犯的法理是：

---

[1] 杨一凡主编：《历代珍稀司法文献》（第5册），社会科学文献出版社2012年版，第668页。

[2] 杨一凡、徐立志主编：《历代判例判牍》（第4册），杨一凡等整理，中国社会科学出版社2005年版，第265页。

【参】参得：某，狼心莫制，鹅眼是营。辟地为炉，不守太公之圜法；熔铸作弊，如承文帝之教条。某，同情鼓铸，罪侔为首之刑。某，朋比为奸，允协充戎之例。[1]

这人有主观上的恶意，其为了获得不法利益，"狼心莫制，鹅眼是营"。自己违反法律私自辟地为炉的做法违背了周太公的圜法。而在熔铸的过程中掺假作弊、改变铜钱材质则违反了承文帝的教条。有人同情并宣扬鼓励私铸之人，与私铸者同罪。有的人朋比为奸，互相包庇私铸，应参考充军之例进行处罚。根据他们触犯的法律及法理分析，具体的判罚结果是：

【议】议得：甲、乙依私铸铜钱，甲为首律；丙、丁依匠人罪同丙律，并绞，秋。乙、丁俱为从，戊依知情买使者，并减甲一等律，各杖百流三。己、庚俱依伪造金镶□为首律，杖百徒三。庚为从，辛依知情买使者，并减己罪一等律，各杖九十，徒二年半。壬依里长知而不首者律，杖一百。[2]

按照私铸铜钱的法律：甲是主犯；丙、丁按照匠人犯罪的律文，一并在秋后绞刑；乙和丁都是从犯，戊是明知是私铸铜钱而购买使用的，按照甲所犯之罪减一等处罚，这三个人都是杖一百，流三千里。己和庚都是按照"伪造金镶□为首律"，杖一百后徒三年。庚是从犯，辛是知道其伪造而购买使用的，都在己的罪名基础上减一等处罚，分别杖九十，徒二年半。壬作为里长，明知这些情况而进行隐瞒，依照"里长知而不首律"，

〔1〕 杨一凡、徐立志主编：《历代判例判牍》（第4册），杨一凡等整理，中国社会科学出版社2005年版，第265页。
〔2〕 杨一凡、徐立志主编：《历代判例判牍》（第4册），杨一凡等整理，中国社会科学出版社2005年版，第265页。

杖一百。这种判项作出的基本说理，即判词是：

【判】太公九府，象明泉货之流；武帝三官，意在利源之裕。当三当两，子母亦必相权；四铢五铢，轻重自有便法。推弊宜绝于下，乃柄贵出于官。今某，但知怀利，罔恤欺公。慕猗顿以铁冶起家，擅行鼓铸；效邓通以铜山致富，任意作奸。赤仄铤镮，无从核其真伪；榆荚行叶，将竞出于闾阎。徒谓十万通神，可买久年之狱；不知孔方使鬼，难救自作之辜。绞罪何辞，匠人均治。[1]

涉及私铸问题时，司法官员都可援引该说理内容。这段说理在一开始就说明了钱法背后的理论基础——钱法制定的依据是周太公的九府圜法，铜钱的根本是"利源之裕"，对钱法的正当性和存在的基础进行了明确。定下的基调是违反钱法的规定私铸铜钱将受到非常严重的制裁。并且表明铜钱铸造出来价值是当三还是当二，是根据其对应的价值由朝廷信用背书的。并不是私铸出来的铜钱自己确定价值，而是由朝廷确定其价值，并以朝廷信用作为保障。但是，现在私铸的人怀着自己的私利，擅自在家冶炼、鼓铸铜钱，仿效邓通依靠铜山致富，任意做出作奸之事。其私铸的各式铜钱，无法辨别真伪，私铸的铜钱数量之多，可以赎买长年的牢狱处罚。但是，铜钱虽然可以使鬼听话，却不能救赎自己的罪行。一定得处以绞刑，并且工匠都要一并处罚。这种案件审判后对官府触动极大，加之数量多、社会危害性大，且是对朝廷权威和财政经济的挑战，因此朝廷会通过告示向民众宣传此事，并告知具体后果，以期警示民众

---

[1]　杨一凡、徐立志主编：《历代判例判牍》（第4册），杨一凡等整理，中国社会科学出版社2005年版，第265页。

不可再犯：

【示】巡按某处监察御史某为禁约事。照得：钱物乃用之所资，伪造实人之所恶。尚巧诈者，乃取祸之门；作机关者，乃速殃之兆。况宝钞铜钱，朝廷自有定例。伪造者，律有明条；私铸者，法难容恕。近访得按属军民人等，无籍之徒，专尚假伪，率意妄为，私欲听丧其良心，邪避泯灭其明彝。诡异之行，素存于念处，行险之事，每见于施为。往往伪造宝钞以肥家，每每私铸铜钱以利己。街市行使，军民受其惨毒；镇店贸易，客商罹其祸殃。玉石不分，适足惑世而巫民；薰犹难辨，又为弄假而成真。殊不知欲不可从，欲从惟危；恶不可长，恶长成灾。与其追之于既往，孰若御之于未然。为此合出给示，发仰各属衙门，张挂晓谕：敢有仍前故违者，若被人告发，一体究罪，决不轻恕。[1]

巡按某处监察御史某为禁约事发布告示，铜钱是必须使用的资产，伪造实在令人厌恶。投机取巧进行欺诈的，都是自取灭亡，而机关算计犯罪的，都是快要遭殃的征兆。何况对于宝钞和铜钱，朝廷都有定例进行规范。对伪造的人，律文有明文规定如何处罚。私铸铜钱的，法律难以宽恕。接触的按属军民等还有无籍之徒，有专门做假钞和私铸铜钱的，恣意妄为，违反法律，只想听从自己私欲的支配，泯灭基本的良知。因为受自己想获得更大利益念头的支配做出违法的行为，通过伪造宝钞来使家庭富有，私铸铜钱来获取利益，将私铸铜钱流通到街市商业往来中，使得军民深受其害，客商也受到影响。官制铜

---

〔1〕 杨一凡、徐立志主编：《历代判例判牍》（第4册），杨一凡等整理，中国社会科学出版社2005年版，第265页。

钱和私铸铜钱难以区分，使普通民众受到欺骗，无法辨别真假。不能任由这种犯罪行为滋长，危害社会经济，因此给出告示，发给各属的衙门，进行张挂晓谕。若敢有违反法律，做出前面私铸铜钱相同的罪行的，如果被人告发，全部追究处罚，绝不轻恕。

（二）严铜禁

铜钱的主要原材料就是铜，为了防止将铜挪作他用，致使铸造铜钱时材料缺乏，或者因为传统习惯大量以铜铸造器皿和佛像等，有学者讨论将铜山和铜的所有权收归国有，控制铸钱的原料。这样可以在防止私铸的同时防止因材料不足而影响铜钱铸造。严铜禁一直是明代为了保障钱法实施、确保铜钱流通而采取的重要法律措施。因此，必然要在司法上跟上该举措，严肃处理违反铜禁的行为，这是对铜钱发行最重要的原料部分的保障。《锲御新颁大明律例注释招拟折狱指南·卷五·户律仓库》记载了一起关于违反铜禁的判例。基于《大明律》关于"钱法"的条文，违反该条文，私藏铜的具体案例是：

> 或问：赵甲依钱价并依时值，听民从便，欲阻滞不行者。钱乙依军民之家。祖明、道真俱依寺观庵院应有废铜，私自买卖收匿在家，不赴官中发卖者。何如？[1]

如果有这样的案件事实，赵甲按照铜钱价值，并且依照当时的时值，仍由民众违反法定的价值进行交易，可能导致钱法阻滞不能推行。钱乙是军民之家。祖明、道真依照寺观庵院应该有废铜，但是私自买卖后收好藏匿在家中，不按照法律规定

---

[1]　杨一凡主编：《历代珍稀司法文献》（第4册），社会科学文献出版社2012年版，第134页。

发卖到官府。在此，应该如何定罪？这里的结论是：

答曰：

一审得：赵甲不合故违时行钱文，悖上妨民为甚。钱乙等私卖报官废铜，收匿之罪次之。[1]

审理查明的事实是赵甲不合规矩、违背当时规定价值流通铜钱，违背上面的规定妨碍铜钱的流通。钱乙等人私自卖掉本应发卖到官府的废铜，收匿起来的罪次之。结果是：

一议得：赵甲律杖六十；钱乙、祖明、道真各笞四十。俱有《大诰》减等，赵甲笞五十；钱乙、祖明、道真各笞三十。赵甲、钱乙系军民，无力的决，有力与祖明、道真各纳米等项，完日，赵甲、钱乙著伍宁家，祖明、道真照旧为僧道，废铜入官。[2]

具体的判决结论是赵甲按照法律杖六十；钱乙和祖明、道真各笞四十。如果都有《明大诰》按照规定可以减等，变为赵甲笞五十；钱乙和祖明、道真各笞三十。赵甲和钱乙都是军民身份，如果无力纳赎，就执行刑罚，有能力则与祖明、道真纳米赎罪，等履行完毕，赵甲、钱乙宁家，祖明和道真照旧为僧道，所没收的废铜收缴入官府。可见，对于废铜的去向在司法实践中也是严加把控的，真正做到了严铜禁。

---

〔1〕 杨一凡主编：《历代珍稀司法文献》（第4册），社会科学文献出版社2012年版，第134~135页。

〔2〕 杨一凡主编：《历代珍稀司法文献》（第4册），社会科学文献出版社2012年版，第135页。

二、铜钱流通方面的判例分析

铜钱流通所涉的司法问题众多，涵盖了铜钱直接的流通问题，或者因为其他渠道的犯罪会间接影响到铜钱流通的问题。具体的判例类型包括：

（一）官吏受财

"官吏受财"从字面上看与铜钱流通无关，感觉与铜钱的关联可能就是收受的财物可能是铜钱而已。但是，官吏受财会直接影响到铜钱的流通和交易中铜钱的数量，改变了铜钱原本的用途，使朝廷无法判断流通中的铜钱数量。《大明律》《大明令》的条文中都有关于官吏受财的专门内容。其中涉及了对铜钱的间接表达。在这里，铜钱既是受财的对象，也是定罪量刑的标准。《锲御新颁大明律例注释招拟折狱指南·卷十三》对于"官吏受财"可能出现的案例及定罪量刑的标准是这样表述的：

或问：赵甲依官吏受财，枉法者。钱乙依官吏受财，不枉法者。孙丙、李丁依说事过钱者。周戊依有事以财干求得枉者。各问何如？[1]

如果有这样的犯罪情形：具体按枉法和不枉法进行划分，赵甲作为官吏受财，违反了法律规定为别人做事，钱乙作为官吏受财，不存在枉法行为。孙丙、李丁是在中间介绍、说事、过钱的人。周戊是行贿的，因为有事用钱有求于官吏。各自按什么标准及规则进行定罪处罚？关于审理事实的表述是：

---

〔1〕　杨一凡主编：《历代珍稀司法文献》（第 5 册），社会科学文献出版社 2012 年版，第 462 页。

答：一审得：赵甲以官吏而枉法受财，合应重拟，计赃全科。钱乙以官吏受财，而不枉法，罪姑次之，计赃折半。孙丙、李丁均一过附人也，而有禄、无禄之不同，罪宜因之而减等。周戊系有事人员，用财行求，即枉法也，亦合计财坐赃科拟。[1]

审理查明的事实是赵甲作为官吏受财枉法行使职权，应该合并加重拟罪，将受贿的违法所得折合成钱物全部作为定罪依据。钱乙作为官吏收受贿赂，不存在枉法行为，未造成犯罪结果，罪行稍微次之，违法所得减半计算账款。孙丙和李丁均是中间人，有收取了佣金和没有收取佣金的区别，罪行应按有无收取佣金减等定罪。周戊是有事之人，用财物进行贿赂，是违法行为，也是将贿赂的款项一并计算按照坐赃拟罪。根据这些认定，具体的判罚是：

一议得：赵甲依枉法赃通算全科，有禄人，八十贯，律绞，系杂犯；钱乙依不枉法赃通算折半，无禄人，一百二十贯，律杖一百，流三千里；孙丙系有禄人，减受钱人一等；李丁系无禄人，减受钱人二等，各罪止律杖一百，迁徙比流减半，准徒二年；周戊依以财行求，得枉法赃，二十五贯，律杖七十，徒一年半。具有《大诰》减等，钱乙杖一百，徒三年；孙丙、李丁各杖九十，徒二年半；周戊杖六十，徒一年；赵甲、钱乙具有禄管，孙丙、李丁、周戊俱民，有力纳米，完日，赵甲照例拘连妻小，送兵部定发附近卫分充军，止终本身。钱乙革职为民。孙丙等宁家。赵甲、钱乙各原受赃物，彼此俱罪之赃追

---

[1] 杨一凡主编：《历代珍稀司法文献》（第5册），社会科学文献出版社2012年版，第462~463页。

入官。[1]

赵甲有枉法行为，其收受的赃款全部计算在内，作为公职人员，收受八十贯，按照法律规定就是绞刑，属于杂犯。钱乙没有枉法行为，其收受的赃款折半计算，因为没有公职，收受一百二十贯，按照法律规定杖一百，流三千里。孙丙也是公职人员，参照收受款项的人减一等定罪。李丁没有公职，参照收受款项的人减二等定罪，都是最多按照法律杖一百，迁徙比起流放的距离减半，准徒二年。周戊有事求人，行贿，属于枉法行为，行贿金额有二十五贯，按照法律规定杖七十，徒一年半。如果都有《明大诰》，按照规定减等。钱乙减等后为杖一百，徒三年；孙丙和李丁变成各杖九十，徒二年半；周戊变成杖六十，徒一年；赵甲和钱乙都是公职人员，按照公职人员管理；孙丙、李丁、周戊都是普通民众身份，有能力的缴纳米，处罚完成之日，对赵甲按照律例规定拘连妻小，都送兵部决定发送到附近的卫所充军终身。钱乙的官职被革，身份变为普通民众。孙丙等普通民众处罚完毕后回家。赵甲和钱乙收受的赃款和其他赃款一并没收入官。从该判例中我们可以看出，明代对官吏收受贿赂的处罚异常严厉，牵涉到行贿、受贿和介绍的各个环节。

（二）与仓库相关的犯罪

仓库管理涉及铜钱流通的重要管理问题，与仓库有关的犯罪行为会影响到铜钱在流通中的数量，而且这些犯罪行为会直接损害朝廷在铜钱流通中的权威，明代对仓库实施的盗窃等行为相当于现在对金融机构实施的盗窃、抢劫行为，都是直接对

---

〔1〕　杨一凡主编：《历代珍稀司法文献》（第5册），社会科学文献出版社2012年版，第463页。

货币流通的危害。这些犯罪具体有以下几类：

1. 私借钱粮

"私借钱粮"关系到利用职务之便随意将官府仓库中的铜钱和粮借出，会影响民间铜钱流通的数量，同时也会导致朝廷错误地判断铜钱储备和流通数量，是极为严重的影响铜钱流通的犯罪之一。《锲御新颁大明律例注释招拟折狱指南·卷五·户律仓库》中有关于"私借钱粮"律文规定的理解和具体案例。律文在《大明律》中已有明确规定，与该律文相对应的具体判例为：

> 或问：赵甲依监临主守将系官钱粮等物私自借用，转借与人者。钱乙依监临主守将自己物件抵换原物者。孙丙依非监守之人将系官物私自借用者。李丁依将自己物件抵换官物者。何如？[1]

赵甲作为负责监守仓库的官吏将官方钱粮等物私自借用出来，并转借给其他人。钱乙作为负责监守仓库的官吏借出钱粮，但是用自己的物品抵换了原来的物品。孙丙并非负责监守仓库的官吏，但是将官方仓库中的铜钱私自借出使用。李丁是将自己的物品和官方仓库中的物品进行抵换。案件事实是这样的，应该怎样裁判？具体表述是：

> 答曰：一看得：钱粮重务，在监守者，不得一毫自私，是借用且不可，况转借与人乎。赵甲不合而擅自用借，钱乙以外物而易在库之物，均为主守，并坐监盗。而孙丙之用借，李丁之

---

〔1〕 杨一凡主编：《历代珍稀司法文献》（第 4 册），社会科学文献出版社 2012
年版，第 144 页。

抵换，各非主守，罪姑减等。[1]

从法理上来说，铜钱和粮食都是重要事务，作为仓库的监守者，不能有一毫的私心，连借用都是不可以的，更何况还转借给其他人。赵甲不符合规定擅自使用出借，钱乙用仓库外的物品交换仓库中的物品，两人都是仓库的主守，都应按坐监盗定罪。而孙丙是使用出借，李丁是用其他物品进行交换，两人都不是主守，因为身份问题，罪行应该比之主守减等定罪。因此结论为：

一议得：赵甲、钱乙依监守自盗律，斩，俱杂犯，准徒。孙丙、李丁依常人盗库钱粮各四十贯律，杖一百，徒三年。俱有《大诰》减等，孙丙、李丁各杖九十，徒二年半。俱民，无力充徒。赵甲、钱乙革职为民。孙丙、李丁各刺"盗官物"字，宁家，原借官物追收入官。[2]

基于这种理论分析，具体应该如何定罪处罚？赵甲和钱乙因为具有公职身份应依照"监守自盗律"，应斩，都属于杂犯，准许徒。孙丙和李丁依照"常人盗库钱粮四十贯律"，杖一百，徒三年。如果都有《明大诰》，按照规定处罚减等，孙丙和李丁应各杖九十，徒二年半。因为都是民众身份，无力充徒。赵甲和钱乙都被革职为民。孙丙和李丁各自刺"盗官物"等字样，回家，原本从仓库中借出的官物要追收入官。

这里提到的"四十贯律"是什么法律规定？这是关于钞法犯罪的法律规定，在铜钱犯罪定罪处罚时参照执行。关于库官

〔1〕　杨一凡主编：《历代珍稀司法文献》（第4册），社会科学文献出版社2012年版，第144~145页。

〔2〕　杨一凡主编：《历代珍稀司法文献》（第4册），社会科学文献出版社2012年版，第145页。

偷盗宝钞的裁判标准,《比附杂犯罪律》规定:

> 库官偷盗官钞,四十贯,律,斩。[1]

这就是在仓库犯罪中常用的定罪处罚标准,在铜钱方面的仓库犯罪中,也是沿用该律文参照定罪处罚。

2. 盗仓库钱粮

与"私借钱粮"对应的是"盗仓库钱粮",盗仓库钱粮依照盗者的身份不同分为两种情况:监守自盗仓库钱粮和常人盗仓库钱粮。分别以各自的判例分析来展现明代对这两种犯罪的具体裁判过程。

关于监守自盗仓库钱粮,《新镌官板律例临民宝镜·卷之六》中有这样的判例记载:

> 【审】审得:某,既司主守之责,敢肆侵渔之弊。虎兕出柙,咎将推诿。[2]

查明某人作为主守,应承担仓库主守的责任,但是放任侵渔之弊肆掠。恶人逃脱或做事不尽责的,主管者应负责任,难辞其咎,不能推诿。因此:

> 【参】参得:某,视官储为己蓄,蔑法度如鸿毛。侵欺之数已盈,引拟永戍不枉。[3]

---

〔1〕 杨一凡主编:《历代珍稀司法文献》(第5册),社会科学文献出版社2012年版,第668页。

〔2〕 杨一凡主编:《历代珍稀司法文献》(第7册),社会科学文献出版社2012年版,第575页。

〔3〕 杨一凡主编:《历代珍稀司法文献》(第7册),社会科学文献出版社2012年版,第575页。

从这个案件事实中我们可以看出，这个人将官方仓库的储备视为自己的，蔑视法律规定如鸿毛。侵欺的事实非常充分，援引法律拟定罪名不枉。结论是：

【议】议得：赵甲、钱乙依盗监主守自盗仓库钱粮等物，孙丙、李丁依并赃不满贯者。赵甲、钱乙各四十贯罪律斩；系杂犯，准徒五年。俱有《大诰》减等。孙丙、李丁各杖九十，徒二年半；系军，免刺，民，于右小臂膊上刺盗官钱、物三字。与赵甲、钱乙各照徒年限摆站哨瞭，满日着役宁家。原盗钱粮追收还官。[1]

具体的判罚应该是赵甲和钱乙按照监守自盗仓库钱粮等物的法律规定处罚，孙丙和李丁按照分赃不符合定罪贯数的处罚。赵甲和钱乙各按照"四十贯律"应斩，都是杂犯，准许徒五年判罚。如果都有《明大诰》可以减等定罪。孙丙和李丁各杖九十，徒二年半。如果都是军人身份，可以免于刺字，如果是民众，要在右小臂膊上刺"盗官钱"或"盗官物"三个字。与赵甲和钱法各按照徒的年限摆站哨瞭，日期满了之后回家。原本盗的仓库钱粮要追收还官。和这一类判例相似，当时有具体的判词可以看到具体的推理和判罚：

【判】窦仪守帑滁州，非诏书不可；温叟贮钱西舍，其封职宛然。掌握货钱，出纳固宜加谨；职司金穀，典守特而尤严。必一介不取诸人，虽万钟何与于我。今某，厕鼠入仓，城孤当穴，敢轻冰衡之积，自恃持衡；视天府之藏，雅同外府。取如责券，易若探囊。鼠窃狗偷，不耻穿窬之态；神输鬼运，宁逃

---

〔1〕　杨一凡主编：《历代珍稀司法文献》（第7册），社会科学文献出版社2012年版，第575页。

乾没之讥。玉去柜中，是将谁咎；杯从羽化，安可人尤。宜刺字以明刑，且并赃而论罪。[1]

窦仪在滁州看守铜钱，按照规定没有诏书不可私自处理。温叟将铜钱贮藏在西舍，符合其职责要求。掌握着官方的货物和铜钱，在出纳方面需要更加谨慎。职责是负责铜钱和粮食，在看守的时候要特别严格。必须不向任何人取要东西，虽然别人会给很多东西。但是现在，厕鼠进入仓库，将仓库当作自己的洞穴，胆敢将其中的积蓄盗出，自恃是平衡的。将官府的收藏视同自己的，取出如探囊取物。并且对这些偷鸡摸狗的行为一点不感到耻辱。神输鬼运，隐蔽地逃避追查。官方的铜钱和粮食被盗，是谁的责任？应该刺字以明确具体的刑罚，并且要将所得赃款合并起来论罪处罚。

这是基于职务犯罪的监守自盗仓库钱粮，关于常人盗仓库钱粮的判例，《新镌官板律例临民宝镜·卷之六》的记载是：

【审】审得：某，睹官物之在公，肆己私以侵欺，虽非监守之责，难免常盗之刑。[2]

基本审理的案情是某人发现官物在仓库中，以自己的私心想侵欺占有，虽然其不是监守的职责，但是不能免去常人盗的刑罚。对这种比照常人盗处罚的针对仓库的犯罪，背后的法理理解是：

【参】参得：某，蔑朝廷大法，觊府库余赀。鼠窃狗偷，不

---

〔1〕 杨一凡主编：《历代珍稀司法文献》（第7册），社会科学文献出版社2012年版，第575页。

〔2〕 杨一凡主编：《历代珍稀司法文献》（第7册），社会科学文献出版社2012年版，第577页。

耻穿窬之态；神输鬼运，常怀嗜利之心。尔既忘一介妄取之嫌，我必具三尺必诛之法。并赃论罪，刺字加刑。[1]

这种犯罪违背的法理是这种人蔑视朝廷大法，觊觎朝廷仓库中的铜钱和货物。对这些盗窃的行为一点都不觉得羞耻，而且神输鬼运、躲避追查，常常抱着获利的心。既然作为官员身负职责已经忘了避嫌，那么就必须对你适用三尺必诛之法。所有的赃款赃物一并相加论罪，在刺字的基础上加以其他刑罚。具体的判罚结果是：

【议】议得：赵甲、钱乙等系常人盗仓库钱粮物得财者。周戊依常人盗仓库钱粮等物不得财。赵甲、钱乙各并赃八十贯律，绞；系杂犯，五年。周戊律减杖六十，依拟免刺。[2]

赵甲和钱乙都是常人盗仓库钱粮物而且实际获得财物的人。周戊是常人盗仓库钱粮等物，但是没有实际获得财物。赵甲和钱乙各自的赃款相加适用"八十贯律"，应处绞刑，都是杂犯，徒五年。周戊按照法律规定减等处罚为杖六十，按照判罚免于刺字。对这类犯罪的判词记载是：

【判】宝锱在于公储，即非私有；美谷输于官庾，岂容窃取？醉吏盗钱，难逃张咏之鞫；豪民漏税，莫逭周主之诛。今某，穿墉小智，客篋细奸，内怀苟得之心，外肆乘机之巧。暴同阳货，敢窃玉以出奔；恶甚莒人，乃挟货而远遁。典守因之获罪，追捕抑又劳人。廷寿私放官钱，且招物议；汲黯擅发仓

---

〔1〕 杨一凡主编：《历代珍稀司法文献》（第 7 册），社会科学文献出版社 2012 年版，第 577 页。

〔2〕 杨一凡主编：《历代珍稀司法文献》（第 7 册），社会科学文献出版社 2012 年版，第 577~578 页。

粟，尚自请刑。矧盗用之若丝，宜常刑之罔赦。[1]

铜钱和粮食等在仓库中储藏，并不是私有的物品，这些东西交到官里，能容忍窃取吗？喝醉的官吏盗窃仓库中的铜钱，难逃张咏之鞠的处罚；富豪的民众漏税也不要想躲过周主之诛。现今这人使一点小伎俩，作为奸细，却一直怀着苟得之心，在外投机取巧，敢盗窃仓库中的铜钱出去，非常恶劣，是挟货逃跑。典守因为他的行为获罪，追捕的过程又浪费人力。廷寿私自放出官钱，招致物议。擅自发放仓库中的粮食，还自己请刑。况且，盗窃的行为虽然每次都很小，但是集聚起来不可细数，适合适用长期刑罚，不轻易赦免。

3. 仓库不觉被盗

"仓库不觉被盗"也会影响到铜钱流通的犯罪类型，是司法实践中非常重视的一种犯罪形式。为了稳定社会经济、保障铜钱的流通，其一直被给予高度的关注和打击。《锲御新颁大明律例注释招拟折狱指南·上栏所载文献·卷五·判告体式》中有记载专门的"仓库不觉被盗告示"，就是在进行司法处理的同时，还进行了告示宣传，向民众明示这种犯罪的危害及后果。该篇告示的具体内容是：

某府州县为禁约事。窃惟仓库钱粮，分文升合为重；库役斗级，时常严宜为先。访得所属经官仓库官攒典吏，怠职慢事，致令库子斗级防守不严，任从仓库中出入行走，随即搜检查究，方保无失。近来昼则不知巡视，夜则从意安眠。若不严防谨守，小则不觉藏曳夹带，袭取潜偷，大则启锁开封，任从盗去。此

---

[1] 杨一凡主编：《历代珍稀司法文献》（第7册），社会科学文献出版社2012年版，第578页。

虽看守不谨，由其官素欠严之故。若不禁治，无以警戒将来。为此出示，发仰各州县仓库等衙门，张挂晓谕，守把巡风官攒人等，用心看守，昼夜巡视，敢有怠忽致被盗者，定行依律一体重究不恕。须至示者。[1]

　　这种告示属于"教民榜文"，是一种特殊的刑事法规，是由皇帝的谕旨或者经皇帝批准的官府告示、法令、案例，分为"申明教化事"和"为禁约事"两种。"教民榜文"不是随意张贴的，一般被悬挂于各级衙门门首或者各地的申明亭内。目的是让百姓知法、守法，内容一般都是苛求罪名的法外酷刑。从"教民榜文"的基本性质可知朝廷对"仓库不觉被盗"犯罪行为的重视。本篇就属于"为禁约事"，盗窃仓库的铜钱和粮食，要将赃款累加计算、加重处罚；库役中间按照等级，需要一直严格管理。查访发现所属经官仓库的典吏怠于履行自己的职责，致使仓库斗级防守不严格，任意人员都能在仓库中出入行走，随即搜查追究，确保万无一失。白天不知道巡视，晚上则直接休息睡觉，如果不严防谨守，小的问题是在不被察觉时藏曳夹带、袭取潜偷，而严重的直接开锁进入仓库开启封条，恣意进行盗窃。这虽然是看守不严造成的，但其实是因为官吏一直都欠缺严厉的管理，是整个仓库管理的问题。如果不加以治理，便不能起到警戒将来的作用。为此出示，发给各州县仓库等衙门，进行张挂晓谕，要求管理仓库的官吏，把守、巡视之人用心看守，昼夜巡视，如果有怠慢导致仓库被盗的，一定严格按照法律规定从重追究处罚，不得饶恕。

　　在有这种明确告示的情况下，司法实践中仍有不少类似案

---

　　[1]　杨一凡主编：《历代珍稀司法文献》（第5册），社会科学文献出版社2012年版，第721页。

件涌现，具体的判例有《鍥御新颁大明律例注释招拟折狱指南·卷五·户律仓库》部分在"仓库不觉被盗"条文规定的理解后附有具体司法案判例。该判例的记载是：

> 或问：赵甲、钱乙俱依常人盗物出仓库者，孙丙依把守之人不行搜检，李丁依夜直不觉被盗，周戊依内直宿官攒、斗级、库子不觉盗者，各犯何拟？[1]

具体的案件事实是赵甲和钱乙都按照常人盗物品出仓库者来认定，孙丙按照把守的人失职不进行搜检来定罪，李丁按照晚上值班不察觉被盗失职认定，周戊按照在仓库内值宿的官攒、斗级、库子不察觉被盗来认定。各自应该如何拟定罪名和判罚？审理的具体事实为：

> 答曰：一、审得：赵甲、钱乙以常人而盗仓库之物，虽非主守，盗属钱粮，比凡为加等也。孙丙以把守而不行搜检，以致盗出，孰得无罪，比犯为减等也。李丁以夜直被盗，而不知所直何事。周戊以内直等役，而不觉者，不系被盗之时当直之人也。各以所直不同，而所直有知误之不等，罪亦因之以次也。[2]

审理查明的事实是赵甲和钱乙以常人身份而盗仓库的铜钱和物品，虽然并不是仓库主守，但是所盗之物品却是仓库内的铜钱和粮食，比一般的盗窃行为要加等定罪处罚。孙丙作为把守却不进行搜检，导致仓库东西被盗出，不能按无罪确定，比

---

〔1〕 杨一凡主编：《历代珍稀司法文献》（第4册），社会科学文献出版社2012年版，第148页。

〔2〕 杨一凡主编：《历代珍稀司法文献》（第4册），社会科学文献出版社2012年版，第148~149页。

直接犯罪人员减等处罚。李丁在夜值期间被盗，不知自己需要承担什么职责。周戊作为内值的官吏，而不察觉，不是被盗时候正好值班的人员。各自因为所值守的不同及职责不同而导致失误程度不同，罪名和处罚应因此更为次要。据此，具体的判罚是：

> 议得：赵甲、钱乙依窃盗，不分首从，并赃四十贯律，杖一百，徒三年。孙丙减盗二等律，李丁减盗三等律，周戊减盗五等律，各杖一百。俱有《大诰》减等，赵甲、钱乙各杖九十，徒二年半。孙丙、李丁、周戊各杖九十。周戊系官，纳米。孙丙、李丁系民，刺字摆站，满日宁家。[1]

赵甲和钱乙按照盗窃不分主犯和从犯，合并所有赃物赃款计算，按照"四十贯律"的规定，杖一百，徒三年。孙丙按照"盗窃罪减两等律"定罪处罚，李丁按照"盗窃罪减三等律"定罪处罚，周戊按照"盗窃罪减五等律"定罪处罚，各自杖一百。如果有《明大诰》减等，赵甲和钱乙各杖九十，徒二年半。孙丙、李丁和周戊减为各杖九十。周戊是官吏身份，纳米。孙丙和李丁是民众身份，刺字摆站，到日期后回家。

4. 守支钱粮及擅开官封

"守支钱粮及擅开官封"会严重影响到国家对仓库的管理控制，无法掌握储备和流通中铜钱和粮食的状况。相当于现代社会擅自对银行等金融机构的储备进行调动。是对原本封印官物和仓库管理权威的损害，是非常严重影响社会经济秩序、影响铜钱流通的犯罪行为。明代在司法实践中有不少这样的判例记

---

[1] 杨一凡主编：《历代珍稀司法文献》（第4册），社会科学文献出版社2012年版，第149页。

载。其中,《锲御新颁大明律例注释招拟折狱指南·卷五·户律仓库》中记载的具体判例是:

> 或问:赵甲依仓库官攒、斗级、库子役满得代,应合相沿交割之物,不得指廒指库交割,违者。钱乙依官物有印封记,不请原封官司,有擅开者。何如?[1]

赵甲按照仓库官攒、斗级、库子等身份服役到期后有接任之人,应该按照规定严格交割物品,不能没有看到凭据便交割,而赵甲就属于违反该交接规定的人。仓库中的官物有专门的印记进行封印,钱乙不请示原来封印的官司擅自打开。对此,应该如何定罪?查明的事实为:

> 答曰:一审得:赵甲以仓库等职役满,相应交替之时也,不合模糊指影,虚相授受,借有侵冒,典守即易,何从查究矣,合重以罪。钱乙依官封而擅开,虽非侵盗,而侵盗之皆由此基也。合罪以戒。[2]

审理查明的事实是赵甲作为担任仓库内部职位的人,服役期满处于交替的过程中,不能在不看到实物的情况下进行虚假交接,如果存在侵占冒用等行为,但是典守已经改变了,如何追查深究?只能合并所有加重定罪。钱乙明知是官封还擅自开封,虽然其行为和结果不是侵占或者盗窃,但是侵占、盗窃都是以此作为基础的,也是需要合并定罪的。结论是:

---

〔1〕 杨一凡主编:《历代珍稀司法文献》(第4册),社会科学文献出版社2012年版,第152页。

〔2〕 杨一凡主编:《历代珍稀司法文献》(第4册),社会科学文献出版社2012年版,第152~153页。

议得：赵甲律杖一百；钱乙杖六十。俱有《大诰》减等，赵甲杖九十；钱乙笞五十。系斗库，无力的决，有力与官吏纳米等项，完日盘点钱粮明白，官吏方许给由，库斗更代。[1]

最终的司法审判结论是赵甲按照法律规定杖一百；钱乙杖六十。如果都有《明大诰》就减等处罚，赵甲减为杖九十，钱乙减为笞五十。因为身份系斗库，没有能力缴纳赎款的，就执行刑罚，有能力的就纳米等，等处罚完毕盘点清楚铜钱和粮食后，官吏才可以允许放其自由，库斗必须更换新的。

而在《锲御新颁大明律例注释招拟折狱指南·上栏所载文献·卷五·判告体式》中有关于"守支钱粮及擅开官封"的判词记载，这种典型判词可以作为同类型案件司法审判的参考。该判词内容为：

出纳有常，典守宜严。文给关防，在密官封，岂得私开。盖凡出入之期，须知毫忽之慎，窦仪贮除州，非诏书实为不可；温叟钱四舍，其封职必若宛然。今某职掌钱粮，官司仓库，不能循规守矩，乃敢玩法欺官。虚数妄张，曾问存留多寡；实封莫掩，何思手迹存亡。启封乏钱傲之中途，尤让味寇公之判押。开仓无故，非韩韶沟壑之司；发廪何为，昧长儒水灾之账。不思虎兕出柙，甘为狐鼠穿成。事类盗臣，迹同民贼。宜加监守之罪，庶征不究之为。[2]

在仓库中出纳是常事，典守应该严格。出纳文件都是要给

---

〔1〕 杨一凡主编：《历代珍稀司法文献》（第4册），社会科学文献出版社2012年版，第153页。

〔2〕 杨一凡主编：《历代珍稀司法文献》（第5册），社会科学文献出版社2012年版，第721～722页。

关防查看的，物品上的在密官封岂能擅自打开。凡是上面记载的出入日期，必须在细微处都谨小慎微。窦仪贮藏在滁州，没有诏书不能开封。温叟钱四舍，其封条是保障钱粮没有被动过和当初一样。现在掌管铜钱和粮食的官员，在掌管仓库过程中不能循规蹈矩、遵守规矩，胆敢玩弄法律、欺骗官府，虚报仓库中的数量，不清楚仓库中存留的多少。不要想通过毁灭手迹的方式掩盖仓库钱粮进出的真实状况。在钱粮贮藏期间擅自开启封条，无故开启仓库，不是原本贴封条的职能部门，是为了什么目的？作为管理仓库的管理不能忘记虎兕出柙，这些事相当于官吏盗窃，行为同一般盗贼无异。必须严格监守的罪名，以期不用追究其行为。判词循序渐进地论述了守支钱粮及擅开官封的危害和具体的犯罪表现，强调官吏犯这种罪的严重后果，最终确定罪名及处罚。

5. 附余钱粮私下补数

在仓库类犯罪中还有一种会直接影响到铜钱流通和钱法实施的，那就是"附余钱粮私下补数"。这种随意使用多余的铜钱和粮食又私下补充的行为会严重扰乱仓库的管理，影响对仓库正确库存的判断。《锲御新颁大明律例注释招拟折狱指南·卷五·户律仓库》有关于对"附余钱粮私下补数"条文的理解和具体判例。这里的判例记载是：

或问：赵甲依监临主守将增出钱粮私下销补别项事故亏折数者。钱乙依内府承运，朦胧擅将金帛出外者。孙丙依守门官失于盘获搜检者。问拟何如？[1]

---

〔1〕 杨一凡主编：《历代珍稀司法文献》（第4册），社会科学文献出版社2012年版，第143页。

赵甲作为仓库的监临主守责任重大，将仓库多出的铜钱和粮食私下销售，将所得补数到其他因事故亏折的部分。钱乙作为仓库的内府承运，自己无意间把守将金帛运出。孙丙作为把守仓库门的官吏却失职没有搜检盘获。各自应该如何拟定罪名？查明的事实为：

答曰：一审得：赵甲依监守钱粮者不合将此有余补彼不足，那移亏折之弊，计赃重究。钱乙以内帑所剩之物，朦胧将出，罪亦如之。孙丙以守门不行盘诘，不谨之罪，减等。[1]

审理查明的事实是赵甲作为监守钱粮的官吏不符合规定地将仓库中多余的钱粮填补到不足的其他库存，移亏折之弊，计算所有赃款都要加重追究。钱乙以内帑所剩的物品，不经意间带出，罪和赵甲一样。孙丙作为守门却不严格按照自己的职责进行盘问检查，有不严谨的罪名，减等处罚。据此，具体的判罚是：

议得：赵甲以监守自盗论四十贯律；钱乙同坐，各斩。俱杂犯，准徒五年。孙丙律减，杖一百。俱有《大诰》减等，孙丙杖九十，与赵甲俱官，钱乙系民，俱无力做工，有力各纳米等项，完日还职宁家，并以金帛入官，销补之数改正。[2]

赵甲按照监守自盗论罪，按"四十贯律"的规定处罚，钱乙按照同样的罪名定罪，都是斩，都是杂犯，准许徒五年。孙丙按照法律规定减等定罪，杖一百。如果都有《明大诰》就减等处罚，孙丙减等为杖九十，与赵甲的身份一样都是官，钱乙

---

〔1〕　杨一凡主编：《历代珍稀司法文献》（第4册），社会科学文献出版社2012年版，第143页。

〔2〕　杨一凡主编：《历代珍稀司法文献》（第4册），社会科学文献出版社2012年版，第143页。

是民，如果都没有能力纳赎，就做工，有能力的就纳米等，完成之日还职回家，并将所涉金帛入官，改正仓库中的销补之数。

第四节 明代钱法式微的必然

一、钱法贯穿了整个明代货币法制

明代前后发生过多次关于法定货币形式的改革，而钱法是唯一一类随着货币改革而变动的货币法律。因此，钱法也是贯穿了整个明代货币法制的法律。笔者将明代钱法的变迁按照学者的研究大致划分为五个阶段，王裕巽在《明代钱法变迁考》一文中也是将明代钱法的发展分为了五个阶段：第一个阶段是明初至元十七年（1280 年）到明洪武七年（1374 年）期间。这段时间是铜钱作为主要货币形式的流通阶段，为以示和元代的纸币流通相区别，逐渐清除元代遗留的货币的重要时期，发行流通的是大中通宝和洪武通宝，但是也和前代的其他铜钱一并流通。第二个阶段是洪武八年（1375 年）至洪武二十七年（1394 年）。这一时期，明代发行大明宝钞，同时铜钱还在继续流通，虽然铜钱主要是小金额的支付，但是仍然是重要的法定流通货币，属于铜钱和大明宝钞同时流通的阶段。在这一时期，钱法确定了铜钱流通的范围和基本原则。第三个阶段是洪武二十七年（1394 年）至宣德十年（1435 年）。为推广大明宝钞的流通，维持大明宝钞的法定货币地位，朝廷于洪武二十七年（1394 年）颁行了禁止铜钱流通的法令。"令有司悉收其钱收官，依数换钞，不许更用铜钱行使。限半月内凡军民商贾所有铜钱悉送赴官，敢有私自行使及埋藏弃毁者，罪之。"[1]结束了钱钞并行

---

〔1〕《明太祖实录·卷二三四·洪武二十七年八月戊辰》。

的时期。明代货币体系进入了大明宝钞是唯一法定货币的阶段。但这只是政策侧面的规定，因为国家自身都没有停止铸造铜钱的行为，在禁止铜钱流通的法令颁行后的永乐六年（1408年）还铸造了永乐通宝，后面也有宣德通宝铸造。在法律和令、例的规定中，我们也可以看到铜钱的使用。更别提在民间交易中，因为大明宝钞价值的不稳定，民间商业活动大量使用铜钱。这与明代朝廷所制定的货币政策和颁行的法律相悖，但由于朝廷在财政过程中也没有严格执行只能使用大明宝钞的法令，所以民间因为政策的随意性，也并未重视过。第四个阶段是正统元年（1436年）至嘉靖四十五年（1566年），因为宝钞法制的逐渐崩溃，铜钱作为法定货币的地位逐渐恢复，但是在国家政策和基本法律的规定上，这一时期法定的货币形式仍然是大明宝钞。这个时期，白银已经通过占领民间商业交易开始自下而上地影响国家的货币体系，白银货币化的趋势愈加明显。这一时期，铜钱辅币的定位进一步明确。第五个阶段是自隆庆元年（1567年）至明末。在此时，白银完全实现了货币化，大明宝钞因为商业交易的选择和经济规律退出了货币流通，虽然明末朝廷还一度想重新发行宝钞，但不否认的是，其在流通中几乎已经不存在流通空间了。而铜钱因为其辅币的小额支付补充作用，还一直在流通中大量使用。这时，明代实际的法定货币是铜钱和白银并行的。从这五个阶段的流变发展我们可以清晰地看到，铜钱和钱法贯穿了整个明代货币体系和货币法制。这是与大明宝钞和白银完全不同的，钱法的沿革几乎能完整地反映整个明代货币法制的变化和进程。

二、钱法不是主流的货币法律

虽然钱法贯穿了整个明代的货币法制进程，但是因为铜钱用于小额交易的特殊属性，才得以在夹缝中生存，并未因为国家推行大明宝钞或白银的货币化而退出历史舞台。同时，铜钱的这种属性也使其一直处于非主流的地位，是比较尴尬的存在。在明初未发行大明宝钞时，虽然铜钱是唯一的法定货币，但此时流通的铜钱除了明代发行的之外，还兼行之前历代的。明代在政权初步稳定后立刻就开始了大明宝钞的发行，铜钱在流通处于辅助大明宝钞的流通地位，因为铜钱的携带不便及铸造的形制较小，是小钱，因此并不适用于大额商业交易。所以，其是辅助大明宝钞流通的辅币形式。而后，大明宝钞在法律上处于独占的流通地位，铜钱在法律规定上退出了流通，其地位略有尴尬，更加是一种非主流的货币形态，钱法也随之成了货币法律中不重要的那一类。及至宝钞法制崩溃，铜钱的发行流通再次被放到法律层面进行，但此时民间主要的流通货币已经是白银，白银不再是单纯的重金属，开始成为一种货币形式。因此，铜钱又成了白银流通过程中的辅助货币形式。可见，铜钱在其发行流通过程中，从来不是主要或重要的货币形式，在整个明代的货币体系中一直以一种辅助的姿态出现。因此，钱法也一直不是主流的货币法律，从钱法的司法实践、司法判例也可以看出，对钱法犯罪问题的处罚很多都是参照钞法的规定来进行的。虽然钱法一直没有消失，存续期间经历了整个明代货币法制的发展，但是其却并不是重要的、主流的货币法律，而是一种填补钞法和白银的辅助存在。

三、铜钱发行的目的是国家财政需要

明代的基本货币政策就是为了解决国家财政的需求，因此，铜钱的铸造发行和大明宝钞的发行一样，并不是基于社会经济发展和商业交易的需要，而只是基于财政需求。从明初到明末，

国家鼓铸的目的都是因为财政的窘迫，将铸造铜钱当作解决财政问题的重要手段，以致铸局大量设置，因为铜不足而导致铸造的铜钱质量低劣，并且明后期开始铸造当五、当十的大钱，当十的铜钱还可以抵一两白银使用。这是国家期望通过广开铸局获取丰厚的铸息，同时降低铸钱的本钱，降低对原材料的需要以弥补铜匮乏的问题。但是，这种铸造行为降低了铜钱的重量和基本品质，这是国家自己在铜钱发行时的贬值行为，还未进入流通，铜钱便已经处于贬值的状态下。朝廷已经完全放弃考虑社会经济的发展，只是为了解决巨大的财政需要和缓解财政危机。因此，明代的钱法和钞法一样，从建构颁行开始就没有遵循过基本经济规律，虽然属于经济法的类别，但从未按照经济法的规律来制定，而是完全服务于封建统治的经济需要，配合着国家的基本货币政策。因此，虽然钱法贯穿了整个明代，但是却一直处于艰难维持状态，私铸铜钱等犯罪问题一直伴随着铜钱流通的整个进程，明代钱法和历代的封建钱法一样，在不愿意从根本上进行改革的情况下，没有有效的办法去遏制私铸铜钱的泛滥。

四、明代私铸铜钱的盛行

在历代铜钱的发行流通中，私铸这种行为都是存在的，但在汉代和明代特别盛行和泛滥。汉代私铸盛行是因为朝廷的基本货币政策就是允许民间私铸铜钱，并没有将铜钱发行的权力控制在国家层面。而明代确实将铜钱的铸造权控制在中央，但是明代的私铸问题仍然泛滥，严重影响到了钱法的实施和官制铜钱的正常流通。从第二章具体律文的规定中我国也可以看出明代法律对于私铸铜钱犯罪的主从犯的量刑处罚都非常清晰且严苛。但是，从司法实践和具体判例来看，明代国家对私铸铜钱的法律规定的执行并不严格。并且，在流通中也没有禁止私铸铜钱的流通，禁止民间私铸，却不禁止私铸铜钱的流通，导致大量私铸铜钱合法地进入了实际流通领域。这样的矛盾规定导致私铸铜钱的行为违法，但是私铸的铜钱在流通中却是不违法的，因此根本无法禁绝铜钱的私铸。因为私铸是能获得合法流通的铜钱，能获取巨大的利益。在这样的基本政策和法律规定下，私铸铜钱的问题只会愈演愈烈，而国家针对私铸铜钱的犯罪行为却拿不出有效的法律举措进行管控，采取一种放任的态度。因为当时国家自己铸造的铜钱质量也并不高，与私铸出来的恶钱难以有明显的区分。明代钱法的非主流地位和铜钱的辅币定位也导致明代朝廷铸造的铜钱并不多，难以满足商业交易的需要。因此，民间私铸铜钱可以填补这一缺失，国家也没有多加禁止，而是持一种默认的态度。在处理私铸铜钱的问题上，明代的钱法一直处于前后不一、自相矛盾的状态，明代历次铸钱都重申禁止私铸，但是却并未严格执行，这是明代所特有的。

本章小结

明代钱法关于铜钱的形制、发行管理机构、人员、发行数量有明确的规定，同时还规定了铜钱流通中的基本规则。但是，明代铜钱与大明宝钞一样，发行流通并不遵循基本的经济发展规律，对私铸等问题又缺乏管理，钱法完全依赖于国家政策和强制力的支撑。但由于国家财政的需要，政策有选择性地对钱法规定进行调整，使得钱法在实施过程中存在严重问题，与流通现实形成极大矛盾。从司法实践角度来看，发行方面的判例主要是对私铸铜钱和铜原料的禁止问题；在流通方面的判例主要集中在仓库犯罪方面，这些仓库管理方面的犯罪都会直接或间接地影响到了流通中铜钱的数量和价值，并且会影响到民众对国家管理铜钱流通的信任。明代储藏铜钱和粮食的仓库性质相当于现代的金融机构。从这些司法审判中我们可以看到，国家为了保障铜钱的发行流通严厉打击违反钱法的犯罪，但是从真实的判例来看，朝廷在司法实务中并没有贯彻这些法律规定，而是有选择地进行处罚，并没有真正严厉打击私铸铜钱等犯罪。虽然处罚私铸铜钱的行为，但是私铸的铜钱却正常进入实际流通。明代铜钱法制的特点总的来说就是钱法贯穿了整个明代货币法制，我们可以从钱法的沿革中看到整个明代货币法制的变革过程。但钱法却不是明代的主流货币法律，一直处于一种在夹缝中生存的尴尬地位，这也是由铜钱的辅币地位决定的。并且，铜钱发行的目的是满足国家财政需要，是国家收敛财富的手段，并不是为了经济社会的长远发展，也不符合货币的基本规律。明代钱法还有一个特点也是被明代学者反复论述的，明代私铸铜钱盛行，并且朝廷并没有采取有效的法律措施进行严厉的禁止，在真实的流通中持一种放任的态度。禁止私铸铜钱的行为，却不禁止基于该行为产生的私钱进入流通领域，这也是明代钱法的一大问题。

第四章

白银与明代中后期货币法制变革

　　关于明代货币法制，在梳理了明代货币法律的基础之上，笔者对明代前期流通的大明宝钞和纵贯明代货币体系的铜钱所涉及的法制都已经进行了详细的分析，而明代货币体系和货币法制与前代最大的不同和变革之处就在于白银在明代成了法定货币，将整个货币进程从信用货币转回了金属货币状态。受此影响，整个国家的财政和基本税收等制度都发生了相应变化。明代的货币法律虽然在立法和条文方面没有进行变更，但是在司法实践中，以白银为主导的货币法制逐渐形成，改变了明代货币法制。按照学界的普遍观点，明代中后期，白银开始了货币化进程。但从真实历史的发展来看，白银在明代之前已经具备了货币的基本属性，也曾被作为流通物使用。在明初颁行的《大明律》《大明令》中，关于白银的描述是带有货币属性的，如赏金等。但到了明代中后期，货币法制因为白银而发生了改革，白银成了法定货币的一种。因此，准确地表述应当是白银在明代之前已经具备了货币属性，并作为货币在小范围内流通使用。从明代中后期开始，白银成了民间流通的主要货币形式，开启了其成为法定货币的历史进程。从这里可以看出，要想研究明代货币法制基于白银而发生的变革，我们有必要先对白银和其货币化的变迁进行详细的历史考察。

第一节　货币白银化的历史考察

一、白银作为货币的缘起

在货币研究方面，学界的观点普遍认为，铜钱是最早被以固定形制发行使用的货币形式，并且沿用时间最长；认为银作为货币流通使用的时间不长。但从资料的记载来看，九府圜法颁行时，黄金已经成了重要的交易流通物，并且和铜钱一起有正式的规定，作为货币流通使用。但这时银作为货币进行流通还非常少，也没有详尽的资料记载。到了南北朝时期，有金银钱，可知银已经作为货币流通。据此推定，在此之前银作为货币已有起源。在唐代，银已经可以被作为缴纳赋税的对象，在民间也能流通使用，但价值较高，不适用于普通的交易。到了宋代，银大量进入流通领域，所以学界有看法认为将银作为货币是从宋代开始的。如于慎行在《榖山笔尘赋币条》中主张"宋始用白金及钱，间以交子"。这里的白金就是银。顾炎武在《日知录》中认为，银作为货币的缘起在"金哀宗正大间，民间但以银市易，此今日上下用银之始"。[1]但这是表示在此期间用银多，而不是从这个时候开始。

银以货币形式出现几乎与金同时，因为在周代未统一货币形式以前，大量的交易媒介都可以被作为货币。有种说法是"黄金为上，白金为中，赤金为下"[2]。这里的白金就是银，赤金就是铜。太史公也认为，金有三品，或黄，或白，或赤。与这种观点是一致的。《管子·国蓄篇》对此的记载是：

---

〔1〕　（明）顾炎武：《日知录·卷十一·钱法之变》，商务印书馆1929年版。

〔2〕　（汉）司马迁撰：《史记》，（宋）裴骃集解，（唐）司马贞索隐，（唐）张守节正义，中华书局2014年版。

先王以珠玉为上币，黄金为中币，刀布为下币。[1]

从此记载来看，黄金和银在当时已经是一种流通的货币，至少具备货币属性。因此，银成为货币的时间与黄金相近，而且是与刀布差不多同时期。在齐太公时期，有所谓的沂州银刀，作为刀布币的一种在流通。《嘉祐杂志》记载，王公和学士被罢黜到沂州，得到了银刀，上面刻有齐太公吉九等字。

二、白银作为货币的发展

在西汉初年时还没有关于白银作为货币存在的任何记载，但到了王莽时期就将银列为货币的一种，认为银也分为两种等级：

一曰朱提银，重八两，为一流，直一千五百八十。二曰，它银，一流，直千。[2]

这里的"朱提"是地名，将银分为了具体的两种等级可知银在此时正式成了流通的货币。但其实在汉武帝时期就有一种关于"白撰"的描述，"是圆形，图案是龙，重八两，价值三千；第二种重量更轻，上面的图案是马，价值五百；第三种是椭圆形，龟的图案，价值三百"。[3]但是，这三种"白撰"的材料是银和锡的混合物，不是单纯的白银。直到晋时，《羊侃传》记载：

---

〔1〕《管子·国蓄篇》：（唐）房玄龄注，（明）刘绩补注，刘晓艺点校，上海古籍出版社 2015 年版。

〔2〕 侯厚培：《中国货币沿革史》，山西人民出版社 2014 年版，第 5 页。

〔3〕 侯厚培：《中国货币沿革史》，山西人民出版社 2014 年版，第 5 页。

有诏送金五千两，银万两，以赐战士。[1]

银在流通的初期，局限在一定范围内，较多地作为赏金。从晋开始，银有取代金在流通中的地位的趋势，在民间交易中开始作为贵重物品买卖的交易媒介。《晋书·石勒传》有如下记载：

勒既还襄国，襄国大饥。穀二升，值银二斤；肉一斤，值银一两。[2]

这是关于谷物和肉的具体物价的描述，而这种物价的标准是以银作为计价单位的。可见，银在此时已经作为普通交易的货币形式在流通中使用。当然，更多的还是作为赏赐出现。如《魏书·豆岱传》记载：

以战功赐奴婢十五口，黄金百斤，银百斤。[3]

因此，银的流通还不是那么普遍，局限在一定范围内，最常见的流通是作为赏金。到了南北朝，银的使用领域变得更为广阔。因为资料显示，有专门由银铸成的钱存在。《周书·李贤传》记载：

赐衣一袭，银钱一万。[4]

虽然用途仍然是赏金，但是表述已经由银变为银钱，但此

〔1〕　（唐）姚思廉撰：《梁书·羊侃传》，中华书局1973年版。
〔2〕　（唐）房玄龄等撰：《晋书·石勒传》，中华书局2015年版。
〔3〕　（北齐）魏收撰：《魏书·豆岱传》，中华书局2017年版。
〔4〕　（唐）令狐德棻等撰：《周书·李贤传》，中华书局1971年版。

时的银钱不是官方铸造的，更多的是由国外流入而直接流通使用。《隋书·食货志》对此有记载：

> 河西诸郡，或用西域金银之钱。[1]

因此，这时的银钱不是官方铸造发行的。唐代之后，白银除了赏赐等用途之外，还可用于进献、纳税、军费、悬赏等官方用途。同时，资料显示：贿赂也是白银使用较多的领域。到了宋代，银开始作为朝廷支付官员的俸禄。在民间白银更是成了大量流通的货币形式，《东坡尺牍》中存在几则银在民间作为一般交易对价的记载：

> 以银二两，托致茶果，奠辩才。[2]
> 以银五两，为秦少游斋僧。[3]

这是最普遍的商品交易模式，这种关于银的表述证明白银已经是流通中的货币。关于馈赠这种用途的记载有：

> 太祖开宝四年，江南国主煜，先是以银五万两，遗宰相赵普。[4]

银作为货币的用途已经在馈赠方面有所体现。除此之外，还有上供的用途。有资料记录：

---

〔1〕（唐）魏徵等撰：《隋书·食货志》，中华书局 1973 年版。
〔2〕（宋）苏轼：《苏东坡尺牍墨迹九种·与参寥书》，北京美术摄影出版社 1992 年版。
〔3〕（宋）苏轼：《苏东坡尺牍墨迹九种·与范元长书》，北京美术摄影出版社 1992 年版。
〔4〕（宋）李焘：《续资治通鉴长编·卷十二》，中华书局 2004 年版。

绍兴十八年，能汀州诸县上供银。[1]

除了上供之外，从宋代开始，银的用途增多，进献中开始出现银。《德宗本纪》记载的是：

贞元十七年衢州刺史郑式瞻，进绢五千匹，银二千两。[2]

除了这些方面的流通，最重要的是开始进入官方的流通层面，比如以银缴纳税赋。《新唐书·食货志》记载：

唐制，租庸调法，凡非蚕乡得输银十两，谓之调。[3]

这种记载显示，早在唐代时就开始以银纳税了，而且实施的区域并不是边远地方。到了宋代，更多以银纳税的明文规定体现在酒课、盐税等方面。银作为贵金属，从唐宋开始更多地用于军费的支出。到了唐宪宗元和时期（公元806年至公元820年），出内库除了绢布六千九万段匹之外，还有银五千两。[4]而且，在此时，已将银作为俸禄向官员发放，从大量文献中都能看到关于俸禄是银多少两的记载。连一般工钱都以银的形式支出。如《乾淳教坊乐部条》记载了支出工银的名单，每人每月是一十两。综上，宋代的白银已经具备了一般的货币形式，完全具备了货币属性，并且已经得到了广泛的流通。不管是在官方的赋税、军费、俸禄中，还是在民间的一般生活交易中，都有白银流通的身影。

白银虽然早已具有货币属性，并且在唐宋时期开始流通于

---

〔1〕（元）脱脱：《宋史·高宗纪》，中华书局1985年版。

〔2〕（元）脱脱：《宋史·德宗本纪》，中华书局1985年版。

〔3〕（宋）欧阳修、宋祁：《新唐书·食货志》，中华书局1975年版。

〔4〕侯厚培：《中国货币沿革史》，山西人民出版社2014年版，第13页。

更为广泛的领域，但是朝廷对于白银却一直没有具体的法律规制，因为白银相比于铜钱更表现为一种纯粹的贵金属，从其作为货币进入流通时开始，就没有任何官方或民间行为像铸造铜钱那样对其进行形制确定的再加工。因此，也就没有任何规定或规则去规范其形状、花纹、重量等，法律规范呈现缺失的状态。白银作为一种贵金属，以货币角色进入流通是以其重量来计算和估值的，白银几乎不存在纸币和铜钱那样的贬值问题。铜钱从成为货币开始就有专门的法律规范其形制和铸造机构，但是白银除了在南北朝时期明确显示有"银钱"外，在明代前都是以重量确定流通价值，没有固定的形制，因此也就没有明确的法律规定了。还有一个因素就是白银多存于内库，以贯来计量，因为自身贵金属属性价值很高，只是作为贵重的货币形式存在，不是普通人在一般消费交易中能常使用的，因此国家没有必要为其单独设立法律条文进行规范。在《唐律疏议·卷二十六·私铸钱》中有"若私铸金银等钱，不通时用者，不坐"的规定。[1]这条禁止私铸铜钱的规定可以体现出，在禁私铸铜钱的同时，朝廷还禁止私铸白银，侧面证明唐代有专门的银钱流通。唐宋两代银的使用范围开始扩大的原因有四个方面：①商业开始发展，市场交易活跃。商业发达的起步就是在唐代，海内外的交通都有所发展，文化也更为包容，商业贸易非常繁荣。到了宋代，商业更为发达，对外通商口岸也更多，商业交易的频繁需要货币的支撑，而铜钱重量大、价值低的特点以及纸币贬值的特性使得银在此时成了交易所需要的货币形式。②随着外商的增加，唐代设置了市舶，外商来华贸易非常普遍。到了宋代，朝廷继续鼓励外商来华贸易。随着不同的交易习惯和交易

---

〔1〕 岳纯之点校：《唐律疏议》，上海古籍出版社2013年版。

货币的碰撞妥协，市场需要找到都能接受的交易媒介，不至于使交易双方因对交易价值认识不一致而发生误解。而作为贵金属的银，正是与外商交易最为合适的货币形式。外商来华交易时，本就携带了大量的白银，国内也对白银有极高的接受度，由于白银在流通中的使用是顺理成章的事情。③随着银的产量增多，由于银开始成为流通中的货币，并且使用范围变广，因此必然有更多的人从事银矿开采，出产更多的银。在唐代，专门冶炼银的机构共有58所，地方因为开采银矿获得更多的税收，因此更加鼓励对银的开采。在宋代，朝廷基于银矿开采获得的税收更是增高，因此银的出产不断增多，供给完全没有问题，用途也随之增加。④在社会稳定的同时，人们更多地追求生活的享受，奢侈之风盛行。人们在生活用度方面开始追求更高的物质需求，银无法单独作为收藏物品存在，大量进入流通领域，作为交易的媒介。流通最多的地区是长安，因为长安作为唐代首都，商业贸易发达。其次是岭南，因为岭南出产银，同时还是东南亚贸易的出口港。然后便是扬州这些商业发达的地方。

金代延续了唐宋两代大量用银的习惯，因此有学者认为银币就是从金开始产生的。顾炎武在《日知录》的银条部分写道：

> 金承安以后，民但以银论价，而哀宗正大间，民间均以银市易。[1]

从这个记载可知，银在金代已经成了货币本位。在金章宗明昌三年（1192年）的五月，朝廷直接规定陕西官兵的俸禄支付方式是银钞各半，可知国家层面已经完全接受了白银的流通

---

[1]　（明）顾炎武：《日知录》，商务印书馆1929年版。

和基本地位。从唐宋两代来看，虽然用银历史已久，但是没有专门的关于银的形制的规定，都是按照重量来评估价值。银不是法定货币，但从金代开始出现因为价值不统一而铸银的行为。铸造的银币叫"承安宝货"，分为了一两到十两五等，规定每两可以折钱二贯，是完全有记载的、形式明确的银币。这是最早的关于银币铸造和规范的记载。到了元代，至元二十二年（1285年）的诏书有关于银是民间通用之物的描述，银在当时几乎就是主要的流通货币。在元代，连普通的小宗交易都是以银作为交易媒介，是在民间流通非常广泛的货币形式。如元曲中有大量关于白银流通使用的表达。关汉卿的《金线池》第三折中：

> 石府尹云：金线池是个盛景去处，我与两锭银子，将去下酒，做个宴席。[1]

这就是最普通的生活场景，其中就有关于白银使用的描写。《桃花女》第一折中也有这样的描写：

> 周公云：分外与你一两银子，买些酒肉吃。[2]

除了这些用于吃的交易描述之外，孟汉卿的《魔合罗》也有白银在日常生活中的描写：

> 老相公夫人染病，这是五两银子，权当药赀。[3]

从元曲的描写来看，白银的使用已经完全深入民间日常生活，学界提出的白银在明代中后期才开始货币化进程的观点难

---

〔1〕 赵义山选注：《元曲选》，上海古籍出版社 2008 年版。
〔2〕 赵义山选注：《元曲选》，上海古籍出版社 2008 年版。
〔3〕 赵义山选注：《元曲选》，上海古籍出版社 2008 年版。

以站住脚。这些是民间文学作品的记载。《元史·刑法志》中有一条明确规定：

> 凡诸获私造历日者，赏银一百两。又捕获伪钞者，赏五锭。给银不给钞。[1]

在官方文件和法律中，白银以赏银的形式出现。且元代在纸币发行之时，将白银九十三万六千九百五十两放到各地的钞库，作为纸币发行的准备金。元代白银流通使用广泛的原因在于：①元在政权建立前，居住在北方，与金朝接壤。其货币制度受到金朝的影响极大，而金对银的使用比宋更为普遍。因此，元代初年就延续了白银的流通。②元代没有大规模地铸造过铜钱，流通中只有宝钞。宝钞的准备金是白银，基于填补铜钱的缺失和保障宝钞流通的考虑，白银也是流通的主要货币。当然，和唐宋时期一样，市场贸易的繁荣也当然是白银大量流通的原因之一。综上所述，白银在明代之前已经开始作为货币大范围流通使用，并不是在明代中后期才开启其货币化进程。白银在元代被大范围使用，到明初被从法律层面上禁止使用，开始铸造发行铜钱，白银被朝廷人为地剔除出了流通领域。《大明律》《大明令》对白银的表达几乎都是与赏赐相关，几乎没有普通生活中的交易流通存在。到了洪武八年（1375 年）大明宝钞的发行开始，不止白银，连铜钱都被列为禁止流通的货币，宝钞成了垄断货币。从第三章和第四章的论述中我们可以看出明代法定货币形式的变迁，货币法制也随着这种货币形式的改变而不断发生改变。

---

〔1〕　（明）宋濂：《元史·刑法志》，中华书局 2016 年版。

明代货币法制研究

三、明代白银作为货币的沿革

在明代初期，白银确实因为货币政策的变化而暂时在法律层面被禁止进入流通领域，但又因朝廷强制推行的货币形式并不符合社会经济基本发展规律而再次在明代中后期进入流通领域。相应的，货币法制也开始受到社会经济发展规律自下而上的影响，不再单纯是货币政策的体现。

明初虽然确定了铜钱是法定货币，在大明宝钞发行后又确定大明宝钞为法定货币。但是，在收取的赋税方面，朝廷一直要求可以将税粮等以白银、大明宝钞、铜钱和绢代替运输缴纳，银一两等于铜钱千文、等于大明宝钞一贯，可以折米一石。洪武十九年（1386年），朝廷又下令缴纳税课道路远且难走，不便于运输的，可以将物品粮食兑换成金银缴纳。洪武三十年（1397年），户部规定大明宝钞一锭可以折抵米一石，黄金一两可以折抵米十石，白银一两可以折抵米二石。到英宗即位后，收取赋税依据专门的米麦折银令。在正统时期，浙江地区米麦四百多万石，折算白银百万多两，叫作金花银，后来这种方式在全国得以推广。因此，虽然在法律层面禁止白银的流通，但其实明代朝廷往回收纳的赋税等却一直折抵为白银。《日知录》评述为："折银相传至今，国家所收之银，不复知其为米矣。"[1]除此之外，白银也被用于缴纳盐税，宪宗成化十三年（1477年）九月，朝廷下令两淮的盐税缴纳以钞折银。孝宗弘治以后，因为钞法的崩溃，全部变为收银。朝廷于弘治元年（1488年）下令钞关及户口的食盐全部折收白银。同时，在关税方面，也相继变为纳银。宣德十年（1435年）以后，钞关的船只税几乎

---

〔1〕（明）顾炎武：《日知录》，商务印书馆1929年版。

都是纳银。隆庆时期下令南京金九课税全部由大明宝钞折算白银。同时也用于支付工资薪俸。《万历野获编》记载有：

> 以善庖者，为上等，并视其技之高下，其价昂者，每月得银四五两，专供烹饪使命。[1]

在此时已经将白银作为薪俸支出，官吏的俸禄也折算为白银支付，九分支银，一分支钱。后期几乎全部以白银支付。明代的基本货币形式包括大明宝钞、铜钱和白银，白银是其中最为重要的。由于明代朝廷在发行时完全没有准备储备金，目的也是为了敛财解决财政问题，因此按照基本的理论，大明宝钞根本算不上是督理的货币制度，支撑其发行和流通的只是国家强制力。而铜钱铸造不多、私造泛滥，在定位上也只是辅助的地位。因此，从明代中后期开始，古代中国货币进入了银本位时代，自宋代开始的信用货币时代被终止。

第二节　明代中后期货币白银化的动因

明代中后期货币法制变革的动因就是明代中后期选择白银作为法定货币的动因。正是法定货币形式的彻底改变引发了货币法制的变革。而这种白银法定地位的改变除了国内的因素影响之外，还有来自海外贸易的国外因素的影响。

一、货币白银化的国内因素

通过对将白银作为货币的历史进行考察，我们可以看出白银在明代之前已经作为货币大量流通，但是其地位却还不是法

---

〔1〕　（明）沈德符撰：《万历野获编·卷六》，中华书局1959年版。

律赋予的，而是流通实际确定的。在明代中后期，白银逐渐从被法律禁止流通但在民间大规模流通到成为具有法定货币地位的货币形式。其是一个多因素共同作用的复杂问题。有学者对该问题进行过深入研究。这些复杂因素细分下去包含以下几个方面：

（1）一种货币形式的兴起，一定是受到其他货币形式的影响，特别是明初大力推行大明宝钞，为了保障其发行流通从法律上禁止了其他货币形式的使用，如果继续沿用这种货币法律，除了大明宝钞外，其他货币形式均没有任何流通的空间。但是，从前文大明宝钞法制的研究可知，大明宝钞从发行之初就面临贬值的问题，作为信用货币形式，却没有准备金就予以发行，随着时间的推进，大明宝钞的流通难以维系，虽然有法律的保障，但最终却退出了流通领域，此时就需要一种替代货币。铜钱作为辅币，其本身难以成为主要货币，以适应明代的社会经济需要。此时，白银就是最合适的选择，也是必然的选择。

（2）国家铸造的铜钱，重量大、形制小。若要进行正常的商业交易，需要一次性使用大量的铜钱。这完全不利于交易，会阻碍商业的发展。正是基于这个特点，在古代中国一直使用铜钱习惯的延续下，宋代才开始了对纸币的创新。因此，铜钱使用不便、大明宝钞无法推行，白银成为法定货币是一种必然。而且，明代铸造铜钱面临的一个重要问题是铜原料不足，这从根本上限制了流通中铜钱的数量，限制了铜钱作为主要货币进行流通。

（3）与唐宋时期白银流通范围增多一样，商业贸易发达，商品交换增多和社会经济发展到一定程度，古代中国原有的货币形式已经不能适应正常的经济往来，这是由内而外从根本上催生新的货币形式的选择。马克思主张商品交换在打破地方限制后，货币形态就需要是大家都能认同的天然适合担任一般等价物的东西。只有贵金属才具有这种大家普遍接受其价值，并且价值判断的标准一致，方便大家将其作为一般等价物展开商业交易的功能。但这是古典经济学的观点，从现代的货币经济学理论来看，信用货币制度才是商业发展的选择。由于明代纸币并不是真实的信用货币，所以贵金属才以其特性占领了流通领域。

（4）国家的作用。既然白银成了法定货币，那么其法定地位的确立便需要政权的主导。虽然在明代之前白银已经在流通中使用，但却不具备法定货币地位，因为没有从国家层面将其作为主要货币。明代政权在钞法失败、钱法成为辅助之后，在民间交易的推动下，不得不接受白银这种货币形式，这是一个自下而上的过程，最终确定了白银的法定货币地位。

在明代中后期，随着民间大量流通使用白银，倒逼朝廷接受白银成为流通中的主要货币形式。明代白银的法定货币地位是由国家赋役制度的变革启动的，朝廷在赋税缴纳方面做出的变革引导了赋税劳役的白银化，而赋役制度白银化又推动赋役发生了更深层次的变革，这种连锁变革反应推动了白银法定货币化。国家赋役制度的变革和白银法定地位的确立、货币法制的变革都围绕国家财政展开。国家财政才是推动赋役变革和货币法制变革的唯一动力。虽然学者认为赋役制度的变革是白银法定地位确立而产生的影响，但是赋役制度其实也是白银法定地位确立的动因。国家解除禁止流通白银，就是财政需要在收取赋税时得到能保证价值的货币（即白银），而不是不具备任何实际价值的大明宝钞。白银是在何时、以什么具体的表现成为法定货币的？其法定货币的地位是如何确定的？隆庆元年（1567年）明穆宗诏令：

凡买卖货物，值银一钱以上者，银钱兼使；一钱以下止许用钱。[1]

　　该诏令以法律的形式确定结束了对白银流通的禁令，白银的流通获得了合法的地位，并且成了流通中的主要货币。该诏令改变了明代前期的货币法制，改变了基本的由钞法和钱法构成的货币法制状态。明代货币法律有明确规定的只有钱法和钞法，根本没有明确的白银法律规定。这是因为明代法律具有一贯性，是在明初制定颁行并且不得更改的。当时根本不无法预判中后期会发生钞法难以维系以及新的货币形式出现的问题。因此，白银相关法律规定几乎都是以明中后期的令的形式出现。这种令的出现意味着明初确定的货币法制发生了巨大的变革，从信用货币制度走向银本位制度，明代的货币法制开始了白银化进程。而这个进程就是明代中后期货币法制变革的国内动因。

二、货币白银化的海外因素

　　相比于其他朝代，白银为何在明代成了流通中的主要货币？相比于之前的其他朝代，明代海外贸易中有白银流入，为白银流通提供了大量的基础，保证了资源的充足。在此之前，虽然白银已被作为货币在流通中使用，但和黄金一样，由于其贵金属属性，数量有限，即便加大开采冶炼力度，流通范围也只局限于重大的商品交易，很难完全推广并作为主要的货币形式日常流通。但是，大量外来白银的进入为白银成为主要货币形式创造了条件。海外白银的流入解决了白银的来源问题，流通中白银数量增多，使白银具备了成为主要货币的流通量。为何明代出现了大量的白银流入？首先，是基于国家的基本对外贸易

---

　　〔1〕　（明）胡我琨撰：《钱通·卷一》，余全有译注，重庆出版社 2009 年版。

政策；其次，是基于全球商品交易的发展，白银有了流入的背景和具体的渠道。

（一）明代对外贸易政策

与明代货币法律一样，明代并没有专门针对对外贸易的成文法，都是散佚在各类成文法中。明代的对外贸易政策就是明代对外贸易的规则和法律规范。虽然内容并不集中，但也具备规范内容和调整对象。根据内容和调整对象的差异分为朝贡贸易法律规则、海禁法律规则及明代中后期变革后的法律规则。

明初实行的是朝贡贸易，普通民众被禁止私自出海从事贸易活动。到隆庆年间，朝廷部分放开海禁。此时能开展海外贸易的地区被限定为广东和福建，所有的贸易活动都必须经过严格的审批程序，货物和船只数量都有规定的标准。而明初完全禁止民间对外贸易，只能通过官方的朝贡贸易的方式开展对外贸易。明初通过一系列出使周边国家的活动（包括郑和七下西洋）确立了以明朝中央为中心、以朝贡为方式的整个东亚地区的贸易形式。这是官方控制的对外贸易形式，代表了朝廷对对外贸易的重视和警惕，为此制定了法律来进行管理。首先，确定不同朝贡国家朝贡的实践，确定每次朝贡的标准，即人员和物品数量。其次，规定朝贡国家的路线和进入国境后的接待机构，严格规范、限制整个朝贡的流程。最后，为了防止有冒充别国官方使节进行朝贡的情况，还专门制定了"勘合"法律制度。在维护朝贡贸易的同时，防止发生不利于国家安全的情况。勘合是确定身份的法律制度，并不单独用于朝贡，而是为了便于朝贡管理，加强对外国使节身份的确认。朝廷会将专门样式的法律文书赐发给有朝贡关系的国家，一份留底作为朝贡国家进入国内时的比对依据。在朝贡贸易这种由朝廷主导控制的商品交易过程中，不可能存在白银的大量内流。

在实行朝贡贸易制度的同时，明初还强调海禁，并为此在《大明律》中明确规定了完备的海禁规则。其中有"关津·私出外境及下海"条之规定：

> 凡将马牛、军需、铁货、铜钱、段匹绢、丝锦私外境货卖，及下海者，杖一百。挑担驮载之人，减一等。物货船车，并入官，于内以十分为率，三分付告人充赏，若将人口、军器出境及下海者，绞。因而走泄事情者，斩。其拘该官司，及守把之人，通同夹带，或知而故纵者，与犯人同罪。失觉察者，减三等，罪只杖一百，军兵又减一等。[1]

可见，明初将海禁问题直接以法律形式进行严格规定，由于国家的对外贸易政策，此时不存在白银大量流入的可能。但是，隆庆六年（1572 年）之后，海禁制度被打破，明代朝廷逐步将海防馆改为负责对外贸易执法的督饷馆。主动采取船引制和关税制等措施，引导民间对外贸易。明代逐步形成了完善的对外海上贸易法律规则，并且这些规则的重心由明初的政治方面向经济方面转移，为国内经济的繁荣和白银的使用提供了基础。而明代朝廷放开海禁一方面是为了解决民间走私的严重问题，最重要的目的在于解决财政困难。并且，随着明代朝廷财力的减弱，朝廷已无法支撑支出庞大的朝贡贸易方式，必须采取其他能带来财政收益的贸易方式。海外贸易在此时就是最好的选择。明代的对外贸易政策随之发生改变，这种改变带来的影响，除了国内贸易的繁荣，最直观的就是白银的大量流入，间接推动了明代法定货币的变化，改变了明代的货币法律制度。

（二）海外贸易中白银的流入

海外贸易中白银的流入为其成为法定货币奠定了基础。虽

---

〔1〕 参见怀效锋点校：《大明律》（点校本），法律出版社 1998 年版。

然白银在古代中国早期就已经具备货币属性并在小范围中流通，但一直未能成为主要的货币形式，其中一个重要原因就是白银作为贵金属数量有限。分析货币白银化的原因，在海外白银流入方面，需要了解白银流入的具体渠道和流入的数量，是这些因素促成了白银成为法定货币。

1. 白银流入的渠道

随着世界航海的发展和美洲新大陆的发现，国际贸易开始活跃。因此，明代白银流入的一大渠道就基于此，即从美洲经过固定航线通过商业贸易进入国内。另一方面是邻国日本作为白银的生产大国，其白银也通过对外贸易进入国内。因此，本书将从这两个白银原产国梳理白银流入的渠道。明代被纳入国际贸易重要一环的原因在于明代产出的丝绸、陶瓷和茶叶等在欧美市场大受欢迎，欧美市场的产品却不能得到国内民众的喜爱，只能通过白银交换货物的方式完成贸易。

美洲和日本几乎产出全球所有的银，虽然欧洲不产出白银，但是欧洲是海外贸易的重要来源，也是明代产品的重要需求地。因此，由于商品交易的关系，虽然欧洲自身不产出白银，但是中国的大量白银还是经由欧洲国家的商业往来进入了国内。尤其是在大航海时代，美洲的白银几乎都掌握在欧洲国家手中，所以明代的白银大部分来自欧洲也是符合当时的贸易和国际局势的。美洲作为全球白银的重要产出地，普通商品匮乏、急需生活用品，明代的商品在当地大受欢迎，因此就有包括欧洲、菲律宾等地的商人将明代的商品运至美洲销售，获得白银后再到中国购买商品。这条线路的收益大、往来的商人多，逐渐形成了固定路线，成了来往于中国与美洲之间的固定航路。这条航路为明代带来了白银，国内流通中的白银数量随之增多，白银使用的范围不再受局限，成了在民间广泛流通的货币。

除了从马尼拉到美洲的线路之外，还有一条与白银流入相关的线路——日本线路。日本在明代时期生产力低下，加之国土面积小、资源匮乏。但是日本盛产白银，有大量的银矿开采。因此，日本用白银交换明朝的物资，长期以来就形成了固定的从日本直接到中国之间的路线。但是，日本白银流入中国的渠道不只是两者之间的直接交易，还涉及从日本将白银运到澳门，再由葡萄牙商人从澳门用白银进行交易。澳门成了葡萄牙商人在中日之间贸易的中转站。而明朝对白银的需求更进一步地刺激了日本国内的白银开采，日本的银矿开采因此达到了巅峰时期，而开采的白银几乎全部进入了明朝，为明朝的货币白银化提供了基本的保障。

2. 白银流入的数量估算

从日本流入国内的白银主要属于称重白银的普通形态，但是从美洲航线流入国内的白银大多是银圆，本就经过铸造。国内没有直接使用这种质量和重量标准更为明确的银圆，也没有铸成新的银圆，而是将其熔铸成为一般的称量白银。明代虽然实现了货币白银化，但对白银的发行、流通、使用还处在过去历代中国对白银的小范围流通层面上，仍是将其作为称量货币来流通，形制不确定、法律不确定。对于货币白银化的实现，国外流入的白银是一大助力，解决了国内白银资源不足的问题。具体流入的数量达到了多少？只要通过简单的估算，我们便可以知道白银为何是在明代中后期发展成了主要法定货币。

关于白银流入数量的估算，庄国土发表的《16—18世纪白银流入中国数量估算》和全汉升发表的《明清间美洲白银的输入中国》两文都进行了详细的考察和论证。但是，两位学者的估算量并不相同，从论文结论来看差别较大。综合美洲和日本来看，庄国土认为在整个明代流入中国的白银总计28 000万两，但是估算少的认为有21 300万两，也有在这两个数字之间的估算。细化下去，庄国土认为从 1530 年到 1644 年，平均每年流入的白银数量有 240 万两，整个明代从日本流入的超过 17 500 万两，其中还包括了直接来自日本和从澳门中转的。[1]但是，全汉升估算的整个明代从菲律宾输入的来自美洲的白银数量为 6000 万两，从欧洲输入的估算为 2720 万两。两位学者的估算其实都是基于假设，比如假设平均每年有多少白银运输到某地，然后有一半用于购买明代商品。这些都是不确定的，这种估算并不严谨。因为每年从日本和美洲或欧洲运输的具体白银数量几乎没有资料可供考察，只能通过史料进行推断。这已经是一个不确定的前提，而具体有多少白银是用于开展贸易的？全汉升的估算是一半，这个一半也是没有任何根据的。可能有更多的白银被用于与明代的商业往来，也可能是更少，没有记载予以支撑。因此，学者们关于具体流入明代的白银数量的研究都是基于估算，没有定论，不同的学者估算结果不同，差异大也属正常。

虽然数据无法明确，但是从各学者论文的论证和估算来看，我们可以知道流入明朝的白银数量非常大，远远超过了明朝国内自己的白银开采量。因此，在过去朝代和时期无法将白银作为货币的材料来源问题在明代中后期国际贸易的发展和白银内流的背景下已不再是问题。因此，在民间的商业贸易中，因为大量白银的涌入，民众自发地以白银作为交易的等价物。

第三节　明代中后期货币白银化与法制变革

明代中后期，因为白银的法定地位确立，主要货币形式由

---

〔1〕　庄国土："略论早期中国与葡萄牙关系的特点（1513–1613）"，载《文化杂志》1994 年第 18 期。

大明宝钞变为白银，引起了货币法制本身的变化和与货币形式
密切相关的其他法制的变革。明代中后期货币法制变革最直观
的就是取消了金银流通的禁令，确定白银为法定货币，且是主
要流通货币。完全改变了明初确定的货币制度和货币法制的基
础，从信用货币制度到银本位制。白银法定货币地位的确立带
来了明代国家法制的一系列变革。货币法制从围绕着如何规范
发行机构、管理人员、规范货币基本形制走向了不用规范白银
的具体形制，也不用设置专门的发行机构，货币法制的规范集
中在管理白银的流通方面。同时，白银的法定货币地位引起了
国家法制其他方面货币表达的变革。

一、民间白银流通法制

白银不以其形态确定实际流通价值，也不由国家强制力赋
予其价值，而是根据实际重量进行交易。这种货币形式的材料
当然可以确定是白银，但是在明代中后期却没有对具体形制作
出规定。朝廷没有通过法律规范其外形和具体流通的固定重量，
而是由其特殊属性决定其自由流通，不受形制的拘束。

（一）货币单位

虽然没有具体的形制要求，但是白银还是有具体的货币单
位的。明代在流通中的货币单位是"两"，这一单位被一直沿用
到了清代。为什么会以"两"作为白银的单位？重要原因是白
银是从民间开始实际流通的，这个单位并不是国家法律确定的
计量单位，而是存在于流通实践中，历代都以"两"来计量黄
金和白银。白银通过自下而上的方式，最终得到了国家层面的
认可，成了法定的主要流通货币，继续沿用过去的规则，也以
"两"作为白银的货币单位。"两"虽然是古代中国一直沿用的
计量单位，但是在各个朝代和时期，"两"背后具体指代的重量

是有差异的。根据吴承洛先生在其著作《中国度量衡史》中的考证，明代的一两所对应的具体重量应该和唐代是大致相同的，在 37 克左右。但对于这个重量，国家法律或者规范也没有具体的规定，是民间习惯的延续和固化，属于习惯法范畴。从这个重量我们也可以看到明代的"两"与现代的计量单位"两"所对应的重量也是不同的。

（二）银两的发行与流通

白银虽然成了主要法定货币，与作为辅币的铜钱相辅相成，但与铜钱不同的是，虽然白银是主币，但其发行和流通却不由国家管理，也没有具体成文的发行流通法律制度。白银作为主要的法定货币，仍然受到国家的调控。具体展现国家规范控制的方面就是收支。其中，收是指银课和财政税收等；支是指国家投放货币进入流通的渠道。在收的方面，银课就是朝廷因为开采银矿而产生的白银价值，也就是针对银矿开采征收的税。这种税直接征收的就是产生价值的物品本身，即白银。明代朝廷收取的银课比例非常高，还是秉承着一贯的保障财政收入的货币政策。梁方仲先生认为明代银课占到了白银产量的 30% 以上。朝廷收取银课和其他税收用于财政开支，包括赏赐、军费、俸禄等一系列需要。这些支出可以被看作是货币发行，将白银由国家手中投放到流通中去，并通过调配中间的量来达到控制货币市场流通的目的。

白银通过民间流通倒逼国家改变货币制度和法制，接受其成为主要法定货币。因此，虽然明初禁止金银和铜钱的流通，但是在经济较为发达的江南等地，白银仍在小范围内流通。随着钞法的崩溃，国家松弛了禁止金银流通的禁令，在民间商业往来和一般交易中都基本自主地选择了白银，放弃使用大明宝钞。国家虽然没有铸造以银为原材料的法定形制，但是银本位制的货币制度已基本确立。

（三）银铜比价

明代中后期，白银和铜钱的比价如何？这个比价是由法律明确规定的还是由市场自主确定的？从本书第一章所引条文来看，明初洪武期间，法律明确规定一两白银可以兑换铜钱一千文。因为后来禁止白银流通，一两白银只能兑换七八百文铜钱。但是，在大明宝钞急剧贬值、钞法崩溃后，民间几乎都在用银，这时白银又恢复到了一两可以兑换铜钱一千文，明末一两白银能兑换铜钱三千文。除了明初有法律规定比价外，后期的比价都是在民间交易中随着经济变化自主调配的。在民间的交易习惯中一直是一两以下都用铜钱，一两以上才多用白银交易，白银与铜钱并行的实践非常稳固。白银和铜钱的比价与经济贸易关系非常紧密。当然，这里的铜钱是指由朝廷铸造发行的正规铜钱，私铸铜钱不在讨论的范围之内。从本书第四章的内容可知，铜钱长期以来一直都是古代中国重要的货币形式，直至明代从未被取代。在明代具体的商业贸易中，用白银计量确定价值的物品有时需要折算成铜钱的价值，而以铜钱计量确定价值的物品在某些时候也需要折算成白银的价值。因此，白银和铜钱的比价在白银的流通中非常重要，是法律需要重视和规范的一个必要流通环节。但是，因为明代流通中的铜钱不仅有明代铸造的铜钱，还包括其他朝代铸造的铜钱，需要换算成白银才有利于交易的公平和展开。白银和铜钱的比价也不是一成不变的，受到各种因素的影响，白银和铜钱的比价在明代呈现出一种缓慢上升的过程，一贯铜钱随着时间的推移，能换取更多的白银，特别是时至明代后期，官方铸造铜钱的价值明显提高。白银和铜钱的比价从原理上来讲应该是国家法律调控规定的，以确保国家对货币和市场基本经济情况的掌握，但从流通实际来看，两者自身根据各种因素在流通中的自主调节发挥了不可忽视的作用。

二、白银法定货币地位引起的法制变革

从本书第一章货币所引之具体条文可知，货币条文比较集中在几种类型的法律之中，包括赃、盗、赎等方面。关于因为白银法定地位确立而引起的国家法制中货币表达的变化及该变化带来的法制的变革，具体按照这几个方面的类型来展开。

（一）白银与赃、盗罪的法制变革

1.《大明律》赃、盗罪律文与白银的司法现实冲突

在白银逐渐确定其法定货币地位的同时，明代的法律主要仍是《大明律》，明代法律在颁布之初就确定其不可更改，须遵循祖制。而明初流通的货币主要是大明宝钞和铜钱，明代中后期大明宝钞几乎退出流通，从国家层面确定了主要流通货币为白银，但是律文却没有相应的更改，在司法实践中必然会出现律文和实际流通货币不一致时的法律适用冲突。

关于赃，《大明律》"名例律"部分"给没赃物"的具体规定是：

> 凡彼此俱罪之赃，谓犯受财枉法、不枉法，计赃为罪者，及犯禁之物，谓如应禁兵器及禁书之类。则入官。若取与不和，用强生事，逼取求索之赃，并还主。谓恐吓、诈欺、强买卖有余利，科敛及需索之类。其犯罪应合籍没财产，赦书到后，罪虽决讫，未曾抄割入官者，并从赦免。其已抄割入官守掌及犯谋反逆者，并不放免。若罪未处决，物虽送官，未经分配者，尤为未入。其缘坐人家口，虽已入官，罪人得免者，亦从免放。若以赃入罪，正赃见在者，还官、主。谓官物还官，私物还主。又若本赃是驴，转易得马，及马生驹，羊生羔，畜产蓄息，皆

为见在。已费用者，若犯人身死，勿征，别犯身死者，亦同。余皆征之。若计雇工赁钱为赃者，亦不征。其估赃者，皆据犯处当时中等物价，估计定罪。若计雇工钱者，一人一日为铜钱六十文。其牛马、驼骡驴、车船、碾磨、店舍之类，照依犯时雇工赁直。赁钱虽多，各不得过其本价。谓船价值铜钱一十贯，却不得追赁钱一十一贯之类。其赃罚金银，并照犯人原供成色，从实追征，入官给主。若已费用不存者，追征足色。谓人原盗或取受正赃金银，使用不存在者，并追足色。〔1〕

从该条文中我们可以看到，明代对赃物的价值有明确的规定。这种价值是以当时流通的铜钱来表达的，价值金额涉及后续的具体定罪量刑，是司法实践判定赃罪的最重要标准。在该条律文颁行之时，这个规定没有任何问题，但《明大诰》却将此标准用大明宝钞进行表达。因为在《明大诰》颁行时国家禁止了铜钱的流通，因此在司法实践操作中也不会有问题。《大明律》关于"坐赃致罪"的规定是：

一贯以下，笞二十。

一贯之上至一十贯，笞三十。

二十贯，笞四十。

三十贯，笞五十。

四十贯，杖六十。

五十贯，杖七十。

六十贯，杖八十。

七十贯，杖九十。

八十贯，杖一百。

---

〔1〕 怀效锋点校：《大明律》（点校本），法律出版社 1998 年版，第 12~13 页。

一百贯，杖六十，徒一年。

二百贯，杖七十，徒一年半。

三百贯，杖八十，徒二年。

四百贯，杖九十，徒二年半。

五百贯之上，罪止杖一百，徒三年。[1]

该条文以当时的主要流通货币——大明宝钞——作为定罪量刑的标准。同时期的《大明令》针对如何计赃直接作出了规定：

凡计赃，以铜钱四百文为一贯。[2]

可见，法律的直接规定是以铜钱作为定罪量刑标准的。以铜钱为基本单位计算赃款数量。关于坐赃致罪，《大明律》按照大明宝钞来计算赃款，量刑的范围有笞、杖、徒。没有流刑和死刑。枉法受赃处罚更重，不枉法受赃，法律规定量刑时减二等论罪。对于无禄人的受赃，量刑的范围有枉法的绞刑，不枉法的流三千里。"坐赃致罪"的受赃范围从一贯到五百贯，除了一贯就可定罪外，十贯到一百贯是一个级别，每十贯为一个区间，共分为9个区间，量刑范围是笞、杖。超过一百贯到五百贯是一个级别，其中每一百贯为一个区间，量刑范围为徒刑。

关于盗罪，明代将盗根据实施者身份划分为官吏盗和常人盗。官吏"监守自盗仓库钱粮"是《大明律·刑律一·贼盗》中的条文。其中具体的内容是：

凡监临主守，自盗仓库钱粮等物，不分首从，并赃论罪。

---

〔1〕　怀效锋点校：《大明律》（点校本），法律出版社1998年版，第185页。

〔2〕　怀效锋点校：《大明律》（点校本），法律出版社1998年版，第263页。

并赃，谓如十人第次共盗官钱四十贯，虽各分四贯入己，通算作一处，其十人各得四十贯，罪皆斩；若十人共盗五贯，皆杖一百之类。并于右小臂膊上刺盗官钱粮物三字。每字各方一寸五分，每画各阔一分五厘，上不过肘，下不过腕，余条准此。

一贯以下，杖八十。

一贯之上至二贯五百文，杖九十。

五贯杖一百。

七贯五百文，杖六十，徒一年。

一十贯，杖七十，徒一年半。

一十二贯五百文，杖八十，徒二年。

一十五贯，杖九十，徒二年半。

一十七贯五百文，杖一百，徒三年。

二十贯，杖一百，流二千里。

二十二贯五百文，杖一百，流二千五百里。

二十五贯，杖一百，流三千里。

四十贯，斩。[1]

该条文中的具体计量标准也是大明宝钞，常人盗比监守自盗在处罚上更轻一些，斩刑要到八十贯，是监守自盗的一倍。不管哪种身份，计量标准都是大明宝钞。同时，根据盗的类型不同，还包括"窃盗"。如果通过窃盗盗取了具体的钱财，其价值如何判定？具体的定罪量刑如何？《大明律》针对窃盗的具体规定是：

一贯以下，杖六十。

一贯之上至一十贯，杖七十。

---

[1] 怀效锋点校：《大明律》（点校本），法律出版社1998年版，第136~137页。

二十贯，杖八十。

三十贯，杖九十。

四十贯，杖一百。

五十贯，杖六十，徒一年。

六十贯，杖七十，徒一年半。

七十贯，杖八十，徒二年。

八十贯，杖九十，徒二年半。

九十贯，杖一百，徒三年。

一百贯，杖一百，流二千里。

一百一十贯，杖一百，流二千五百里。

一百二十贯，罪止杖一百，流三千里。[1]

可见，《大明律》的规定保持了一致性，这里的计量标准仍是大明宝钞。普通盗窃罪的量刑比盗取官物更轻。明代法律规定，不管是哪种情况下的赃、盗罪的定罪量刑标准都是以大明宝钞作为计量单位的。但是，大明宝钞从发行之初就面临贬值的问题，并且随着时间的推移，贬值越发厉害。以原本大明宝钞的金额作为定罪量刑的标准，会与贬值后的价值严重不符。在《大明律》规定的"监守自盗"律文中，洪武时期颁行该法律时，一贯大明宝钞价值白银一两，具体的刑罚是杖八十；盗窃四十贯就是白银四十两，需要斩。但是，四十贯在永乐年间只能价值白银五钱，如果按照法律规定的盗窃四十贯就需要斩的话，即盗窃白银五钱的价值就需要处以斩刑，这与法律制定时的实质标准发生了严重冲突。更不用说继续往下发展，《大明律》一直没有更改，而四十贯在宣德七年（1432 年）的时候已经只能价值白银五钱左右了。盗取八十贯按照法律规定就要处

---

[1] 怀效锋点校：《大明律》（点校本），法律出版社 1998 年版，第 141 页。

以绞刑，对应四十贯大明宝钞的价值换算，八十贯才价值不足一两白银，与法律颁行时的差别太大，而且法律颁行时并不知道大明宝钞的贬值问题。对于赃罪，以有禄人不枉法受赃为例，《大明律》颁行时，一百二十贯大明宝钞价值白银一百二十两，定罪标准非常高，但是到永乐五年（1407 年），一百二十贯大明宝钞已经贬值到了只能兑换白银一两五钱了，到宣德七年（1432 年）则只能兑换白银一两二钱。一两多和一百二十两之间存在巨大差异，如果严格按照《大明律》的规定来定罪量刑，会严重违反立法时的目的，与立法原意不符。这样换算下来就是，从大明宝钞贬值开始到大明宝钞停止流通，对于盗、赃罪的犯罪者来说，盗取官物价值铜钱六七钱就已经达到了法律规定的死刑标准。常人盗取官物价值白银一两五钱就要被处以死刑。有禄枉法受赃的，受贿数量为白银一二两就已经符合法律规定的死刑标准了，不枉法受赃一二两白银也需要杖一百、流三千里。对于坐赃致罪，换算后最多达到白银六两多就符合量刑杖一百、徒三年的标准。如果此时继续坚持以《大明律》所规定的标准定罪量刑，反而会背离《大明律》制定时所实际希望的标准。在明代中后期，盗罪和赃罪较明初更多，且金额较大，如何以此时大明宝钞的实际价值对其进行定罪量刑？因为几乎所有的盗和赃罪都符合死刑的标准。明代的社会经济已经发展到一定程度，而白银也成了实际流通的法定货币，法定货币形式已经发生改变，虽然国家没有明文停止大明宝钞的使用，但大明宝钞已在实际上停止了流通。不仅是货币价值，货币种类也发生了改变。为了进行换算，又会出现大明宝钞和白银之间价值的巨大差异，导致司法实践中法律与现实的巨大冲突。因此，不断有人提出这种法律适用的冲突问题。其中，宣德时期的刑部尚书魏源提出：

　　江西按察司副使石璞言洪武初年钞重物轻，所以当时定律，官吏受赃枉法八十贯绞，方今物重钞轻，苟非更革，刑必失重。皇上命臣等集议以闻，臣等看得浙江按察使林硕先是亦曾乞以银米为准，受枉法赃银四十两、米八十石者死，不及者递减科罪。时右都御史顾佐等执议以为难行，臣等以为宜如璞硕所言。[1]

　　可见，上层官员已经发现了这个问题，但是还没有从实质上修改法律或提出新的定罪量刑标准。洪武时期制定的律令因作为定罪量刑标准的大明宝钞贬值而无法适应新的犯罪发展，而法定货币又已经发生改变，中间的换算和实际价值给司法实践带来了诸多困难，官员希望通过国家层面的法律和法制的变革，重新确定盗、赃罪的定罪量刑标准。其间，不止一名官员提出过这个问题，不同部门（尤其是三法司这些直接接触到司法实践的部门）的官员都反复提及这个问题。正统四年（1439年）都察院副都御史朱与言奏称：

　　言奏洪武初钞贵物贱故律以钞计赃，今者钞轻物重，而法司计赃论罪复如定律，请以今时物值酌洪武初钞直论罪如律。三法司议不可行从之。[2]

　　其提出了具体的解决办法，即还是按照洪武时期的法律定罪，但按当时大明宝钞的价值折算，也就是直接理清洪武时期法律颁行时真正想以什么价值标准来定罪量刑，透过律文表面直击实质。但是，这些奏请都没有得到皇帝的准允。由于一直得不到皇帝的同意，越来越多的司法判例产生，《大明律》律文

---

〔1〕《明英宗实录·卷八·宣德十年八月庚子》。
〔2〕《明英宗实录·卷五十八·正统四年八月丙子己卯》。

规定的定罪量刑标准愈发显得不合理，司法审判的矛盾难以处理。三法司共同就该矛盾奏请：

> 初有敕凡官吏人等犯枉法赃者，不分南北，俱发北方边卫充军，至是行在刑部都察院大理寺议称，洪武初年定律之时，钞贵物贱，所以枉法赃至一百二十贯者，免绞充军。即今钞贱物贵，若以物估钞至百二十贯枉法赃俱发充军，轻重失伦。今后文职官吏人等，受枉法赃比律该绞者，有禄人估钞八百贯之上，无禄人估钞一千二百贯之上者，俱发北方边卫充军。其受赃不及前数者，照见行例发落。[1]

这次奏请在陈述现实问题之后直接提出此时应按大明宝钞价值多少来定罪量刑，没有再换算成白银计算。直接说明当时的大明宝钞价值多少，因此定罪多少，而现在贬值后的大明宝钞，还要定这个处罚等级就需要达到一定的标准。因为三法司各部门多次就同一问题上奏，皇帝最终同意了在司法实践中以实际的犯罪价值定罪量刑，即提高了赃、盗定罪量刑的大明宝钞数额。这一次是以大明宝钞作为计量单位来提高赃、盗罪的定罪量刑标准，仍保留了宝钞这个单位。因为改变后的阻力很大，大量守旧学者认为刑罚要依《大明律》科断，不能引用别的条例。提高赃、盗罪定罪量刑的标准违背了祖制。这就是法律实践和文化之间的冲突。从根本上解决法律制度在实施中的冲突应从定罪量刑的基本标准入手，即计量单位应由大明宝钞变为实际流通的主要货币——白银，如果不对此进行变革，其他简单提高定罪量刑标准的方法都是不现实的，不能从根本上解决司法审判与现实的冲突。如果在此时还继续在司法中坚持以大明

----

〔1〕《明英宗实录·卷七十三·正统五年十一月庚子》。

宝钞作为基本的计量单位，则违背了经济社会发展规律，因为民间交易已经自行选择了白银、淘汰了宝钞。如果强行继续在司法实践中延续大明宝钞的使用，司法实践与现实必然会发生脱节、产生矛盾。朝廷在长时间内一直通过各种手段（包括大量的法律举措）保障钞法的实施，但是都没有取得好的效果，司法实践应顺应这种形式，从根本上进行改革。《大明律》本身遵从祖制完全不能变动，无法适用于明代中后期的这些赃、盗案件，根据现实需要制定的例的数量越来越多。以例来辅助律的实施成了解决法制与实践冲突这个现实问题的重要手段。因此，明代中后期修订了《问刑条例》。其修订内容可以侧面反映白银在明代中后期法制变革中扮演的角色。

2. 白银与《问刑条例》对律文赃、盗标准的变更

从第二章明代货币法律的渊源来看，明代的货币不只有《大明律》，还有令、大诰、条例、榜文等。虽然《大明律》作为基本法律不能更改，但为了适应社会发展和实际统治的需要，条例与榜文等都是机动、灵活的形式。因为从永乐年间开始，大量条例形成，如果归纳适用，大部分的办法都是将这些条例编纂在一起供查询使用。但是，也有学者提出应销毁这些条例，认为法司断罪应严格依照《大明律》，不能以例来定罪量刑。明孝宗时期的礼科给事中王纶上奏：

> 近年《问刑新例》滋多，人难遵守，维今请一据律令。其律令所不载者，奏请上裁，如见行事例，有可行之久远者，请令法司删定，颁示天下。[1]

但三法司的观点是《大明律》是基本大法，应以稳定为主，

---

〔1〕《明孝宗实录·卷四十六·弘治三年十二月戊申》。

不得变更。条例是一种权宜之计，为了适应当下的司法审判，起辅助《大明律》的作用。因为不同案件所犯罪行轻重不同，如何定罪应在当下结合各种因素进行判断，如果具有指导意义形成了事例，能对其他同类型的案件的审判起到指导作用。在实际案件处理过程中，在法律没有明文规定的情况下，司法官员根据律意比附律文创设规则形成的例是契合司法审判实践、具有现实意义的。到了弘治时期，明孝宗要求三法司对历年形成的《问刑条例》进行编纂审定，经过讨论最终定为《问刑条例》。虽然大量的官员和学者都主张废止条例，只能按照《大明律》定罪量刑，但是《问刑条例》是由具有最高司法权的皇帝诏令制定编纂的，因此其意味着条例的地位由辅助律文实施上升到了与基本法律一起成为司法实践的依据。那么，《问刑条例》对《大明律》中的赃、盗罪定罪量刑标准进行了怎样的变革呢？

《问刑条例》取消了杂犯的死罪处罚，与货币形式紧密关联的赃、盗罪的死罪被停止使用。在此，笔者将从《问刑条例》的例文入手，具体分析《问刑条例》给明代中后期货币法制带来的变化，即货币形式改变给明代货币法制带来的变革。笔者将按照类型分别列举《问刑条例》中的具体例文。

关于货币本身的规定，即货币法制在《问刑条例》中的变化，在"私铸铜钱"方面的具体例文是：

> 私铸铜钱，为从者问罪，用一百斤枷，枷号一个月，民匠、舍余，发附近充军；旗军，调发边卫食粮差操。若贩卖行使者，亦枷号一个月，照常发落。[1]

---

〔1〕 怀效锋点校：《大明律》（点校本），法律出版社 1998 年版，第 339 页。

从这条例文中我们可以明显看到，对"私铸铜钱"的处罚与《大明律》相比轻了很多。废除了死刑，从犯和贩卖使用的才枷号一个月。这也是因为定罪量刑标准提高了，因此对"私铸铜钱"的处罚也就相应减轻了。而在伪造白银方面，例文规定如下：

> 伪造假银及知情买使之人，俱问罪，于本处地方，枷号一个月发落。[1]

伪造假银或者知道是假银还故意购买使用的，处罚都是枷号一个月。货币犯罪刑罚的减轻从侧面体现出了国家对货币控制的相对放松。不再像明初那样严格控制货币的形式和使用流通。而关于间接地与货币形式紧密相关的赃罪，《问刑条例》规定：

> 僧道官系京官，具奏提问。在外，依律径自提问。受财枉法满贯，亦问充军。[2]

本条例是对僧道官受财枉法的处理规定。僧道官属于有禄人，受财枉法满贯，就是达到规定的最高定罪量刑标准，具体刑罚是充军。可以看到，《问刑条例》已经取消了《大明律》中的死刑处罚。关于赃罪的具体例文也能体现货币形式的变化：

> 在京在外问完囚犯，但有入官、还官、给主赃物，值银一十两以上，监追年久，尽其家产变卖陪纳。
>
> 若该追赃物止值银八、九两以下，及埋葬银监追一年之上，

---

〔1〕　怀效锋点校：《大明律》（点校本），法律出版社1998年版，第339页。

〔2〕　怀效锋点校：《大明律》（点校本），法律出版社1998年版，第339页。

勘实全无家产变卖者，俱照本犯原拟发落，仍召保营办完纳。[1]

从该条例文中我们可以看到，赃罪在受到刑罚后，还需要将赃物入官、还官、给主。具体价值如何计量？《大明律》规定的标准是大明宝钞，《问刑条例》则将赃物价值的计量标准变更为了白银，这里明确规定了是价值多少白银的赃物。这是对白银法定地位在司法中的确认，是白银对法制的改变。而关于盗罪，《问刑条例》中也有例文对其加以规定。从具体例文中我们可以看到计量标准的改变：

> 凡仓库钱粮，若宣府、大同、甘肃、宁夏、榆林、辽东、四川、建昌、松潘、广西、贵州，并各沿边、沿海去处，有监守盗粮二十石、草四百束、银一十两、钱帛等物，直银一十两以上。常人盗粮四十石、草八百束、银二十两、钱帛等物直银二十两以上，俱问发边卫、永远充军。两京各衙门漕运及京通临淮徐德六仓并腹里节差给事中御史查盘去处，若有监守盗粮四十石、草八百束、银二十两、钱帛等物直银二十两以上。常人盗粮八十石、草一千六百束、银四十两、钱帛等物直银四十两以上，亦照前拟充军，其余腹里节差巡守等官查盘去处，若有监守盗粮八十石、草一千六百束、银四十两、钱帛等物直银四十两以上。常人盗粮一百六十石、草三千二百束、银八十两、钱帛等物直银八十两以上，亦照前拟充军。若盗沿边沿海粮四百石、草八千束、银二百两、钱帛等物直银二百两以上，不分监守、常人，俱照奉弘治三年二月二十三日钦定事例，斩首示众。其四等人犯，俱依律并赃论罪，仍各计入己之赃数满，方

---

[1] 怀效锋点校：《大明律》（点校本），法律出版社1998年版，第339页。

照前拟断，不及数者，照常发落。[1]

这条例文包含了监守盗和常人盗两种身份，最直观的感受就是盗罪定罪量刑的标准变为了白银，并且相比于《大明律》，定罪标准提高了，监守盗最少要价值白银一十两才会被定罪，常人盗最低则要达到价值白银二十两。计量所盗价值的基本货币形式变为了白银，因此定罪标准也随之提高。同时，所受的刑罚也减轻了，一般都是发边卫、充军。即便监守盗达到白银四十两，常人盗达到白银八十两，具体的处罚也仍是充军。所盗物品价值达到白银二百两以上时，将不再区分犯罪者的身份，不管是监守盗还是常人盗，只要是白银二百两以上，就斩首示众。但是，白银二百两已经是非常高的定罪量刑标准了，尤其是相对于《大明律》的规定来说。因此，《问刑条例》最直观的货币法制方面的改变就是改变了定罪量刑的计量单位，提高了定罪量刑的标准，缓和了司法实践和实际的冲突。

对比律文和上述所列《问刑条例》之例文，详细的变革之处在于：①将赃、盗罪的犯罪主体更加细化，便于实践操作。除了简单的有禄人、无禄人与监守盗、常人盗外，《问刑条例》还规定了僧道官这个犯罪主体，并通过例文明确僧道也按照官员身份定罪量刑。这是因为明初制定《大明律》时，司法实践还不多，在借鉴前代的基础上订立、颁行法律，很多实际问题没有被考虑。随着统治的推进，很多现实问题出现，法律难以与之匹配，需要予以不断细化。②刑罚减轻。《大明律》的处罚更加严苛，特别是针对官吏的犯罪，赃、盗罪领域的最高刑罚都是处以绞、斩等死刑，但是《问刑条例》的变革是刑罚明显变轻，取消赃、盗犯罪的死刑，最严重的处罚是流刑、充军、

---

[1]　怀效锋点校：《大明律》（点校本），法律出版社 1998 年版，第 339 页。

发边立功等。③定罪量刑的计量标准发生改变。《大明律》中的计量标准是大明宝钞，因为货币形态的改变，在《问刑条例》中变为了白银。与之相应的是，定罪量刑的标准也有所改变，提高了定罪量刑的标准。但《问刑条例》颁行之后，明代关于经济发展与法律变革的争论并未停止，《问刑条例》也不是最终司法审判的依据。在其颁行后，明代还有大量的例为适应经济和政治统治而生，明代法律制度和例的条文还处在变革之中，不断增加新条例的同时针对旧条例作出修订。朝廷于嘉靖二十九年（1550年）完成了对《问刑条例》的修订，其中关于赃、盗罪规定的基本思想，是加重法律惩罚，开始回归到《大明律》重罚的思想。但是，这种重罚与经济社会发展却难以匹配，导致在司法实践中出现了不能按照律文判决也不按照例文进行审理，只是根据具体案情，结合情理具体分析，大范围、大幅度地行使司法官自由裁量权的情况。为了改变这种现状，规范司法裁判，朝廷于万历二年（1574年）开始对《问刑条例》展开修订。这次修订对内容的改动不大，主要是进行了规范化的补充。从《问刑条例》的条文变化中我们也可以看到明代中后期法律制度变迁的过程，使国家法制顺应了时代的发展，进行了法制变革，顺应了社会经济的发展。

（二）白银与赎罪的法制变革

1. 明代律、令中的赎刑规定

赎刑的实施依赖于社会中流通的主要货币，是以法定主要流通货币来确定赎的金额。《大明令》规定的赎刑基本形式是以铜赎罪，而《大明律》颁行时则是规定以铜钱赎罪。从这已经可以看到流通中的货币形式变化。《大明令》的"刑令"部分关于赎罪的具体规定有：

笞一十，赎铜半斤。

杖一十，赎铜一斤。

徒一年，赎铜一百二十斤。

徒一年半，赎铜一百四十斤。

徒二年，赎铜一百六十斤。

徒二年半，赎铜一百八十斤。

徒三年，赎铜二百斤。

流二千里，赎铜二百二十斤。

流二千五百里，赎铜二百四十斤。

流三千里，赎铜二百六十斤。[1]

从《大明令》的这个规定中我们可以看到其规定的赎刑方式都是纳铜赎罪，而且铜是论斤计算。这符合当时流通中货币的要求。针对赎刑，《大明律》直接规定：

答刑五：一十。赎铜钱六百文。二十。赎铜钱一贯二百文。三十。赎铜钱一贯八百文。四十。赎铜钱二贯四百文。五十。赎铜钱三贯。

杖刑五：六十。赎铜钱三贯六百文。七十。赎铜钱四贯二百文。八十。赎铜钱四贯八百文。九十。赎铜钱五贯四百文。一百。赎铜钱六贯。

徒刑五：一年杖六十。赎铜钱一十二贯。一年半杖七十。赎铜钱一十五贯。二年杖八十。赎铜钱一十八贯。二年半杖九十。赎铜钱二十一贯。三年杖一百。赎铜钱二十四贯。

流刑三：二千里杖一百。赎铜钱三十贯。二千五百里杖一百。赎铜钱三十三贯。三千里杖一百。赎铜钱三十六贯。

---

〔1〕　怀效锋点校：《大明律》（点校本），法律出版社1998年版，第259~260页。

死刑二：绞、斩。赎铜钱四十二贯。[1]

"五刑"都可以适用赎刑，包括死刑也可以，只要满足具体的铜钱贯数。在这里的规定中，赎刑是以铜钱作为判定标准的，区别是《大明令》颁行时铜还是论斤计算，而《大明律》规定的已是国家铸造的规范铜钱，以贯作为基本单位。虽然律令条文这样规定，但是在实际操作中赎刑的适用形式多样。从例的规定和具体判例中可以看到纳米赎罪的，具体可以划分为：以实物赎罪，如米粟等；以劳役赎罪。赎刑形式非常灵活，从这些灵活的赎刑形式可以看到不同时期国家财政需求的变化。在需要推行钞法的时期，要求输钞赎罪，保障大明宝钞的流通使用。也有为了财政需要和军需目的，施行纳米赎罪的。我们从大量与货币有关的司法判例中都可以看到类似的判罚结果。基于财政目的而设立的赎刑制度在具体司法实践中必然存在赎刑形式过重的问题，违背了立法的本意，成了提高国家财政收入的一种手段。

2. 白银与明代赎刑法律制度的变革

由于法定主要流通货币由大明宝钞变为了白银，国家的赎刑法律制度没有办法继续沿用明初的规定，但是也并没有简单地以变更后的货币形式确定赎刑形式，而是在明初的基础上进行了制度变革，形式和内容都以白银这种货币形式为中心展开。

明英宗和代宗时期是明代赎刑法律制度变革的关键时期。从司法判例来看，这一时期的主要赎刑形式还是纳米赎刑。基于军事需要，纳米赎刑仍是赎刑主要形式，这时的创新在于因为北方备战，继纳米赎刑，朝廷还规定了纳草赎刑这一赎罪形式。《明英宗实录》关于"纳草赎刑"的记载是：

---

[1] 怀效锋点校：《大明律》（点校本），法律出版社 1998 年版，第 1 页。

户部言民间刍草岁用不给，请令法司囚犯以四分为率，二分仍旧运砖运粮，二分输草，二死罪纳草一千八百束，三流并徒三年一千四百束，徒二年半以下每等自一千二百递减二百束，笞杖罪每一十四十束从之。[1]

这是直接明令在司法实践中以纳草作为赎刑的形式，并且具体规定了刑罚对应的纳草数量，是实际操作的规定。随着时间的推移，纳草的数量也有所增加。但是，这些并不是明代赎刑法律制度最大的变革。既然货币法律形式发生了变化，那么法律制度最大的变革应该是纳银赎罪。什么时候开始正式纳银赎罪？《明史》的记载是"弘治十四年，定折收银钱之制"。[2]但是，实录中关于纳银赎罪的记录是陕西按察司按察使陈正伦的一份奏折。具体内容为：

关中比岁旱涝，军民艰食，兼以转输边储，劳瘁尤甚。今小丑就擒，而渠魁未殄，飞挽之役未有纪极。请以山东、浙江、江西、直隶诸处坐法者，自杂犯死罪而下，以罪之轻重为差。俱本处纳银赎罪。积至半年，令人类解赴陕西布政司，转送各边管粮官收贮，依时直易米上仓，庶可苏关中民力之万一。[3]

这里关于纳银赎罪的记载明显早于弘治十四年（1501 年）。证明《明史》记载的纳银赎罪的开始时间是有误的。那么，具体应该按照怎样的标准来执行纳银赎罪呢？对应的则例规定的是：

---

〔1〕《明英宗实录·卷一百二十四·正统九年十二月乙巳》。
〔2〕（清）张廷玉等撰：《明史·卷九十三·刑法志一》，中华书局 1974 年版。
〔3〕《明英宗实录·卷四十五·正统三年八月癸丑》。

杂犯死罪者纳银三十六两，三流二十四两，徒五等视流递减三两，杖五等一百者、六两，九十以下及笞五等，俱递减五钱。[1]

经过司法实践，官员普遍提出纳银则例的规定标准过重，难以推行。基于此，明代朝廷对纳银则例适用地区中的部分标准进行了更改。在这些地区，适用新的纳银标准：

更定山东等处罪囚赎银例，先是陕西按察使陈正伦言所属府县旱涝边储不敷，河南、山东民力颇舒，河南罪囚纳米赎罪者已行折银，类送陕西备用山东等处亦宜照例事下行。在户部奏准将山东浙江江西直隶犯罪该纳赎米者折银，死罪三十六两，流罪二十四两，徒罪三年二十一两，二年半一十八两，二年至一年递减三两，杖一百六两，九十，五两五钱，八十至六十递减五钱，笞五十，二两五钱，四十至一十递减五钱。俱本处官司收贮半年一次差人类解陕西布政司交收不愿纳银者照旧纳米，笞杖本处徒流死赴兰县贫难者，笞杖的决徒流死，煎盐备御徒照年限流四年死五年满日，疏放命下而山东按察司佥事薛瑄奏云山东每银一两买米五石，以银折米数多三倍有余，乞将赎罪银数照依时直斟酌轻重使之送纳无力者，官吏解京做工其余仍照旧例发落。庶赎刑得轻重之宜狱囚蒙宽恤之惠。上命户部三法司会议以闻至是，议将山东纳米罪囚，有力者，死罪纳银二十两，流罪十三两，徒三年十一两、二年半十两、二年九两、一年半八两、一年六两，杖一百五两、九十四两、八十至六十递减五钱，笞五十二两、四十至一十仍照原定则例，所收银类解赴京，不愿纳银者仍照原先纳米例赴济宁、临清、德州仓纳，

---

[1]《明英宗实录·卷四十五·正统三年八月癸丑》。

军民官吏受赃该罢职役降调者解京，无力者俱照前例发落。[1]

　　与纳银则例相比，部分地区修改后的纳银标准大大降低，更易于在司法中推广。因此，纳银赎罪例被大量适用于官吏犯罪案件，因为官吏有能力承担纳银的金额。随之产生的是用白银来判定赎刑则例的轻重，将所有的赎的物品换算成白银来评判同类型处罚在不同案件中的纳赎金额，判定司法实践中的判罚是否得当。成化年间，在赎刑制度方面几乎完全实现了纳银赎罪，白银替代了其他形式的赎刑物，纳米赎罪、纳草赎罪都随着司法实践的继续发展渐渐变更为纳银赎罪。这也改变了从明初开始赎刑形式多样的局面，基本统一了赎刑的形式。即便是以其他形式收纳，在送交收用时也会折算为白银。如：

　　除真犯及官吏受财枉法例该充军外，其杂犯死罪纳米八十石，三流五十石，五徒自三十五石递减五石至十五石，杖答每一十纳一石，俱照时值折银，送布政司收用，以调兵征剿满四预积粮储给军故也。[2]

　　这是法司确定适用于陕西地区的纳米折银赎刑例。其可以体现法律层面即便规定纳米，最终也需折算为白银上交。当然，不光是纳米折算白银，原本法律规定的纳钞赎罪也需要折算为白银。正德二年（1507 年）制定过钱钞兼半折收赎刑例，但是宝钞只是计量标准，在具体的实践中，将规定的大明宝钞也折算成白银来具体收取。所以，虽然法律中存在纳钞赎罪的规定，但实际中已经通过将大明宝钞折算白银的方式取代了这种规定。赎刑标准因白银而发生的变革最终由《赎刑条例》固定下来，

---

〔1〕《明英宗实录·卷五十一·正统四年二月庚戌》。
〔2〕《明宪宗实录·卷五十七·成化四年八月戊子》。

标志着明代赎刑法律制度的统一，确定纳银赎刑是赎刑的唯一履行方式，这也是明代法律制度因白银而发生重大变革的一种表现。

三、明代关于白银货币法制变革的争论

白银虽然从很早便成了货币，但流通的范围一直并不广泛。明代中后期完全将白银作为主要货币，和国家的货币法律制度规定是相悖的。在此基础之上，明代法制和货币法制也因为主要流通货币和法定货币形式的改变也相应进行了变革。因此，白银能否作为主要法定货币及货币法制的变革必然存在论争。

从正统元年（1436 年）开始，朝廷松弛用银之禁，标志着明代朝廷以大明宝钞作为唯一货币的尝试失败，大明宝钞几乎等同于不具有任何价值的白纸，退出了流通领域，货币政策和货币制度随之发生改变。白银的使用在国家层面放松禁令后呈现出日益稳固的趋势，流通区域和流通范围都涵盖了全国几乎所有的交易渠道。在嘉靖四年（1525 年），朝廷下令：

> 令宣课分司收税，钞一贯折银三厘，钱七文折银一分，是时钞久不行，钱亦大壅，益专用银矣。[1]

在此时，白银的主要法定货币地位已经得到确立，货币完全白银化。朝廷于万历九年（1581 年）推行"一条鞭法"，开始计亩征银，国家的财政制度基本实现了白银化。白银虽然成了流通中的主要货币，也得到了国家的认可，但是传统中国一直以铜钱作为主要货币，明初也是推行的大明宝钞，而白银的

---

[1] （清）张廷玉等撰：《明史·卷八十一·食货志五·钱钞》，中华书局 1974 年版。

使用流通则是从民间倒逼影响国家的政策和法制，因此给持有不同观念的学者造成了很大的冲击。有大量的学者持有不同的意见，并就此展开论争。

明代中后期的改革家张居正作为明神宗时期的首辅大臣，对白银是持支持态度的，其提出的"一条鞭法"改革的核心就是赋税完全实现白银征收，以白银作为唯一的征收物，全面实现赋税的货币化改革。张居正在强调使用白银的同时还主张铜钱继续流通，但是条件是不再铸造新的铜钱。王世贞作为嘉靖时期的进士，官至刑部尚书，与张居正一样支持将白银作为法定主要流通货币，让货币形式全面白银化。他认为，白银作为货币材料具有优势：

> 凡贸易金太贵而不便小用，且耗日多而产日少，米与钱贱而不便大用，钱近实而易伪杂，米不能久；钞太虚亦复有泡烂；是以白金之为币长也。[1]

这里的"白金"就是白银，王世贞通过对比其他货币材料，认为白银成为法定货币从原料上具备客观条件。但是，白银刚刚获得法定地位，完全用白银取代铜钱和大明宝钞、完全使货币白银化在理论上遭到了很多议论。对明代货币法研究颇深的丘浚认为，可以建立三种货币形式兼行流通的货币制度。因为丘浚生活的时期是商品经济高速发展的明代中期，城乡经济发展出现差异，高速发展的城市商品交易需要白银这种能统一价值的贵金属货币形式，但是农业和发展较慢的地区则需要铜钱这种货币。缺少任何一样都会难以兼顾到所有地区。因此，丘浚通过综合分析得出的结论就是白银、铜钱和大明宝钞三种货

---

〔1〕　（明）王世贞：《弇州史料自集》卷三十七，明刊写刻本。

币形式同时流通行使。他的论述是:

> 稽古三币之法,以银为上币,钞为中币,钱为下币,以中下二币为公私通用之具,而一准上币以权之焉。盖自国初以来有银禁,恐其或阏钱钞也,而钱之用不出于闽、广,宣德、正统以后,钱始用于西北,自天顺、成化以来,钞之用益微矣。必欲如宝钞属锱之形,每一贯准钱一千、银一两以复初制之旧,非用严刑不可也。然严刑非世所宜有,夫以法治民之形,可行于一时,不若以理服民之心,可施于悠久也。盖本天之理,制事之义,以为民之利,因时立法,随时以处中,圣贤制事之权也。窃以为今日制用之法,莫若以银与钱钞相权而行,每银一分易钱十文,新制之钞每贯易钱十文,四角完全未中折者每贯易钱五文,中折者三文,昏烂而有一贯字者一文,通诏天下以为定制而严立擅自加减之罪,虽物生有丰歉、货直有贵贱,而银与钱钞交易之数一定而永不易,行之百世,通之万方。如此,则官籍可稽而无那移之弊,民志不惑而无欺给之患,商出途、贾居市皆无折阅之亏矣。既定此制之后,钱多则出钞以收钱,钞多则出钱以收钞,银之用非十两以上禁不许以交易,银之成色以火试,白者为准,宝钞、铜钱通行上下而一权之以银,足国便民之法盖亦庶几焉。[1]

丘浚将白银放在主要货币的地位。他主张建立的货币制度是以白银为主要流通货币的制度。在他的设计中,白银不只是交易的一般等价物,同时还具备稳定铜钱和宝钞价值的功能,也就是"银本位制"的确立。这种货币制度设计是符合货币和经

---

[1] (明)丘浚:《大学衍义补·铜楮之币》,蓝田玉等校点,中州古籍出版社1995年版。

济发展的基本规律的，有利于经济、社会向前发展。但是，松弛银禁之后，几乎所有交易都用白银，导致白银数量紧张，因此丘浚的货币制度设计具体提到了白银十两以上的交易才用白银，这个数量以下的交易都使用铜钱或者宝钞，期望用这种对白银限额使用的规定缓解白银的需求。丘浚在货币制度设计中具体规定了白银和铜钱的比价，确保白银和铜钱都是价值尺度、价值互相绑定，以求货币价值的稳定。古代中国并没有严格的货币本位制度，没有明确的法律条文规定各种货币的法偿能力，但是赋税折银、赎刑折银等各种折银计算表示白银在实际中有了法偿能力，所以丘浚的货币制度设计可以被视作"银本位制"，当然这还不是近代的那种"银本位制"。丘浚设计的这种三币兼行制度的现实问题就是他提出的三种货币形式之间的对价（即互相之间的交换价值），在他看来是确定的，永远不能变更。这是完全无法实现的理论层面的想法。因为大明宝钞本身就一直面临贬值的问题，同时铜钱的价值也会因为铜原料和铸造工艺、流通等因素的变化而发生正常的价值波动，流通中的白银和铜钱的数量变化也会导致价值发生变化。其将比价完全固定就是要求货币形式本身的价值固定，这是不可能实现的。

有重视白银法定货币地位的理论，就有抵制白银流通成为法定货币的理论。其中，谭纶就是一个看轻白银流通的学者。他认为，国家财政的困难都是由白银造成的，因为白银贵重而且数量少，导致物贱银贵，百姓生活和经济出现困难，所以国家财政也随之匮乏。在他的分析里，白银会导致贫困。具体的内容是：

> 夫天地间惟布帛菽粟为能年年生之，乃以其银之少而贵也，致使天下之农夫织女终岁勤动，弗获少休，每当催科竣急之时，以数石之粟、数匹之帛不能易一金。彼一农之耕，一岁能得粟

几石？一女之织，一岁能得帛几匹？而其贱若此，求其无贫不可得也。民既贫矣，则逋负必多，逋负多矣，则府库必竭，乃必至之理也。[1]

这里的"一金"就是指一两白银。谭纶认为，由于白银稀少，赋税也开始征银会导致白银价值上涨，加重人民的困难和负担。但是，从实际情况来看，当时并没有因为白银不足而出现过银价上涨的情况。随着时间的推移，从长期的曲线来看，白银的价值是下降的。随着对外贸易的发展，因为大量外来白银的流入，明代中后期白银并没有出现过匮乏的问题，因此谭纶担忧的基础是不存在的。而且，人民贫困的根本原因不在于任何一种货币形式，也不是货币制度或者法律制度，而是国家的经济政策指向。谭纶使用白银会导致贫困的论述夸大了货币对整个国家治理的作用。

谭纶当然不是唯一反对白银流通使用的，山西巡抚靳学颜在其奏折《讲求财用疏》中也是认为白银的使用有害。山西在明代商业贸易发达、经济领先，但是其巡抚的观点是白银的使用有害。他认为：

今天下之民愁居慑处，不胜其束湿之惨；司计者日夜忧烦，皇皇以匮乏为虑者，岂布帛五谷不足之谓哉？谓银两不足耳。夫银者，寒之不可衣，饥之不可食，又非衣食之所自出也，不过贸迁以通衣食之用尔。[2]

靳学颜的论述是建立在传统中国一直认为白银比较稀缺的

---

[1] 叶世昌编著：《中国货币理论史》，中国金融出版社 1986 年版，第 177 页。

[2] （清）陈梦雷编纂：《古今图书集成·经济汇编·食货典·卷三五七》，广陵书社 2011 年版。

认知基础上的，认为如果以白银作为主要货币流通，必然会遭
遇稀缺问题，而白银本身又不能当作衣服，饿了又不能吃，成
为主要货币流通必然带来害处。他的这种观点是建立在传统认
知之上的。其认为白银稀少，即便是开采银矿也无法补充。他
作为山西巡抚，根本没有了解过民间商业交易中的实际情况，
没有考察过白银的真实数量，也根本不知道有大量的白银流入
明朝，给白银的大量流通使用打下了基础。靳学颜以这种观点
为支撑具体提出了白银流通的两大害处：

（1）白银的流通会导致富豪敛财。他觉得使用白银会比使
用铜钱更便于富豪聚敛财富，加重贫富差距。他论述道：

> 钱益废，而银益独行，银独行，则豪右之藏益深，而银益
> 贵，银贵则货益贱，而折色之办益难，而豪右者又乘其贱而收
> 之，时其贵而出之，银之积在豪右者愈厚，而银之行于天下者
> 愈少。[1]

白银比铜钱更利于富豪阶层聚敛财富确实与明代的现实相
符。但是，白银成为主要的流通货币是经济发展的自然选择，
从使用上否定它的地位是行不通的，应该尝试从制度设计上完
善白银的流通，杜绝这种问题。

（2）白银的流通会导致最高统治者权力的丧失。他认为，
货币是统治者权力的体现，货币应该以统治者的权力作为其法
定地位和流通的保障。但是，白银自身具有价值，不用仰仗最
高统治者的权力就能依靠自身的价值进行流通，也不存在具体
的发行问题。他提出：

---

[1]　（清）陈梦雷编纂：《古今图书集成·经济汇编·食货典·卷三五七》，广
陵书社 2011 年版。

钱者，权也。人主操富贵之权以役使奔走乎天下，故一代之兴则制之，一主之立则制之，改元则制之，军国不足则制之，此经国足用之一大政也。[1]

他认为，最高统治者丧失对货币发行的控制会影响到其多方面的统治力。同时，大量白银掌握在富豪手中，是对皇权的重要威胁。他提出：

臣窃闻江南富室有积银数十万两者，今皇上天府之积，亦不过百万两以上，若使银独行而钱遂废焉，是不过数十里富室之积足相拟矣。[2]

他将富豪所拥有的白银数量对比皇室的白银数量，认为拥有差不多数量的白银就能动摇皇权统治，这是一种片面的对比理解。

在白银已经成为主要流通货币，并且货币实现白银化、赋税白银化、刑罚处罚白银化后，仍有学者认为白银的流通应被废止，其中就包括黄宗羲。黄宗羲坚持废金银。他从两个方面具体论述了为何应废金银：第一，他延续过去的理论，认为历代都没有以金银作为主要流通货币。他详细考察古代中国直到明代的货币发展历史，认为完全没有任何朝代将金银作为主要的流通货币。得出的结论就是应该废止金银的流通使用。他完全没有考虑社会经济的发展，不觉得白银成为主要流通货币是历史的发展。第二，他也是基于白银作为贵金属资源匮乏，并

---

〔1〕（清）陈梦雷编纂：《古今图书集成·经济汇编·食货典·卷三五七》，广陵书社 2011 年版。

〔2〕（清）陈梦雷编纂：《古今图书集成·经济汇编·食货典·卷三五七》，广陵书社 2011 年版。

且会面临用竭的问题来展开自己的观点。这也是反对白银使用的学者大多会提到的观点。正如前文所述，提出这种观点的人都没有认真考察过白银流通的实际情况，根本不清楚白银的实际数量和白银的来源。根据过去的经验，想当然地提出自己的观点。黄宗羲从白银的需求和供给两个方面展开了自己的论述。在需求方面，他认为，白银作为货币流通的范围越来越广泛，几乎覆盖了所有流通领域，因此对白银的需求相应增加，会造成白银市场的供需失去平衡，白银的价值会越来越高，不利于交易。虽然在三种货币形式同时流通的情况下，每种货币的价值确实都会因为需求等多种因素存在而发生变化，但是这种波动幅度绝对没有大到黄宗羲认为的失衡程度，也没有到需要禁止白银流通的程度。另外，关于白银的供给问题，他坚持认为交易中的白银供给严重不足，因为白银作为贵金属，产量有限，而富豪还喜欢收藏和敛财，导致白银供给严重不足。他的具体表述是：

> 元又立提举司，置淘金户，开设金银场，各路听民煽炼，则金银之出于民间者尚多。今矿所封闭，间一开采，又使宫奴专之，以入大内，与民间无与，则银力竭。二百余年，天下金银，纲运至于燕京，如水赴壑。承平之时，犹有商贾官吏返其十分之二三。多故以来，在燕京者既尽泄之边外。而富商大贾、达官猾吏自北而南，又能以其资力尽敛天下之金银而去。此其理尚有往而复返者乎？[1]

他认为，白银的市场需求不断增加的同时，市场供给因为原料匮乏、富豪收藏等原因会严重不足，再加上赋税以白银折

---

〔1〕 （明）黄宗羲：《明夷待访录》，段志强译注，中华书局 2011 年版。

收，会加重人民的负担。这与谭纶的观点和论述是一致的。基于对白银供需不平衡的担心，黄宗羲认为必须废止白银的流通使用。为了佐证自己的观点，他还提出了废止白银的七大好处：

> 废金银其利有七：粟帛之属，小民力能自致，则家易足，一也；铸钱以通有无，铸者不息，货无匮竭，二也；不藏金银，无甚贫甚富之家，三也；轻赍不便，民难去其乡，四也。官吏赃私难覆，五也。盗贼肢箧，负重易迹，六也。钱钞通路，七也。然须重为之禁，盗矿者死刑，金银市易者以盗铸钱论而后可。[1]

黄宗羲认为，禁止金银流通之后会有七大好处，但是这些好处与明末的经济发展已经完全无法匹配，是过去学说的继续。农民确实会因为赋税折银收取而负担加重，这是一个现实问题，但是想通过废止白银流通让人民固定在自己的土地上、限制社会人口的流动是与现实发展不符的，这是其自给自足农业思想对自己经济理论的限制。黄宗羲针对自己废止白银流通的理论，也提出了具体的操作方法，设计了在废止白银后相应的货币制度。他认为，在白银废止后应将铜钱作为唯一的法定流通货币，改革钱法，实现铜钱本位的制度。黄宗羲的这种设计明显是与历史的发展相悖的。

顾炎武对白银的理解也是抱持着白银枯竭的看法，认为白银的来源有限，供需不能平衡，因此反对白银的流通使用。可见，传统中国的货币使用沿革对学者的影响是巨大的。大量学者受过去货币发行和流通习惯的影响，坚持认为过去的经验是值得推广的。顾炎武与黄宗羲一样也是从供给和需求两个方面

---

〔1〕（明）黄宗羲：《明夷待访录》，段志强译注，中华书局 2011 年版。

去分析银荒出现的原因。但是否真实存在银荒？他坚持其会出现，并提出了原因。关于白银的来源，顾炎武的分析是契合历史实际的。他认为，白银的来源依靠国内的银矿产出和海外的贸易输入，这是符合现实状况的。关于白银的需求，他认为，器饰、迷信的耗费非常大，在施行"一条鞭法"后对白银的需求增大了。在器饰、耗费方面，白银与铜钱需要面对的问题是一样的，如果他这样认为白银的供给和需求有问题的话，其主张流通的铜钱同样有这个问题。顾炎武直接称白银为"害金"，完全反对将白银作为法定的主要流通货币。他理论的基点也是国家财政的需要。他认为，除了供需失衡外，白银利于贪污和盗窃。他举的例子是如果同时有两辆马车，拉着白银和铜钱，那么盗贼必然选择拉着白银的这辆车。以这个例子来说明白银更易引起盗窃等犯罪，所以不能流通，完全缺乏逻辑。顾炎武还认为白银的流通时间短，历代中国都是使用铜钱，后来使用大明宝钞，只有近期才完全将白银作为主要货币，这与黄宗羲的观点一致，简单将历史中流通的货币放到当下，是对历史发展的否定，是固化历史的表现。经济发展进入到一个新的时期，需要更适应当下的货币进入流通领域，而不是固守过去的货币种类，拒绝变革。市场需要什么样的货币，从来不取决于其流通历史的长短，而是取决于经济发展、商品交易、国家政策的需要。

综上，明末的启蒙思想家们反对用银的观点主要集中在三个方面：首先，认为白银的使用不利于皇权的稳固；其次，认为白银的流通使用（特别是赋税改革）会加重社会矛盾，加剧贫富分化；最后，认为白银的流通推动了商品经济的发展，是对农业经济的摧毁，会动摇封建制度。废除白银流通的理论都是基于供需失衡提出的。

第四节　白银法制的司法实务

除了静态地研究明代白银法制从无到有，具体的司法实践和司法审判过程能动态地展现明代白银货币法制的全景。在此，笔者将从具体的判例中看白银作为法定货币后或者说货币白银化后的司法实态，展现明代中后期白银货币法制带来的变革，从不同的判例类型入手进行详细分析。

一、白银发行方面的判例分析

（一）假银

假银包括了伪造的白银和私造的白银，也就是只要不属于国家法律承认的白银都属于假银，包含伪造和私造白银两种。除了伪造宝钞和伪造铜钱外，伪造白银的行为同样存在。因为白银的流通范围不断变广，虽然在国家层面承认其法定地位晚于民间流通，但限于在实际流通中出现了具体的与白银相关的犯罪问题，因此司法比国家政策更早接受白银成为流通的主要货币这一现实。对伪造白银的犯罪行为具体如何审判，由于《大明律》没有明确的律文规定，因此司法审判采用比附的方式来具体审理伪造白银的案件。从裁判标准确定和具体的司法判例切入分析。

1. 伪造白银的裁判标准

《比附杂犯罪律》规定了几项与伪造白银相关的裁判标准。首先是关于私造银两的具体处刑标准：

一私前人银两及造铜钱之类，比依常人盗仓库钱粮律，绞。[1]

––––––––––––––––––

〔1〕 杨一凡主编：《历代珍稀司法文献》（第 5 册），社会科学文献出版社 2012 年版，第 668 页。

私造前人的白银和私造铜钱的，都依照"常人盗仓库钱粮律"的规定，处以绞刑。私造银两的处罚比照常人盗仓库钱粮。这是司法实践中遵循的定罪量刑标准。其次，关于伪造金银的处刑标准，具体的规定是：

一伪造金银者，杖一百，徒三年。为从知情使用者，各杖九十，徒二年半。[1]

伪造金银的，处杖一百，徒刑三年。如果是从犯明知是伪造的金银还使用的，各杖九十，徒刑标准是两年半。这是关于伪造金银的处罚标准。同时，还有与假白银相关的量刑标准：

一丢假白银及节以诓赚不知名人钞五贯，比依赚局骗人财物，计赃，准窃盗论，免刺，满贯，杖一百，流三千里。[2]

这是用假的白银冒充真的白银设局进行诈骗，计算赃物后，应该按照窃盗论罪，具体的处罚标准也是比照窃盗律文规定来具体定罪处罚。可见，针对白银不只存在伪造和私造的问题，还涉及利用伪造和私造的白银从事其他类型的犯罪，这些都是具体的司法实践操作面临的实际问题，能真实地反映白银法制的状态。

2. 具体的假银司法判例

关于具体的假银的判例，《新镌官板律例临民宝镜·卷之九》记载了一例伪造假银后为非作歹的判例。具体的内容是：

---

[1] 杨一凡主编：《历代珍稀司法文献》（第5册），社会科学文献出版社2012年版，第668页。
[2] 杨一凡主编：《历代珍稀司法文献》（第5册），社会科学文献出版社2012年版，第669页。

审得高某怀奸狡之心，挟虚诈之术，溶铁煽铁做造假银，博与棍徒使用。此不市之物，千万物市之也，不独祸一人，千万人祸之也。合行毁炉绝火，重罪其人。不然，一时巧为成风，四处怨声载道，本县与有责焉。依律杖警，断绝将来。〔1〕

具体审理查明了高某主观上怀着奸诈狡猾之心，仗着自己会虚伪狡诈的技术，将铁熔、煽加工制造假银，交给棍徒流通使用。这种非法的货币进入市场流通会严重影响市场流通中的其他正规白银货币，这不是具体危害某一个个体，而是会无目的地危害到交易中的每个个体。应合并其罪行，毁掉冶炼的炉并关闭其烧制地方，对其处以重罪。不然的话，这种制造假银的行为会风行起来，造成极坏的社会影响、怨声载道，本县官吏都有责任。应严格依照法律处罚以示警示，断绝将来再犯的可能。也就是说，明代对假银犯罪的司法审判观念是严惩，以达到警示的作用，杜绝同类犯罪的出现。《新镌官板律例临民宝镜·卷之九》中还有类似假银判例的记载，这里的假银是以铜掺杂其中形成的。具体的判例是：

审得郑某市中翼虎也。用包铜假银买布，削剥害民。虽云同乡非异面之人，通衢非荒僻之所，但以市棍而御乡民，明欺其不识，而白骗之耳。庸知卖布救荒，一家嗷嗷待哺耶。合照白日御货律论罪，布追还原主。〔2〕

审理查明郑某是市场中的恶霸，使用包铜的假银买布的方

---

〔1〕 杨一凡、徐立志主编：《历代判例判牍》（第4册），杨一凡等整理，中国社会科学出版社2005年版，第266页。

〔2〕 杨一凡、徐立志主编：《历代判例判牍》（第4册），杨一凡等整理，中国社会科学出版社2005年版，第265～266页。

式剥削、陷害普通民众。虽然其交易作恶的地点不是在荒僻之处，也不是针对外地人实施犯罪，但其倚仗自己市棍的身份迫使民众接受，欺负别人不认识假银而进行欺骗。要知道，民众卖布是为了一家生计，所以郑某的行为危害极大，合并其罪行按照"白日卸货"的法定规定定罪量刑，将其所骗取的布追回归还原主。

（二）谕钱粮兑准发给

在白银发行过程中，具体的白银和粮食的发放数量和金额、如何投入市场流通都有明确、具体的标准，并且朝廷发放给民间的钱粮计量标准是固定的，不能故意不按确定的标准支付、减少支付白银，从中受赃谋取私利。由于在钱粮发放中此类犯罪行为屡禁不止，因此有专门针对这种犯罪的示谕明确对这类行为的具体惩罚，已达到警示和规范司法审判的目的。《盟水斋存牍》记载的是：

> 示谕：本府发各项钱粮向五十两一锭，计锭给发，每锭轻五钱、六钱不等。今本厅视事，补准、兑给不轻分毫。其库吏上下其手，及承行吏需索常例，许领钱粮人指名具呈，究赃拟罪。标正，影不得不正。三尺凛凛，断不而赦。[1]

本府发的各项钱粮每项都是以五十两为一锭的，计算锭数进行发放，但是实际每锭轻五钱、六钱不等。现今本厅要求，补准、兑给不能轻分毫。其库吏上下其手以及承行官吏索要也是常发生的事情，允许领取钱粮的人指名举报，追究赃款以拟罪。法律这样规定，具体的实施不能有偏差。而且，针对这种

---

〔1〕（明）颜俊彦：《盟水斋存牍》，中国政法大学法律古籍整理研究所整理标点，中国政法大学出版社 2002 年版，第 349 页。

犯罪绝对不能赦免。从《盟水斋存牍》记载的示谕来看，这里的"钱粮"已经是白银了。白银在成为法定货币后也进入了司法领域。国家层面的各种法律开始接纳白银作为货币计量单位。

（三）解运白银

将白银解运到指定的地方，是朝廷将白银作为主要流通货币，在进入流通前所做出的准备，也是朝廷收纳、支出白银，调控白银流通量的重要辅助措施。但是，其中有出现各种犯罪问题的可能。《盟水斋存牍》记录了"解银批失挂号郭郑朋"最终处以杖刑的判例。判词的具体内容是：

> 审得普宁县里长郭郑朋、郑曹承解四批钱粮，内徭役一批解布政司，柴薪马夫银一百九十二两，失于赴院挂号，混投回销，蒙批查勘。据称，同解郑曹中途患病不前，一人斋解，失于挂号，因销三批，并此一批，投进补号，钱粮解司，已取库收，查无别弊，姑从杖治。其郑曹患病未到，行县发落。招祥。[1]

审理查明普宁县的里长郭郑朋、郑曹承担解运四批钱粮的任务，由徭役一批运解到布政司，柴薪马夫和白银一百九十二两在赴院挂号的过程中遗失，受到指示查勘这件事。据称，一同运解的郑曹在中途患病，没有一同前往，是郭郑朋一个人运解的，遗失未挂号，因为销赃三批，追回一批，投进补号，负责钱粮运解的有司已经收取入库，查实没有其他问题，姑且判定杖刑治罪。郑曹因为患病未到，在县里发落。对此，都察院的批示是：

---

[1] （明）颜俊彦：《盟水斋存牍》，中国政法大学法律古籍整理研究所整理标点，中国政法大学出版社 2002 年版，第 166 页。

察院批：郭郑朋依拟杖警，库收缴。〔1〕

郭郑朋按照法律规定拟罪杖刑作为警示，收缴入库遗失的
物品。朝廷对于运解白银和粮食非常重视，出现问题的，刑罚
以警示为主。从运解钱粮来看，虽然按照法律规定是钱粮，但
这里的钱并不是铜钱的简称，而是指作为货币的白银。《盟水斋
存牍》中还有关于运解白银的判例记载。如"议委佐贰解运钱
粮"：

看得钱粮重务，委解非人无论，别有疏虞，即中途延缓不
能如期。当兹功令森严，贻累非小，岂容假手萍梗杂职，借水
手作经营，抛公事于脑后，此万万不可者。昨本司议定府县佐
贰领解，极是良法。而各职既恋其在事堂官，又护其属员，议
遂格格，不即行令，领解吴之璋又以失事见告矣。宪檄及职举
起殷实堪解者，以对通省官评册，尽在宪台一览中，只于其中
择府县佐贰之稍优者，于十府七州七十四县之内均点领解。宪
示批定不许推卸，庶原议可行而事有责成。若欲职举其人，则
请自广属五大县始矣、伏候裁夺，具县呈详。〔2〕

钱粮作为重要的国家事务，运解的工作委托非人的危害不
言而喻，任何疏漏（如中途延缓不能如期到达）都会引发严重
后果。现在功令森严，延误拖累不是小事，不能将这样重要的
实务交给杂职负责，借这些水手用作经营，将公事抛诸脑后，
是万万不可的。昨天本司商议决定府县佐贰负责运解是很好的

方法。但是各职官既贪恋其职务，又维护其下属，议定之后也没有马上按照该命令实施，领到任务负责运解的吴之璋又因为出事被举报。应该举荐殷实能担当运解重任的人，因此全省的官员评册应全部在宪台的掌握中，只在名册内选择府县佐贰中的优秀者，在十府七州七十四县内均点领命运解。经过宪台批示选定的人不允许推卸责任。如果想职举其他人，则需要请自广属五大县开始，等候裁夺。对此，布政司的批示是：

> 布政司批：通省钱粮起解，应从广、韶、惠、肇四府内择一人，该厅于属下所知先举一二，以应急需。缴。[1]

通省的钱粮起解，应当从广、韶、惠、肇四府中选择一人，该厅对属下比较了解的先举荐一两个人以备急需。在这里，运解钱粮中的钱也是泛指货币白银。关于如何选择运解的官员，有了这么具体的建议，可见运解白银是件非常重大的事情，对白银流入市场的影响至关重要。因此，关于如何选定运解官员，还有具体的记载——"详委官宋邦位解运钱粮"：

> 看得委解钱粮覆辙屡屡，岂敢轻涉笔舌。蒙批南海卫经历宋邦位是否可委，职不能深悉其人，但取一现任保结，或可保其无他。今有南海县县丞顾汝舟保结在案，似可准其委解。伏候宪裁，具繇呈详。
>
> 布政司批：宋邦位既有见任一官保结，仰候详委缴。[2]

发现委托运解钱粮的屡屡重蹈覆辙，都犯同样的错误，不

---

〔1〕（明）颜俊彦：《盟水斋存牍》，中国政法大学法律古籍整理研究所整理标点，中国政法大学出版社 2002 年版，第 661 页。

〔2〕（明）颜俊彦：《盟水斋存牍》，中国政法大学法律古籍整理研究所整理标点，中国政法大学出版社 2002 年版，第 661 页。

敢轻易对此发表意见。请批示是否可以委托南海卫的经历宋邦位负责运解钱粮，汇报的人不能深入了解这个人，但是选取一位现任官员为其作保结，或者可以担保其没有其他。现在有南海县县丞顾汝舟为其提供担保并记录在案，似乎可以准许其作为运解人员，等候宪台裁夺。布政司对此的批示是，宋邦位这个人既然有现任的官员作为保结，可以委任其运解钱粮。

二、白银流通方面的判例分析

（一）起解金银足色

"起解"简单地说就是提审，但是起解金银足色中的起解是指地方将白银解送上级。这里的犯罪是指需要由地方起解到上级的金银成色不足。也就是说，金银本身的品质出现了问题，成色不能达到规定的标准。而且，这种犯罪并不在少数，《锲御新颁大明律例注释招拟折狱指南·上栏所载文献·卷五·判告体式》专门记录了"起解金银足色判"，确定了审判和书写判词时的标准和参考。具体的"起解金银足色判"的内容是：

> 明珠暗投，壮士按剑之怒；璞玉误献，荆人受刖足之刑。天罚必加乎奸究，厥职宜靖乎臣邻。是故起解金银成色，不宜不足。今某职司提调，取乎民尽是锱铢；及至输将，解乎上皆为苴土。相欺收受课程，无乃管情贪饕，怙终变卖物货，岂得纳此泛常。着落均陪还官，定行依律科罪。[1]

明珠暗投这种事会引发壮士暗箭之怒；璞玉误献这种事，

---

〔1〕　杨一凡主编:《历代珍稀司法文献》（第5册），社会科学文献出版社2012年版，第723页。

荆人受到了刖足之刑的处罚。用类比的方式举例说明起解金银不足色犯罪的严重性。认为这种犯罪甚至会遭到天罚。因此，起解金银的成色不能不足。在这个论述之后可以引入具体的案件事实，这个判式在这部分写的是现在某职司的提调，从民间收取的都是锱铢，等到需要输送给将士时，在起解的过程中都是苴土。欺骗课程收受，无非就是因为管理这件事的人贪心，变卖了收取的货物，不能容忍这种事成为大范围平常之事。应发落全部赔偿的同时还官，按照法律严格课罪。

《新纂四六合律判语·卷之上·户律》也记载了一个"起解金银足色判"，但在这里出现的是一个典型判词。可见，这是一份在起解金额足色方面写得非常好的判词。笔者在此先对其中的"明珠暗投"和"璞玉误献"的典故进行具体的介绍。明珠暗投是指郭阳书所写的："明月之珠，夜光之璧，以暗投人于道，莫不按剑相盼者，无因而致前也。"[1] 璞玉误献是指卞和献璞这件事。从这个典型判词内容来看，司法实务不只简单处理案件、定罪量刑，还分析金银不足色的后果，分析法律背后的法理。

在这个典型判词的指导下看一下具体的司法审判是怎样的。《锲御新颁大明律例注释招拟折狱指南·卷五·户律仓库》列举的具体案例是：

> 或问：赵甲、钱乙俱依收受诸色课程，变卖物货，起解金银，成色不及分数者，作何拟断？[2]

---

〔1〕 杨一凡、徐立志主编：《历代判例判牍》（第4册），杨一凡等整理，中国社会科学出版社2005年版，第120页。

〔2〕 杨一凡主编：《历代珍稀司法文献》（第4册），社会科学文献出版社2012年版，第155页。

具体的犯罪行为查明是赵甲、钱乙都属于收受诸色课程，变卖货物、起解金银，成色不符合规定的，应该如何拟断定罪量刑？这里的回答是：

答曰：一、看得：赵甲等以提调官吏、人匠，一应起解金银，合宜足色，称乃职也。甲等不合而多有成色不足，怠忽之咎，除重不垒，姑以辨验不详究也。[1]

审理查明的事实是赵甲等人是以提调官吏和工匠的身份，一起负责起解金银这件事，按照规定应该足色，才能算称职。但是，甲等人起解的金银多数成色不足，怠忽失责，姑且按照辩验不详的失责来追究责任。结论为：

一、议得：赵甲、钱乙律各笞四十。俱有《大诰》减等，各笞三十。系官吏，纳米，完日还职，着落追赔还官。[2]

最终的判罚是赵甲和钱乙按照法律规定各笞四十。如果都有《明大诰》则按照法律规定减等处罚，各笞三十。因为身份是官吏，按照赎刑规定纳米赎罪，完成的时候就归还官职，追回损失赔偿后还官。

（二）盗库银

与货币直接相关的犯罪类型，除了货币铸造发行本身，还包括影响其流通的犯罪行为。盗库银和盗库钱、盗库钞是一样的，对应到现代都是对国家金融机构直接实施的盗窃行为，社会危害大，严重影响货币的流通。白银成为法定货币后，在流

---

〔1〕　杨一凡主编：《历代珍稀司法文献》（第4册），社会科学文献出版社2012年版，第155页。

〔2〕　杨一凡主编：《历代珍稀司法文献》（第4册），社会科学文献出版社2012年版，第155页。

通中也面临着这一类犯罪问题。《莆阳谳牍·卷二》记载了"一起侵盗库银事"。整个判例是：

> 前件看得谢国玺身司管钥而恣意侵渔。律重监守，国玺虽百口，能巧脱哉？独计四百余两之赃而完者仅十之五，偿于何日？无论林天启之十九金尚属虚指，即果有之，亦是太仓之一粟，何足为公帑全完计也？产尽赃穷，唯有速遣，与其死于监追，无宁死于遣发而，伏候裁夺。[1]

审查谢国玺身为管理钥匙的官吏而恣意侵犯渔民的行为。法律加重处罚监守之人，谢国玺虽然能言会道，但是不能轻巧脱罪。单独计算盗赃有四百多两，但是追回的赃款只有一半，什么时候能偿还完毕？即便林天启指认的十九金是虚假的，这个裁判结果也是一样的，其被揭发的盗赃都只是太仓一粟，根本不能和实际被盗的白银相比。将赃物尽力追回，只有赶快将其发边，与其让其在监狱中死去，不如在发配的过程中死去。具体的判决是：

> 依监守自盗库钱四十贯律斩系杂犯准徒五年刺臂照例免徒定发边卫永远充军犯人一名谢国玺。[2]

对谢国玺是按照"监守自盗库钱四十贯律"的标准判处斩刑，但是因为是杂犯，准许徒五年刺臂，按照例文规定免徒，确定处罚为发边卫永远充军。

《盟水斋存牍》也记载了盗库银的判例，为"盗库钱粮邓昭等"，虽然从类目上看是盗库钱粮，似乎不是白银而是铜钱，但

---

〔1〕 杨一凡、徐立志主编：《历代判例判牍》（第5册），杨一凡等整理，中国社会科学出版社2005年版，第459页。

〔2〕 杨一凡、徐立志主编：《历代判例判牍》（第5册），杨一凡等整理，中国社会科学出版社2005年版，第459页。

由于此时流通中的货币已经是白银，因此这里的类目是一个统
称，实际盗取的对象为白银，计算赃款的标准也是白银。该判
例的具体内容是：

> 审得库中钱粮之不清楚，未有若三水之甚者也。职奉院查
> 盘提究，拟罪追纳，历历有案。陆光进之呈上首邓昭欠库银千
> 余两。据管知县申文，二吏交盘，大庭广众造报之册，相交之
> 银，各有图书印记。今经数月，复有此告。如是，则所欠之银
> 与昭无涉矣，何必签拘？其签拘藐视之语，又与上文语气不接。
> 职与二吏对算，止尚欠三百五十两，无千金之多。而其银亦非
> 昭自侵匿，据昭称县官借支未还者。职恐其乘官以劫去，敢肆
> 喷血？又讯光进当日何不说明，甘以接管？进出有该县印照一
> 纸，强其接管，则三百五十金官也，非吏也，已了然矣。此管
> 知县之申文未免为骑墙之语也。据律，私借钱粮，官吏俱应重
> 拟。或邀宪台法外之仁，念已处之官，不复穷追，令二吏各认
> 其半，速办完库，私自与本官算明。是官吏三人之命，悬于宪
> 台笔下，非职所敢擅议也。具繇请夺。[1]

在审理过程中发现仓库中的钱粮数量不清楚，没有像三水
那样严重的。因此按照职责奉院查看盘问提审，拟定罪追纳赃
物，一共有这些案件：陆光进检举邓昭欠库银千余两。根据管
知县的申文，两位官吏交接，在大庭广众之下造报登记在册，
交接的白银都有图和文字印记。现在经过数月，还有关于盗库
银的举报。如果交接属实，那库中所欠的白银与邓昭没有关系，
他何必签名？而且，他所签的蔑视之语与前文语气不对。因为

---

〔1〕 （明）颜俊彦：《盟水斋存牍》，中国政法大学法律古籍整理研究所整理标
点，中国政法大学出版社 2002 年版，第 661 页。

审理的官员与两位官吏进行过核对计算，只是尚欠三百五十两，没有所称的千两之多。而且，这些白银也不是邓昭自己侵占藏匿的。按照邓昭的陈述，是县官借支后未还的。担心他的陈述是为了借着审理人员弹劾县官，又审讯为何当日不说明情况，这样接管。其陈述，进出都有该县的印照一张，强迫其接管，所以缺少的是三百五十两白银，而不是千两。责任在于县官，不在于直接管理仓库的吏，基本的事实已经查清。知县的申文未免是骑墙之语。按照法律规定，私借仓库内钱粮，官吏全部都应按照法律规定从重拟罪。或者邀请宪台法外之仁，念在已经是被处罚的官员，不再继续追究后面的处罚，命令二位官吏各认其应承担的一半责任，办理完毕之后将所缺失的白银补回，私下与审理的官员算明。这篇记载涉及审理的官吏办结案件之后认为不敢擅议，请布政司定夺。布政司的结论是：

> 布政司批：边海钱粮侵匿至三百余两，蕞而之库，奚堪此漏卮也？该厅审已了然，仰即如数追赔。另招详报。[1]

将边防海防的钱粮侵占隐匿，数量达到三百余两，作为国家管理的仓库怎么会发生这种纰漏？该庭审已经查明事实，就按照查明的事实如数进行追赔。

（三）查解钱粮事

与盗库银相类似的案件就是查解钱粮事，因为这也是在对仓库进行盘查时发现数量不对的案件。存库白银实际数量与登记数量不同也会严重影响国家的货币流通管理，扰乱货币流通秩序。这是白银流通过程中的重要案件类型，因此判例记载也

---

〔1〕 （明）颜俊彦：《盟水斋存牍》，中国政法大学法律古籍整理研究所整理标点，中国政法大学出版社 2002 年版，第 563 页。

较为丰富。《莆阳谳牍·卷二》记载了一则判例"一起盘查边储钱粮事"。具体内容是：

> 看得蔡修倚粮役为狐城，藉侵欺作兔窟，合林粪三等九人，计赃得八千有奇，即蔡修一人计赃亦四百余两，小民锱铢而输之，此辈泥沙而盗之，不痛惩则无法矣。虽有五月完减之例，而蔡修紧狱年深，终无偿理，则唯有一死以谢公帑耳。伏读恩诏一款，正犯已经监故正法，家属拘禁年久产尽者，相应免释。乃蔡修余息相存，不能为本犯宽者。又追赃人犯，有系查盘坐侵，访察坐入，原无证据者，相应免释。乃蔡修赃私累累，不能为本犯宽也。一斩谁曰不宜？伏候裁夺。[1]

这是关于蔡修这个人的判例，审理查明蔡修这个人依仗其作为粮役的身份为狐城，借此侵占欺骗，将仓库作为兔窟，伙同林粪三等共计 9 人，计算所得赃款白银八千多两，蔡修一人的赃款计算就有白银四百多两，小民将一点点锱铢交纳到国家仓库，这等人却像泥沙一样侵盗，不加以痛惩则不能显示法律的威严。虽然有五月完减的条例，但是蔡修紧狱年深，始终都没有偿还和理睬国库损失，因此只有一死来对官银谢罪。有一款恩诏是正犯已经监故正法，其家属拘禁多年家产也没有了，相应予以免释。但是，蔡修余息相存，不能为本犯宽宥的对象。还有追赃人犯，有系查盘坐侵的，访察坐入，原本没有证据的，相应免释的规定。但是，蔡修赃私累累，不能作为本犯宽宥。处以斩刑谁会说不适宜？因此，等待裁夺。蔡修作为粮役却依仗自己身份的便利将国库当作自己的兔窟，肆意侵占库中财产，

---

〔1〕　杨一凡、徐立志主编：《历代判例判牍》（第 5 册），杨一凡等整理，中国社会科学出版社 2005 年版，第 443 页。

赃款合计白银数量巨大，按照法律规定必须处以斩刑，而且其本人和家属都不适用条例规定的宽恕。计算赃款的标准是白银，白银在司法实践中已经成了定罪量刑的标准。《莆阳谳牍·卷二》中还有其他关于"一起盘查边储钱粮事"的判例记载：

> 前件看得陈宝环奸渔无忌，谿壑不盈。其曰那者，使东西易而不及知。其曰侵者，使日月销蚀而不及察，既侵盗入已，复那贷并军三钱余石之谷，仅以饱一奸胥之腹耳。按律严追，法无容议，伏候裁夺。[1]

陈宝环曾经因为奸渔无所顾忌，特别贪婪，使库中东西被易而不知。侵占是缓慢的过程，使得日月销蚀而不被察觉，就是侵盗入库的财物，再次拿军粮等用于饱一个奸诈官吏之腹。按照法律应该严追，而且法律不容许议罪，等候裁夺。陈宝环利用自己的职务便利，奸诈克扣、欺压渔民、渔业的同时还不满足，还侵占入库用作军费的钱粮。按照法律规定必须严惩，因此陈宝环依照"监守自盗仓库钱粮四十贯律"，处以极刑——斩刑，这里的钱粮也是以白银作为单位来计量赃款总数。

这类查解仓库钱粮发现仓库被侵占、盗窃的具体案例，除了有这种具有官吏身份，按照监守自盗论罪处罚的之外，还有因为身份不同，按照常人盗仓库处理的。《莆阳谳牍·卷二》记载的判例有"一起清查起解钱粮事"：

> 前件看得吴瑞假侵销而包揽，藉包揽而侵欺，其盗匿钱粮至二千六百有奇之多，又加以该县查出未获批回五百有奇，是一奸而盗三千余金矣。小民剥骨剥髓以奔命，有司仰屋借筹以

---

[1] 杨一凡、徐立志主编：《历代判例判牍》（第5册），杨一凡等整理，中国社会科学出版社2005年版，第469页。

催科，而此辈安坐享之若为私囊故物矣。吴瑞一斩已确，但其瓜分者不能迅完，额派之银又不容缺，而穷民之脂膏不堪再剥也。勒限严追，毫不容缓。林玉等得免例戍亦倖矣。[1]

吴瑞因为假借侵销而包揽，借口包揽实际达到欺骗侵占的目的，审理查明其盗窃藏匿的钱粮数量达到二千六百多两白银，后该县又查出来未被发现的侵占还有五百多两白银，是一奸其实盗窃三千多两白银。普通民众剥骨剥髓、疲于奔命上交了这些财物，有司仰仗这些财物保证基本的需要，但是此等人却坐享这些财物，将其收入私囊。吴瑞的斩刑已经可以明确，但是他的瓜分者不能很快审讯完毕，按照额度派下需要运解的白银不能有缺失，而民众已经不堪重新征用。因此勒令期限严追，刻不容缓，时间紧迫。具体的处罚是：

依常人盗库钱八十贯律绞犯人一名吴瑞，依杂犯徒罪犯人四名林玉等，依恐吓取材律徒罪犯人三名林聊等，依不应律杖罪犯人四名吴良成等。[2]

这个案件比照"常人盗库钱八十贯律"的规定，吴瑞被处以绞刑，按照杂犯处罚林玉等四人徒刑，按照"恐吓取材律"的规定处以林聊等三名罪犯徒刑，按照"不应律"处以吴良成等四人杖刑。刑罚非常严厉。因为按照白银计算的犯罪金额巨大，并且直接影响到了向国家指定地方运解的白银，会导致无法按照调配需要完成运解任务。《莆阳谳牍·卷二》记载的参照

---

[1]　杨一凡、徐立志主编：《历代判例判牍》（第5册），杨一凡等整理，中国社会科学出版社2005年版，第550页。

[2]　杨一凡、徐立志主编：《历代判例判牍》（第5册），杨一凡等整理，中国社会科学出版社2005年版，第550页。

常人盗仓库钱粮审理的判例还有"一起查解钱粮事":

> 前件看得郑胜兜揽上解，恣意侵渔侵屯，折辽饷三百余两，县已解而司未收，经发觉后追完者也。又侵寺租二十两，以吴拱之假印诡作批迴，不敢赴府投锁，亦经发觉吐还者也。又侵军器银二百余两，始欲匿县解而司收可假矣。继见败露，惧罪欲赴司交纳，而无府批矣，遂伪造府批以交纳，故初则府批真而司印假，后则司印真而府批假，以致有两批之混淆，亦经发觉后赔讫者也。在屯折不过一侵盗耳，而寺租、军器则关系假印假押矣。寺租之假印则诿之于罪无可加之吴拱，军器之假印则诿之于人无可拘之陈麻五，又安知非自作之孽，诡卸于他人乎？即麻五出日果有认其假印者，而本犯罪恶满盈，断不宜以银完改配，留此大虫仍张其故智也，投之荒郊，以御魑魅可矣。[1]

本案已经审结，郑胜承担运解白银的任务，却恣意侵渔侵屯，折算其侵占的军饷达白银三百多两，县里已解而有司未收，被发觉后已经完全追回赃款。但是又发现侵占寺租二十两，以吴拱的假印在上面做批回，不敢赴府投锁，被发现后吐还了侵占的白银。又侵占军器的白银二百多两，开始想藏匿县解而在有司收的时候用假的代替。相继败露，畏惧受到惩罚想把侵占的白银缴纳有司，但是没有府批，于是伪造府批以完成缴纳，因此开始的时候府批是真、司印是假，后来是司印是真、府批是假。以致有两批被混淆，被发现后也赔偿完毕。侵渔侵屯不过是属于侵盗罪名，而侵占寺租和军器则关系到了伪造假印和假押，寺租所涉的假印可以推诿说是吴拱不知道是犯

---

〔1〕 杨一凡、徐立志主编：《历代判例判牍》（第 5 册），杨一凡等整理，中国社会科学出版社 2005 年版，第 551~552 页。

罪行为，侵占军器所涉的假印推诿到陈麻五身上。虽然互相推诿，但是谁能说清不是自作孽呢？岂能推卸到他人身上。陈麻五果然认其确实伪造白银，本犯恶贯满盈，断罪不宜适用因为白银完全追回就改判发配，留着这种大虫只会助长其罪行，应将其处死后投到荒郊以御魑魅。对郑胜的刑罚是按照"常人盗库钱八十贯律"处以绞刑，按照条例定判罚发边卫永远充军。这两名在查解钱粮过程中被揭发出来的罪犯，不光是实施了侵占仓库钱粮的事，其中为了达成目的还夹杂了其他影响恶劣的犯罪行为，伪造假印和假押，侵占的范围除了侵渔侵屯还有寺租、军器，范围极广、非常恶劣，因此虽然赃款都被追回，但还是要被处以极刑。

《莆阳谳牍·卷二》关于"一起查解钱粮事"还有一个判例记载，是关于一名叫作蒲正的奸胥。具体内容是：

> 前件看得蒲正积猾奸胥，揽匿屯折银二百两，敢于诡填衙簿，邀截公门，明白赴县具认，诚包身之胆矣。穷追经三月之后，一戍无可免也。招前称朱尚明与屯甲孙彦昭、冯闰子管解屯折二百两，后又称将冯闰子一批一百五十两上纳，是有三百五十两矣。此招前之错谬也，应改正之。据该县称揭借代完以免参罚，是解役之愚蠢，奸书之狡猾，反以累县官非法也。即此犯以命殉财，捱延不吐，而朱子明、孙彦昭独不可先令其代纳，以俟此犯之续追，乃必令印官揭完乎？何以儆后来为解役之疎玩也？[1]

查明，蒲正这个人特别狡猾，是一个奸胥，包揽匿屯折算白银达到二百两，还敢在衙簿上乱填，邀截公门，明白后赴县

---

〔1〕　杨一凡、徐立志主编：《历代判例判牍》（第5册），杨一凡等整理，中国社会科学出版社 2005 年版，第 552 页。

具认，胆大包天。穷尽手段追查三个月后，全部都没有可免的。招认前称朱尚明和屯甲孙彦昭、冯闰子负责管理运解屯的钱物，折合白银三百五十两。这是其招认前的谬误，应改正过来。据该县称，揭发别人以作为自己免受处罚的方式是解役的愚蠢和蒲正的狡猾，反过来累及县官非法。该犯人以命殉财，坚持不吐露，而朱子明、孙彦昭不可能先命令其代为缴纳，以此认为蒲正应该继续追回赃款，才令印官必须揭发完毕吗？这样如何能够起到警示后来解役的作用？其他解役也可能学习其犯罪行为。从判例中可以看到，蒲正非常狡猾，即便案发也一直奸诈应对审判，耍心机阻拦赃款的追回。对他判定的刑罚是依"常人盗库钱八十贯律"处以绞刑，但是按照条例规定处以发边卫永远充军。我们可以看到货币白银化后，为适应这种货币形式改变而变革的法律，在处罚常人盗仓库钱粮方面，条例的处罚明显轻于原本的法律。

（四）抢夺官银

对官银实施抢夺比照现代就是抢劫国家直接管理的现金，会严重影响白银的市场流通，扰乱国家基本经济秩序，对国家权威也是极大的打击，这在任何时代都是最为严重的犯罪行为。《莆阳谳牍·卷一》记载了两则抢夺官银的判例。其中一则是"一起劫夺官银事"。具体的记载内容是：

前件看得林细娘以窃拟徒，徒未满而窃复再发矣。因而变窃为强，两行截劫郭大成、李祯。累累官物，俱充盗囊。可恨者，半以买田，为蝇营之计。可笑者，半以营职，真沐猴而冠。历按盗状，南洋濑溪其从横之地也，康廷宝其窝赃之家也，吴乔峰、苏国祥等其知情染指之辈也，林三、林道永其倾销花费之人也，方豹、刘天保等其羽凶助恶之徒也。若方豹不过苏国祯五人中之一人耳，然而初之一十余两，后之六钱所分何物乎？

而况供吐自细娘之同伴，凿凿在于初招，是皆天厌其凶，满其贯而俾骈首就戮者也。[1]

因为前面一宗案件，审理后按照盗窃罪判处林细娘徒刑，徒刑期间未满又进行盗窃，是重犯。因此，由盗窃变为抢劫，两行拦截抢劫郭大成和李祯。大量的官物都被收入盗贼囊中。可恨的是，一半用于麦田，为了蝇营之计。可笑的是，一半用于经营职务，真的是沐猴而冠。历数参与的人具体所涉的盗窃情形，南洋濑溪从横之地，康廷宝是窝藏之家，吴乔峰、苏国祥等是知情而参与其中的人，林三、林道永是销赃并实际花费的人，方豹、刘天保等其党羽是帮助恶行的人。如果方豹不过是苏国祯五人当中的一人，然后开始是一十余两白银，后来所分的又是什么？而且这些招供来自林细娘的同伙，证据确凿，真是老天都厌恶其凶狠，全部计算其所有罪行所涉款项判处斩首。具体的判罚结论是：

依强盗已行得财不分首从者律皆斩决不待时已奉批允会审京详重犯二名林细娘方豹。[2]

按照强盗行为已经发生并获得财物论，不分首犯和从犯按照法律皆处以斩刑，并且决不待时，已经奉批允会审京详重犯两人——林细娘和方豹。可见，朝廷对抢劫官银的刑罚非常重，是处以极刑并且决不待时。《莆阳谳牍·卷二》记载的抢夺官银判例是"一起强劫官银事"：

---

〔1〕　杨一凡、徐立志主编：《历代判例判牍》（第5册），杨一凡等整理，中国社会科学出版社2005年版，第229页。

〔2〕　杨一凡、徐立志主编：《历代判例判牍》（第5册），杨一凡等整理，中国社会科学出版社2005年版，第229页。

看得罗二垂涎官帑，伙众尾随许济良至分水岭中，伺隙而发，几令三军之饷齐作盗粮矣。当时收获，而原镪百两获自二之腰缠，是盗状最炽，发觉最早，赃证最明者，群凶俱已瘐狱，此贼安可独生？[1]

审理查明，罗二这个人垂涎官银，伙同团伙尾随运解的许济良到分水岭中，寻找机会伺机而发，几次使得三军的军饷全部做了强盗的盗粮。被抓获后，从罗二的腰缠中搜查到百两白银，犯罪行为最恶劣猖狂、发现最早、赃款证据最为明确。全部参与的犯罪都已经入狱，罗二怎能独活？因为是抢劫官银，因此对罗二判处的刑罚是斩刑，罗二为斩罪犯人。

（五）收赎银不公

从前文的论述中我们可以知道，赎刑因为白银的法定地位的确立而发生了极大改变，赎刑由纳铜赎罪、纳米赎罪等多种形式统一为纳银赎罪，其中具体的实施涉及犯罪问题，其中就有官吏在收取赎刑所涉白银时称量不公的问题。地方州府以告示的方式禁止这类官吏犯罪行为。《盟水斋存牍》记载了一份"禁收纸赎银勒索"的告示：

本府示：纳镪赎罪，以备积榖，所以儆习讼者，非得已也。然小民无知入井，每有以赎银无措，而致卖男鬻女骨肉分离者，本厅临比，辄为之泫然也。今示谕：上纳纸、罪银平纳平收，不许库吏重秤勒索。其有壮役包揽，分外加添者，许赴府呈禀，计赃问罪，决不轻贷。特示。[2]

---

〔1〕 杨一凡、徐立志主编：《历代判例判牍》（第5册），杨一凡等整理，中国社会科学出版社2005年版，第593页。

〔2〕 （明）颜俊彦：《盟水斋存牍》，中国政法大学法律古籍整理研究所整理标点，中国政法大学出版社2002年版，第349页。

本府告示：纳白银赎罪是为了准备积累粮食，针对这些犯罪分子不得已而采取的赎刑。但是，市井小民无知，不知道这些目的，一旦出现赎银无法筹措的情况便会不惜卖男鬻女、骨肉分离来筹措赎银，本厅看到也为之难过。因此，现在向示谕：上纳的纸、罪白银平纳平收，不允许库吏故意在称重问题上进行勒索。如果有法律之外加重赎银的，允许到官府检举汇报，按照赃款问罪，从重处罚。从告示的内容中我们可以看出，司法中对赎刑的具体实施是有规范的，明确赎刑的目的，不想因为赎刑导致更加严重的后果，加重负担。也禁止官吏通过在赎刑执行过程中的地位来谋取私利。从这份告示中我们还可以看出，在实际的司法过程中，赎刑形式确实是以白银作为具体的履行标准。

第五节　明末白银法制的弊端

白银成为法定货币、货币白银化并不全是优点。其虽然在一定程度上改变了明初和中期大明宝钞贬值带来的巨大问题，稳定了经济秩序和促进商业发展，但是由于其本身的特性，货币体系的发展再次由信用货币转变为实物货币，在法制层面上存在问题。明末白银法制的弊端除了伪造问题外，还包括皇权对货币发行的失控，货币发行权不再集中在中央；白银作为一种货币形式没有具体的形制规定，属于称量货币，按重量计算，而不是以国家强制力保证的特定形制。相比于作为信用货币的大明宝钞，白银在商业交易中存在固有的局限。这些都是白银发行、流通的弊端，其中规则的缺失也是白银法制的弊端。

一、明代白银法制的特点

从本章的论述来看，明代从法律层面上确立了白银法定货币的地位，并完成了银本位制的改变，这个改变渗透到了货币法制的各个方面，引发了明代货币法制及明代法律制度的一系列变革，以白银的流通使用为节点，明代的货币法制发生了巨大的变革。基于此，明代白银法制变革特征归纳起来大致包括：

（1）法定主要流通货币从大明宝钞到白银的变迁，从经济上体现了商品经济的发展，民间交易由下而上地改变了国家的货币政策；从法律上体现出来的则是，由货币法律经历的这个货币形式的改变过程中我们可以清晰地发现明代的法律制度并不是以法律本身或者基本的自然法理论作为支撑，而是具体的统治阶层意志的表现。经济规律的影响并不能直接对法律层面进行反映，法律滞后于经济的变革。法律的改革都是源于国家政策和统治阶层利益受损，或者经济与统治阶层的利益发生了不可调和的矛盾，急需通过改革加以应对，以更好地满足统治的需要。因此，明代的货币法律制度是国家货币政策和财政需要在货币层面的表达，从大明宝钞到白银的货币形式变化，必然需要相应的法律变革，以更好地执行国家货币政策和满足财政需要。

（2）白银货币法制与宝钞货币法制的差别在于，白银货币法制是基于贵金属货币制度，宝钞货币法制是基于信用货币制度。白银在明代实现了货币化，并不单纯是指白银成为法定货币，在法律层面上获得认可。而是在货币制度层面，白银实现了货币制度以白银为基础的银本位价值，这和传统中国的铜钱货币法制也是不同的。铜钱也是贵金属，但是其在发行后只具有流通功能，并不能作为货币本位提供价值保证。这是明代白银货币制度与过去历代的货币制度相区别的地方。明代的货币法制就是在此基础上进行的变革。因此，白银法制处理的重点问题不再是通过法律手段强制维护白银的价值，而是依靠银本位制度自主调控白银价值。钞法延续下来的很多调控货币价值的举措都不再适用。

（3）明代法律与货币之间的互动，除了司法人员、机构、法律实施，最根本的还是法律条文本身，这些条文包含货币本身的法律规定和条例等。经过归纳我们可以发现，除了货币，与白银密切相关的就是赃、盗罪和赎刑三个方面。明代货币法制由钞法走向白银法制，引发了明代法律制度的一系列变革。首先就是关于定罪量刑标准的重定，白银的流通使用提高了定罪量刑的标准，因为律文规定的大明宝钞已经急剧贬值，几乎退出了流通领域。如果按照大明宝钞规定的标准定罪，引发的结果将不只是刑罚的严苛、处罚与实际罪行不匹配的问题，还会引发司法实践和货币价值之间的巨大矛盾，司法实践依照明初律文已经无法真实地处理现实犯罪问题。因此，货币法制的改革是从条例开始的，条例不断修订、变迁的过程也是货币法制因为白银而不断变革的过程。在条例不断颁行和改变的过程中，最大的变化就是定罪量刑的标准由极低的宝钞数量变为较高的宝钞数量，再进一步由宝钞直接变为白银，使白银成了定罪量刑的标准。在赎刑方面，将以多种形式存在的赎刑统一成了以银纳赎，白银成了缴纳赎款的唯一形式。通过具体判例看明中后期的司法实践，我们可以发现白银已经完全渗透到了司法过程中，而且后期具体的犯罪行为（如赃、盗等）也是针对白银来实施的。可见，货币法制已完全白银化。

（4）白银货币法制的一个特点是不用专门制定法律规范发行问题，也不用专门设置机构负责发行。而是要通过司法强化流通中的运解过程，大量的犯罪都是在运解中发生的。基于白银本身的特性，明代法律并没有明确规定其形制，白银是依靠自身的材质和重量流通的。这与宝钞法制和铜钱法制的规定不同。在来源上，明代白银除了银矿之外，还有对外贸易输入大量的白银，在数量上几乎不存在匮乏的问题，这也从数量上保证了白银作为主要流通货币，不会因白银的稀缺而影响流通中白银的价值。因此，大量学者认为白银无法作为主要流通货币是因为白银数量不足，作为流通货币形式大范围使用会导致物价紊乱。但这其实是不存在的。白银发展到了明代，其能成为主要流通货币，一个重要的契机就是数量的稳定，完全能支撑其成为主要流通货币。满足使用的需要。

二、白银发行的规则缺失

白银成为法定货币的过程就是由民间流通自下而上地影响国家货币政策的过程。因此，白银最早是从商业交易中大量流通起来的，其发行并未经过国家货币法制的规范。在发行规则上是不确定的，成为法定货币后也没有改变其称量的特性，仍是按照重量来直接确定价值，没有专门的形制规则。但最重要的是，白银在发行上是完全脱离皇权和朝廷控制的。

（一）朝廷对白银发行的失控

货币由中央统一铸造发行，秦始皇统一中国后颁布了一系列改革措施，包括车同轨、书同文及统一度量衡，同时也推行了统一的货币制度，要求"货币王室专铸"。秦始皇推崇圜法，禁止将贝壳、珠玉、银锡等继续作为货币流通，开始了统一的货币法制，强化了中央政权对铸币权的控制。通过钱法统一铜钱形制的核心就是铜钱由官方专铸、禁止民间私铸。通过立法的方式将铜钱的发行和流通收归政权掌控，这是封建皇权对经济领域的有力控制。货币由官方发行管理这一思想和具体的制度安排为历代王朝所奉行。西汉政权建立初期，基于货币混乱的原因，朝廷不再强调对铜钱铸造的垄断，允许民间自由铸造铜钱。这种货币政策对西汉初期休养生息、恢复战后经济起到了积极的作用，但并不是可以长久推行的政策。因为民间铸钱必然难以统一铜钱的形式，会有伪劣铜钱出现，难以保证流通中铜钱的价值。在汉朝有大量关于铜钱应由官方统一铸造还是民间分散铸造的讨论，这些讨论直接影响了汉朝钱法的变迁。这些争论虽然在当时没有结论，但是随着封建社会政治和经济的发展，政权稳固和中央集权的思想还是占了上风，铸币权集中在中央，符合封建政权统治的需要，是封建社会客观经济发展的必然趋势，完美契合了封建政权的利益需求，有利于当时社会经济的发展。从铜钱这种金属货币的铸造发行来看，中央的统一铸造对于货币秩序和法制的确立而言非常重要。但是，对于白银，明代一直没有确定其发行的规则。

　　铸造发行货币的权力关系到国家财政和国家对经济实施控制的基本核心问题，会影响到整个国家对经济的掌控。虽然宝钞法制失败，但是在大明宝钞发行期间，朝廷的控制是确定的，大明宝钞的失败并不是因为朝廷的失控，而是无度发行。但是，明代白银的流通完全是民间商业的自发行为，是自下而上对于更好货币形式的自我选择，在早期的大量流通中并没有得到国家强制力的确认，而在其成为法定货币后，也没有在法律或规则上对其发行进行规范。这种情况导致的后果就是明代政权无法掌握流通中的白银数量，也无法进行调控，更谈不上对白银发行的垄断了。明代中央政权对白银的获取主要是通过税收的形式，但白银的来源除了国内，也包括国外，白银的供给量是不确定的。物价受流通中白银供给的影响也是波动的。国家无法应对这种波动，因为缺乏对发行的控制，无法合理、适当地调配流通中的白银量。国家对于经济的调节处于失控的状态，经济法对于经济的规范也被忽略。这一问题在明末的财政危机中被凸显出来，国家几乎失去了对经济的掌控，财政难题无法解决。

（二）白银形制的不确定

白银是称量货币，明代中央并未发行白银，而从地方起解到中央的白银也没有固定的形制。对于白银，有元宝、银锭、银锞、小锞、碎银等叫法，这些叫法是根据其重量的不同进行区分的，并没有形制要求。形制的不统一、细碎给运输、统计等造成了各种困难。嘉靖八年（1529 年），明世宗批准了户部尚书李瓒关于起解白银的规范。李瓒提出：

> 各处解到库银率多细碎，易起盗端。乞行各府州县，今后务将成锭起解，并记年月及官吏、银匠姓名。[1]

其并没有对白银的形制进行规范统一，只是为了方便白银起解而提出的财政政策。因此，中央没有设置专门机构对白银的发行进行规范，也没有关于白银形状、重量、纹样等的具体要求。白银形制的不确定导致白银的发行缺乏规则，进一步导致流通中的白银形状、成色是不可控的。

作为称量货币的白银，由于没有具体的形状规定而无法确定流通价值。因此，在流通过程中需要看具体的成色。明代在白银流通上积累了大量的经验，针对白银的成色，将白银划分为纹银、雪花银、细丝、松纹、足纹等。明代的张应俞对这些关于白银成色的词语作了专门解释：

> 松纹，与细丝一样，其皆足色也。
> 摇丝，色未甚足。银泻入镨，以手摇动而成丝也，曰摇丝。
> 水丝，又名曰干丝，自七成、八成、九成，九五止，通名

---

[1]《明世宗实录·卷九八·嘉靖八年二月壬辰》。

曰水丝。

画丝，即水丝。泻出而无丝，以铁锥画丝于其上，曰画丝。

吹丝，即九程水丝。银一入镭，口含吹筒即吹之以成丝也，曰吹丝。

吸丝，以湿纸盖其镭上，中取一孔，银从孔泻下，亦吸以成丝也。盖吸丝自七成起，九五止。九五者，亦看得足色也。[1]

这是民间对白银成色的理解，并没有经过任何法律文书或法定规则的确定。白银形制的不确定给白银的流通带来了很大的隐患，但国家一直没有给予规范，一直墨守商品交易流通中的成规，缺乏确定的规则。因此，虽然白银是市场最终选择的货币，但也存在制度性缺陷。

三、商品交易中的局限

宋代货币由金属向纸币发展的一个重要原因就是纸币便于开展商品交易。纸币具有便携性，而金属货币的重量加上古代的交通问题限制了商品交易的发展。时至明代中后期，货币开始白银化，再次进入了金属货币时期，古代中国金属货币所具有的弊端在白银身上并没有得到改善。而白银与铜钱这种金属货币在商品交易中的不便还存在区别：铜钱和白银虽然都存在重量大、不便于交易等问题，但是铜钱的形制是固定的，什么样子的铜钱价值多少是明确的，而白银作为称量货币，没有固定形制，在交易中也无法直观地判断其价值。除了其重量限制了交易便利外，其在交易中还需辨别自身的价值，增加了交易流程。

---

[1]　（明）张应俞：《江湖奇闻杜骗新书》，张吉霞译，山西古籍出版社 2003年版。

白银不是标准铸造，在商品交易过程中，双方必须用称称量后才能确定其价值。白银的单位价值高，因此在交易过程中，除了鉴别成色、称重外，还需要分割白银才能完成基本的交易流程。程序非常繁复，给普通交易增加了负担。同时，因为程序多且没有统一的标准，在交易中有非常多的环节容易出现问题，增加了商品交易中欺诈发生的可能。但是，白银的高价值引发了一个更重要的问题——成色并不容易鉴别，需要交易者具有一定的鉴别能力才能准确地分辨白银的成色，而这种能力并不是所有人都具有的，在交易中缺乏辨别白银成色的能力会限制交易的进行。因此，白银在商品交易中存在着局限性。

四、伪银流通

大明宝钞和铜钱都存在伪造的问题，在法律条文中，除了对发行流通的基本规定，主要就是对伪造的规范。伪造是货币流通中的重要司法问题，大量的判例都是围绕这方面的内容，并且由于获利高，伪造难以禁绝。白银在伪造方面也不可避免，加之白银价值高，国家对其形制没有固定规范，本就由民间铸造，这就导致在形制随性的同时，成色也难以辨别。这些原因促成了伪银的大量流通。顾炎武的《日知录》中有专门的"伪银"条：

> 今日上下皆用银，而民间敲咋兹甚。非直绐市人，且或用以欺官长。济南人家专造此种伪物，至累千累百用之，殆所谓"为盗不操矛弧"者也。[1]

官方对白银缺乏固定的形制规范，而民间铸造的白银在品质、重量、成色方面都处于失控的状态。国家难以进行系统的

---

[1]　（明）顾炎武：《日知录·卷十一·伪银》，商务印书馆1929年版，第424页。

检验规范，在商品流通过程中，白银存在着伪造的可能。伪银问题和货币白银化一起发展，在白银尚未成为法定货币时，伪银问题已经存在。但因为明代在国家层面放弃了白银的铸造权，对于白银形制没有统一的标准。那什么是伪银？满足什么样的标准才属于伪银？这些问题并没有法律上的明确规定。张应俞除了详细介绍白银成色等内容外，还描述了伪银的制造状况。伪银中不只是加入了铜，还加入了大量的铅、铁、锡等非贵金属。陆容在《菽园杂记》中记载的白银的提炼需要加入铅这一说法正好印证了伪银中掺入了其他非贵金属。具体内容是：

> 矿中得银，多少不定，或一筐重二十五斤，得银多至二三两，少或三四钱。矿脉深浅不可测。有地面方发而遽绝者；有深入数丈而绝者；有甚微久而方阔者；有矿脉中绝，而凿取不已复见兴盛者，此名为过璧；有方采于此，忽然不现，而复发于寻丈之间者，谓之蛤蟆跳。大率坑匠采矿，如虫蠹木。或深数丈，或数十丈，或数百丈，随其浅深，断绝方止。旧取矿携尖铁及铁锤竭力击之，凡数十下，仅得一片。今不用锤尖，唯烧爆得矿。矿石不拘多少，采入碓坊舂碓极细，是谓矿末。次以大桶盛水，投矿末于中，搅数百次，谓之搅粘。凡桶中之粘分三等，浮于面者谓之细粘，桶中者谓之梅沙，沉于底者谓之粗矿肉。若细粘与梅沙，用尖底淘盆，浮于淘池中，且淘且汰，泛飚去粗，留取其精英者。其粗矿肉，则用一木盆如小舟然，淘汰亦如前法。大率欲淘去石末，存其真矿。以桶盛贮，璀璨星星可观，是谓矿肉。次用米糊搜拌，圆如拳大，排于炭上，更以炭一尺许覆之。自旦发火至申时住火，候冷，名窑团。次用烊银炉炽炭，投铅于炉中，候化，即投窑团入炉，用鞴鼓扇不停手。盖铅性能收银尽归炉底，独有滓浮于面。凡数次，炉舣出炽火，掠出炉面滓，烹炼既熟，良久以水灭火，则银铅为

一，是谓铅驼。次就地用上等炉灰，视铅驼大小，作一浅灰窠，置铅驼于灰窠内，用炭围叠，侧扇火不住手。初铅银混，泓然于灰窠之内，望泓面有烟云之气，飞走不定，久之稍散，则雪花腾涌。雪花既尽，湛然澄澈。又少顷，其色自一边先变浑色，是谓窠翻。烟云雪花，乃铅气未尽之状。铅性畏灰，故用灰以捕铅。铅既入灰，唯银独存。自辰至午，方见尽银。铅入于灰坯，乃生药中蜜陀僧也。[1]

因此，伪银与铜钱相比面临着更为复杂的伪造问题，且名目众多。不法分子利用伪造的不合标准的白银愚弄无法鉴别的普通民众，给商品交易流通带来了极大的隐患。《皇明条法事类纂》规定：

伪造白银及知情行使之人各枷号一个月满日发落例。[2]

对白银的司法处罚并不严厉，相比于伪造大明宝钞和铜钱的处罚，伪造白银的处罚相对缓和。重要的原因是，对于白银没有固定标准，本就由民间铸造。司法上难以明确界定伪造的标准。对于伪银的标准，按照掺入的不同原料，张应俞在《江湖奇闻杜骗新书》中提到了具体的几类：赤脚汞银、铁碎镨、漂白镨、倒插铅、鼎银、钞仔铜、吊铜、江山白，还有各种饼银。但是，张应俞表示这些并不是伪银种类的全部，伪银的样式和材料用语言无法尽述。虽然铸造伪银的和铸银的几乎一样多，但是成规模伪银的主要来源还是专门的伪银铸造者。《明英

---

〔1〕（明）陆容撰：《菽园杂记》，李健莉校点，上海古籍出版社 2012 年版，第 179 页。

〔2〕（明）戴金编纂：《皇明条法事类纂·卷四二》，科学出版社 1994 年版。

宗实录》记载："有造诸色伪银以给人者。"[1]但除了专门的伪
银铸造者外，铸造白银的银匠一般也是商品流通中伪银的制造
者之一。银匠铸造的白银中只有七成、八成或九成的白银，并
不足色，非常具有欺骗性。民间的通俗作品将伪造白银的人称作
强盗、贼。如冯梦龙在《折桂枝》中搜集的民歌内容是这样的：

> 倾银的分明是活强盗。他恨不得一火筒夺去了你的银包。
> 拟如何不识机落他圈套。他把炭火儿簇一会，瓦盖儿揭几遭。
> 撒上一把硝儿也，贼，把银子儿偷去了。[2]

在民间生活中，银匠伪造白银并从中窃取白银已经是常态。
银匠也是通过在其铸造的白银中加入其他非贵金属，降低白银
的品质获利的。大量伪造白银的流通，必然会导致民众对白银
价值的不确定，国家也无法保证流通中的白银的确定价值，进
而致使物价上涨。而物价上涨带来的不只是社会经济的动荡，
还会对国家财政、政治都造成极大的影响。

在社会经济领域，大量的商贾军民都无法辨别白银的成色、
真伪，上当一次便会损失惨重。且伪银的收取，不光是卖方面
临的问题，买方同样也面临这一难题。商品交易流通中大量伪
银的存在直接催生了新的职业，即专门从事辨别白银成色的人
员。不只在商业流通中，在国家赈灾济荒中也出现了伪银，进
而严重影响了朝廷的公信力。国家税收也难以保证不收到伪银。
但是相比于大明宝钞和铜钱，明代法律在禁止伪银铸造、流通
方面的条文是缺失的，司法实践中没法按照法律规定进行审理
裁判，不得不灵活变通，形成条例。但总的来说，伪银的危害

---

[1]　《明英宗实录·卷一三九·正统十一年三月癸未》。
[2]　（明）冯梦龙：《折桂枝·卷九·谑部·银匠》，江苏古籍出版社2000年版。

相较于私铸铜钱和伪造铜钱而言更为恶劣，加剧了明末经济的动荡。

本章小结

白银被作为货币流通使用的历史很长，并不是从明代才开始成为货币的。其在唐、宋时期流通的范围已被扩大，不再局限于收藏、赏金领域，但都不具备法定货币地位。到了明初，因为国家货币法律的规定，白银不再是可流通的货币形式。为了保障钞法的实施，朝廷颁布了金银禁令，白银被禁止流通。白银在明初很长一段时间内在法律上都是不被允许流通的货币形式。因为钞法的崩溃和钱法的问题，综合国内因素和国际贸易发展、白银大量内流等因素，白银在民间交易中成了主要流通货币，并自下而上地影响了国家货币政策的改变，为保证国家财政的需要，朝廷开始松弛白银的禁令，逐步确定白银为法定主要流通货币，货币开始白银化。货币白银化直接或间接地推动了货币法制的变革，带来了明代货币法制的全新改变。在货币法制方面，首先是在确保《大明律》条文内容不能变更的前提下颁行了大量的条例以确定白银法律规制，规范白银流通过程并解决司法实践中因为货币形式改变而产生的矛盾。通过具体的判例可以看出与白银相关的条例的具体运用，在赃、盗罪方面，白银成了定罪量刑的标准，以白银作为计量单位的同时，提高了赃、盗罪的定罪量刑标准，适应了社会经济的发展和犯罪的现实状况。在赎刑方面发生的变革改变了赎刑的实施形式。过去赎刑的形式呈现多样化的趋势，选择何种形式都是为了适应当时国家财政、军事等需要，如以米纳赎、以草纳赎、以钱纳赎、以钞纳赎等。但是，白银成为法定货币后在法律方面给赎刑带来的变化是赎刑的实施形式统一为以银纳赎。从具体的判例分析可以看出，明代白银流通最现实的犯罪问题与大明宝钞和铜钱都不同。因为白银不涉及具体的铸造形制规范，以重量确定流通价值，因此白银流通最大的犯罪问题并不是伪造、私造等对大明宝钞和铜钱而言很重要的犯罪，而是运解。白银运解引发了仓库管理等一系列犯罪问题，白银运解的人员选择、职务犯罪等都是实践中大量存在的严重犯罪问题。白银运解不能顺利进行会给国家财政带来打击，同时会影响军事、民生等方面的需要。另一方面，运解关系到白银的顺利流通，运解中发生的犯罪，相当于是从白银流通的源头进行的犯罪。因此，对白银运解中发生的犯罪问题的刑罚非常严苛，并未因为条例的新规定而有所减轻。但是，由于自身的贵金属属性存在天然的弊端，尤其是发行规则的缺失，白银在商品交易中不便于流通，伪银大量存在。这也给明代的经济和财政埋下了隐患。

第五章

明代货币法制变革的效应

白银法定地位确立带来的一系列重大变革除了给明代法制和具体的司法实践带来了改变之外，还引发了其他领域的变化。包括国家货币政策的调整及赋役制度的改革、经济商税制度的变革及明末的金融创新。本章将具体分析这些方面的变化，研究明代货币法制变革在其他方面产生的效应。

第一节　货币法制变革的政治效应

主要流通货币形式发生改变，在司法实践方面首先是货币法律的配套规范改革。货币法制变革的发生会直接影响国家政治，货币法律属于经济法的范畴，其内容都是基于实现和保障国家经济政策，货币法律是国家货币政策的法律表现。明代货币法律由钞法、钱法向白银法制过渡，基于统治的需要，随之发生相应变化，以应对货币法制的变革，确保皇权统治的稳定和国家财政的需要。

一、明代中后期货币法制变革与国家货币政策

货币政策包含目标、调节的工具和政策效应，明代货币政策总体上是为维护法定货币地位和法律而采取的各种调整举措。目标是在保障货币及相应货币法律的基础上，配合及维护皇权统治。因此，货币政策的基础没有发生变化，历代都是为了配合封建政治统治的需要，是财政政策的延伸。为了分析在货币

法制变革后货币政策的变化，我们有必要先了解明代货币法制变革前的货币政策。

（一）明初的货币政策

在论述明代钞法和钱法时，本书已分散阐述了明代初期的货币政策，钞法和钱法的制定颁行及具体操作实施可以反映、体现明代货币政策。具体归纳明初的货币政策是：

1. 禁止金属货币的流通，保障钞法的推行

明初的主要货币政策就是在洪武八年（1375 年）大明宝钞发行时，禁止金银的流通，确保钞法的实施和大明宝钞的流通推广。为了保障大明宝钞在民间的流通和推广，朝廷在大明宝钞发行之初就已禁用金银等贵金属货币。洪武二十七年（1394 年），因大明宝钞已经开始出现贬值等其他问题，流通受到阻滞，这时开始禁用铜钱，以维护大明宝钞作为法定货币的顺畅流通。洪武三十年（1397 年），再次以钞法阻坏为由强调对金银交易的禁止。自此，大明宝钞成为唯一合法的流通货币形式。这种从法律上明确禁止其他货币流通的方法并没有就此停止。因大明宝钞价值难以保障，民间私下交易中其他货币形式仍然存在。永乐元年（1403 年）朝廷再次令严禁金银，"违者以奸恶论"，这是非常严格的法律处罚。可见，为了保障大明宝钞的流通和钞法的推行，朝廷在法律上采用了极为严苛的手段。但这种法律措施并未有效挽救大明宝钞的价值，民间自发使用其他货币进行交易的情况大量存在，宣德元年（1426 年）朝廷再次重申禁止用银，"违者罚钞"。宣德三年（1428 年）再令，以银进行交易的，一两白银则罚钞万贯，在明确具体罚钞数量的基础上提高了处罚的力度。后"比年巨商富民并权贵之家，凡

有交易俱要金银以致钞不通行"〔1〕。因此，到了正统元年
（1436年），朝廷不得不解除银禁。

洪武二十七年（1394年）禁用铜钱之后，永乐、宣德期间
均有过铸钱的行为，虽然没有在法律层面上明令解除钱禁，但
实际准用铜钱是确定的。宣德十年（1435年），朝廷准许两广
地区钱钞兼行。到了正统十年（1445年），小额交易都是用铜
钱。景泰三年（1452年），为了大明宝钞的流通，朝廷再次重
申禁用铜钱，但朝廷自身却在同年使用铜钱。于是到了天顺四
年（1460年），朝廷明令解除对铜钱的流通禁止。综上，朝廷
为了大明宝钞流通和钞法的施行，采用大明宝钞独占法定流通
货币的举措是完全不成功的，因为这一举措违背了经济规律。
民间的货币流通和交易自下而上地改变了朝廷的法律禁令。在
禁止白银和铜钱的时期，法令已经成为一纸空文，无法限制民
间实际流通中的货币形式。一旦放松银禁，大明宝钞的地位就
会下降为辅币，钱禁废止，大明宝钞则会完全无法流通，最终
致钞法崩溃。在大明宝钞的流通过程中不得其法，民众自然会
自发地使用金属货币，进而排除价值不确定且不利于流通的大
明宝钞。法令虽然能够取得一时成效，但违背经济规律的法令
无法强制大明宝钞继续流通，终将被自下而上的影响所改变。

2. 不能倒换的宝钞政策

大明宝钞不能用旧钞倒换新钞，虽然国家也采取了"倒钞
法"等法律举措，想改变这一政策，但是大明宝钞在大范围的
实施过程中一直不能倒换，只有为了财政需要，单方面发行新
钞，没有从民间回收旧钞的途径。朝廷也期望通过法律规则确
定管理机构，特别是大明宝钞倒换这个重要的领域。大明宝钞

---

〔1〕《明宣宗实录·卷五十五·宣德四年六月庚子》。

倒换是关系到其在实际流通中的数量和价值的重要问题。在钞法实施的第二年即洪武九年（1376 年），朝廷在京设置了外行用库，用于倒换旧钞并收取新钞的工墨费。因为不重视倒换大明宝钞，不久之后，朝廷废止了外行用库。洪武二十三年（1390 年）和洪武二十五年（1392 年）又先后两次设置在京的行用库。但是洪武二十三年（1390 年）的行用库只存续了 5 个月，洪武二十五年（1392 年）的行用库存续了近一年。永乐七年（1409 年）设置了北京行用库，但实际变为以大明宝钞换取民间金银的机构，实为敛财机构，所以其在永乐二十二年（1424 年）被废止。明代钞法难以维系，不能倒换旧钞是其中一个原因。因为大明宝钞作为纸币，如果不进行回收，会一直处在流通之中，并不能像金属货币那样储藏。随着流通次数及流通时间的发展，很快就会出现损坏。虽然大明宝钞本身都存在贬值的情况，但是旧钞的贬值情况比新钞更为严重。因此，民众基于其更易贬值的考虑，会将稍有破损的大明宝钞也送去进行更换，即便支出工墨费也愿意，以免遭受更大的贬值损失。其直接后果为半旧的大明宝钞无法流通，大明宝钞的正常流通受阻。对此，朝廷并没有想出其他的解决办法，直接从源头上下令字迹清晰者不得倒换。但是朝廷自己在通过赋税收到大明宝钞时，却进行挑拣，昏钞的贬值速度致使其价值与新钞的价值差额已经大于了倒换大明宝钞的工墨费。因此，民众采取将大明宝钞揉烂的方式以达到更换新钞的条件。这样发展下去，倒换制度无法维系，因此出现了反复设置行用库，又不得不取消的状况。从基本经济理论上来看，倒换大明宝钞并不需要确定的贵金属作为钞本，因为如果需要的话，大明宝钞可以变成兑换贵金属货币时的凭证。但必须有两个基本的原则：首先，朝廷不得拒绝收受按照"倒钞法"规定不应倒换的旧钞。虽然

"倒钞法"规定这种旧钞不能倒换，也就是不能换取新钞，但因其不具备流通可能，不更换新钞也应将这些旧钞收回。其次，旧钞对新钞不应贬值，或者贬值程度不能超过"倒钞法"规定的工墨费。在明代"倒钞法"的实施过程中，不管是旧钞收回还是旧钞贬值速度均不符合这两个基本原则，因此"倒钞法"根本无法推行。明代朝廷彻底放弃了对宝钞的倒换，旧钞根本没有兑换渠道，流通中由大明宝钞新旧而带来的价值差异问题越来越严重。

3. 严厉打击伪造、私铸的货币政策

伪造大明宝钞是严重影响货币发行的犯罪行为，《大明律》中有专门针对伪造大明宝钞行为的规定。伪造大明宝钞不仅会影响大明宝钞的流通，而且会直接威胁到大明宝钞发行的权威，是对朝廷独断发行权的挑衅。但由于伪造大明宝钞利益巨大，驱动大量的人不顾严刑峻法，投身其中。从纸币发源开始，伪造问题在利益驱动下就难以禁绝。在元代，针对抓获伪造纸币的犯罪分子的奖励有大量的记载，从中可以看到朝廷对杜绝伪造纸币的重视。明代朝廷关于伪造大明宝钞及假钞泛滥影响钞法实施的问题有一套完整的看法和理论，具体体现在《申明禁约假钱疏通钞法例》中。这是官方角度的认识。在成化十五年（1479 年）初二，太子少保、户部尚书题本上奏，内容涉及禁止约束假钞问题，疏通钞法以便于民众等事。大多数官员都普遍认为钞法不行的原因在于伪造宝钞的行为日益严重。应防患于未然，加强法律约束。洪武、永乐年间，印造大明宝钞与铜钱相兼行使，共同流通，是为了便民。朝廷印造大明宝钞一贯，需要的材料浩繁，制作工艺复杂。在初期，一贯大明宝钞可以折抵铜钱一千文，白银一两价值大明宝钞八十贯。大明宝钞虽然碎破，但只要字迹分明，便能够在流通中正常使用，没有阻碍。所以大家都乐于使用。但是随着钞法运行的发展，新钞一贯，只能价值铜钱一二文，旧钞五六贯都不值铜钱一二文，计算大明宝钞的工料和成本，还不如假钞的时价。追究原因，在于多年以来，不管是在京还是在外，乡村市井买卖中大家都不使用大明宝钞，而是用历代的旧铜钱。只有法司赎刑和估算赃物的时候还在按照旧制折收钞贯。在京的诸司衙门，收取盐、粮、商、门摊等税收时，用的是大明宝钞与铜钱各占一半的方式。一贯大明宝钞只能折抵铜钱二文，各行户都称大明宝钞不值钱，不肯在交易中适用。收到的大明宝钞也只会堆放在家，钞法的流通日益艰难。阻坏钞法实施的，挑描剜补，或者伪造假钞进行贩卖，并且买卖假钞用于实际使用的，在外地由巡抚、巡按会同司、府、州、县等衙门处理，在京由巡城御史、锦衣卫巡视官校、五城兵马等衙门一同缉拿罪犯，按照钞法规定审判。并且，在处罚之后对犯人按照每钞一贯追钱一千文的标准罚款，在履行完毕后再按原裁判进行发落。而且，为了激励大家告发伪造大明宝钞的行为，朝廷允许到官府进行首告，如果查明属实，按例给赏。若有人故意诬陷善良的人，按伪造大明宝钞之罪进行发问，并且按照例的规定进行追钞。这样伪造大明宝钞的行为可以得到遏制、平息，钞法可以疏通。[1]

关于禁止私铸，涉及一个流通的重要问题，那就是流通中铜钱的铸造权的统一和私铸铜钱犯罪问题。从社会稳定的角度出发，币制统一是国家统一的经济基础，对货币权的垄断是符合货币管理要求的。对铸币权的垄断可以使朝廷获利，从而减轻民众负担。国家可以通过垄断货币发行权获利，但是国家也可以调节社会分配，减轻一般民众的负担。当然，实际情况是

---

〔1〕　刘海年：《中国珍稀法律典籍集成（乙编）》（第 4 册），科学出版社 1994年版，第 578~579 页。

国家获利后并不想进行社会分配，将这种垄断权作为了财政收入的重要来源，无节制地发行铜钱，导致通货膨胀。另外，国家统一铸币权有利于国家对市场物价的调节。明代的主流思想还是由中央垄断铸币权。明代中央政权很注意对私铸钱币的禁止，"太祖初即位，严私铸之禁"。[1]洪武六年（1373 年），也有专门关于禁止民间私铸铜钱的规定。成化十七年（1481 年），命令在京师的内外都只许流通使用历代及洪武、永乐、宣德时期的旧钱，私造的新钱不得进入市场流通，阻坏钱法。如有违反，严格依律文治罪。之后，朝廷更加严厉地禁止私铸假钱。到后来，私铸行为在民间愈加盛行，钱法的施行受到阻碍，要求内外衙门严加预防私铸行为。宝源局的工匠役人侵吞铸币材料、减少工序，导致钱币轻小易烂、不堪使用的，将被直接送法司从重问罪。而盗铸就是靠将钱币铸薄、铸小，同时材质低劣获取利益的。因此，钱法明确禁止私铸。

　　综上，明初货币政策的突出缺陷在于发行制度并不完善，从根本上违背了货币经济规律。朝廷在完全没有准备金的情况下无度发行大明宝钞，枉顾货币发行的规律，导致大明宝钞从发行之初就处于贬值的挣扎中。在铜钱方面，明代设置了专门的铸币机构，确保了唯一的国家法定铸币权，也有严厉的法律制度配套规范，但是私铸却是铜钱发行的突出问题，一直没能从根本上得到解决。将货币的发行价值完全放到国家统治和财政需要之上，在政治权力无法自我控制时，无度地发行货币是国家货币难以维系的根本原因。同时，不同货币形式之间的对价完全处于不稳定状态，这是因为大明宝钞贬值的同时，相应的对价规定没有进行调整。明初的货币政策还有一个缺陷是自

---

　　〔1〕　（清）龙文彬纂：《明会要·卷五十五·食货三》，中华书局 1956 年版。

相矛盾，在禁止金银使用的同时，在《大明律》中还可以看到白银以统治阶层赏赐的形式出现。这种自相矛盾的规定无法维持禁令的权威性。

（二）货币法制变革后的明代货币政策

与明初货币政策不同的是，白银于明代中后期开始在民间大范围流通，并最终自下而上地成为主要法定货币，货币实现了白银化的变迁。在新的法定货币形式加入、旧的货币形式——大明宝钞——从流通领域退出的情况下，国家的货币政策发生了相应的变化。

1. 弛用银之禁

国家解除禁止流通白银，就是财政需要在收取赋税时得到能保证价值的货币，而不是不具备任何实际价值的大明宝钞。白银是在何时、以什么具体的表现成为法定货币的？明穆宗在隆庆元年（1567 年）的诏令中有这样的表述："凡买卖货物，值银一钱以上者，银钱兼使；一钱以下止许用钱。"[1] 这个令的颁布，是以法律的形式结束了对白银流通的禁令，白银的流通获得了合法的地位，并成了流通中的主要货币。而这一令改变的是明代前期的货币法制，改变了基本的由钞法和钱法构成的货币法制状态。明代货币法律有明确规定的只有钱法和钞法，根本没有所谓明确的白银法律的相关规定。这是因为明代法律具有一贯性，在明初制定颁行并且不得更改。当时的制定者根本无法预判中后期会有新的货币形式出现、钞法难以维系的问题。因此，与白银相关的法律规定几乎都是以令的形式出现。这种令的出现意味着明初确定的货币法制发生了巨大的变革，从信用货币制度走向银本位制度，明代的货币法制开始了白银

---

〔1〕 （明）胡我琨撰：《钱通·卷一》，余全有译注，重庆出版社 2009 年版。

化的进程。

虽然白银作为货币被使用的时间很长，但从秦代开始，在法律层面上就一直禁止将白银作为货币流通。虽然白银在唐代的时候流通的范围扩大，但是《唐六典》关于白银属性的记载仍然是"金银之属谓之宝，钱帛之属谓之货"。[1]明初明确禁止金银的流通，"禁民间不得以金银物货交易，违者罪之；以金银易钞者听"。[2]禁止用金银进行流通交易，违反的会被处以刑罚，但是用金银交换纸币是可以的。基于市场交易对白银的需求，明代中后期，朝廷不得不解除银禁，以解决货币流通使用的难题，保障财政需要。明英宗即位之后就下令放开银禁，这是明代中后期最为重要的货币政策，这一政策的出台完全改变了明代的货币法制。在征收赋税中下令粮食可以折收白银，各种关于纳钞的规定逐渐减少，开始逐步用米、钱、银代替大明宝钞。随着朝廷和民间都使用白银进行交易，明初的禁行金银政策完全被改变。

2. 国家支出收入都用白银

与大明宝钞只有发行支出而没有收纳倒换不同的是，白银成为法定货币之后，国家货币政策调整为不论支出还是收入都使用白银。在支出方面，以俸禄为例，明代的俸禄制度，在明初是以米石作为基本计算标准，以官员品级来确定石数，以石数定品级，俸禄形式主要是米，内容比较简单。在大明宝钞推行之后，朝廷重新确定了俸禄制度，除米石外，同时支付俸钞。俸禄制度由单一的米石变为米钞兼给的并行结构。但由于大明宝钞贬值迅速，钞法很快就难以维系，基于解除白银作为货币

---

[1] （唐）李林甫等撰：《唐六典》，陈仲夫点校，中华书局 2014 年版。

[2] （清）张廷玉等撰：《明史·卷八十一·食货五·钱钞》，中华书局 1974 年版。

流通的禁令，俸禄中的大明宝钞开始被折换成白银和铜钱。大明宝钞的贬值和白银的流通使用引发了明代俸禄制度的改革，不断推进俸禄白银化支付方式的进展。明代在中后期逐步实现了俸禄的支付使用白银。在收入方面，以赋税为例，明代的货币政策本就是基于封建统治的稳定和财政需要的目的制定的，由于大明宝钞会贬值，因此国家只将其投入市场流通，没有从流通中回收到国家的渠道。国家财政在回收货币时，基于财政需要，都喜欢实物或者金属货币。白银开始流通之后，货币回收马上以白银作为标准。作为最大的货币回流渠道，赋税具有代表性。因为白银的出现，赋税改革后，白银成了赋税征收的唯一标准。真正地实现了国家的支出和收入都使用白银，确保了白银的主要法定货币地位。

3. 货币政策由严厉打击伪造变为严格管理白银运解

基于白银自身的属性，白银成为主要法定货币后，伪造不再是货币发行流通中的重要规范问题，代之以运解白银问题。白银的运解直接关系着国家权威，白银的流通量和国家财政需要是联结这几个方面的重要纽带。钱粮作为重要的国家事务（如有任何疏漏，如中途延缓不能如期到达）都会产生严重后果。明代的功令森严，延误拖累都是要遭到处罚的大事，不能将这样重要的实务交给一般的杂职负责。借这些运解的人员用作经营，将公事抛诸脑后，是万万不可的。明代不少官员商议提出由府县佐贰负责运解是很好的方法。但是，各职官既贪恋其职务，又维护其下属，议定之后也没有马上按照该命令实施，领到任务负责运解的人员又常因为出事被举报。总之，应该举荐殷实、能担当运解重任的人，实际操作中应该使全省的官员的评册全部在官员的掌握中，只在名册内选择府县佐贰中的优秀者。并且，选定的人不允许推卸责任。对运解的严格管理是明中后期白银成为法定货币后确保白银流通的重要货币政策。

二、明代中后期货币法制变革与国家赋役制度

基于白银成为法定货币，明代的货币法制发生了重大改变，若赋役制度不能作出相应改革，将不能适应货币法制的变化。因为赋役制度包含了赋税和徭役两个部分，所以赋役制度的货币白银化改革也是从赋税和徭役两个方面展开的。

（一）赋税制度的变化

明初的两税法和唐宋时期的两税法虽然名字相同，但内容是不同的。明代两税法随着统治的发展和时间的推移，税目越来越多，很多附加杂项都被归入田赋项目，并放到两税中，甚至连徭役也被放入两税，这反映出了明中期之后赋役合并的趋势。在明初，国家赋税主要征收的是实物，包括米、麦，偶尔会以丝、绢、钞、钱折收纳税。根据梁方仲先生的归纳总结，有几种情况会引起国家赋税缴纳方式的改变，折收其他形式：其一是自然灾害，在自然灾害发生时，除了免除税粮的缴纳外，国家还会采取赋税改折的方式，以他物代为缴纳。比如以金银、布、丝绢等改折缴纳。其二是特殊政策的驱动，如民初的惠民政策。洪武九年（1376年），明太祖发布过改折赋税的诏令：

> 每银一两、钱千文、钞一贯，折输米一石、小麦则减直十之二，棉、布一匹折米六斗、麦七斗，麻布一匹折米四斗、麦五斗；以丝绢代输者亦各以轻重损益，愿入粟者听。[1]

该诏令是命令民众以白银、大明宝钞、绢布代替缴纳一年的租税。除了这些之外，第三个影响赋税改折的重要因素是国

---

[1]《明太祖实录·卷一零五·洪武九年三月乙卯》。

家的财政需要。若财政因为军需，需要大量的布匹等，就会将赋税改折为折布输纳。因为这些因素的存在，明初的赋税改折是一种常见的行为，既有实物的改折，也有货币的改折。除上述因素外，基于实物税收运输不便等因素，朝廷也会进行实物和货币之间的改折。明初的这种赋税改折是中后期赋税改革和赋税货币化的基础。而且，随着时间的推移，赋税改折的货币化倾向逐渐加强。

在明代货币法制因为白银而发生变革后，赋税方面最早因为白银而发生的改革体现在"金花银"的出现上。金花银就是将固定地区赋税改折为白银输送到中央。《明英宗实录·卷二十一》正统元年（1436 年）八月有关于金花银的完整记载：

庚辰，命江南租税折收金帛。先是，都察院右副都御史周铨奏，行在各卫官员俸粮在南京者，差官支给本为便利，但差来者将各官俸米贸易物货，贵卖贱酬十不及一，朝廷虚费廪禄，各官不得实惠。请令该部会计岁禄之数，于浙江、江西、湖广、南直隶不通舟楫之处，各随土产折收布绢白金赴京充俸。巡抚江西侍郎赵新亦言，江西属县有僻居深山不通舟楫者，岁赍金帛于通津之处易米。上纳南京。设遇米贵。其费不赀。今行在官员俸禄。于南京支给。往返劳费。不得实用。请令江西属县。量收布绢。或白金类销成锭。运赴京师。以准官员俸禄。户部尚书黄福。亦有是请。至是行在户部。复申前议。上曰祖宗尝行之否。尚书胡等对曰。太祖皇帝。尝行于陕西。每钞。二贯五百文。折米一石。黄金一两。折二十石。白金一两。折四石。绢一匹。折一石二斗。布一匹折一石。各随所产。民以为便。后又行于浙江。民亦便之。上遂从所请。每米麦一石折银二钱五分远近称便。然自是仓廪之积少矣。二年命两广福建。当输南京税粮。悉纳白金。有愿纳布绢者听。于是巡抚南直隶行在工部侍郎周忱。奏官仓储积有余。遣行在通政司右通政李畛。往苏松常三府。将存留仓粮七十二万九千三百石有奇。卖银准折官军俸粮。三年命粜广西云南四川浙江陈积仓粮。遂令军民无挽运之劳。而囷庾免陈红之患。皆一时之便计耳。[1]

　　赋税改折金花银的出现是材料中记载的南直隶、浙江、江西、湖广、两广等地区的共同诉求。但是，金花银很快变成了皇帝的个人经费。金花银出现之后，在江南赋税改革中，引入了折收白银，将赋税和金花银关联起来，规定金花银专门为官田租赁的折纳，将马草也改为征收白银。金花银的出现标志着明代赋税在法律上开始了赋税折银，为赋税折银在全国的大范围推广奠定了法律基础。但此时赋税改革还没有统一、规范的货币化，而且名称也不确定，金花银的称谓是在后代发展中才被记载下来的。金花银开启了明代中后期的赋税制度改革。自此，各地都开始了赋税折银的实践。最早开始的领域是农桑丝绢的折银，然后需要运送往军卫的税粮也开始折银，继而发展到运到两京的赋税也开始折银，同时赋税中的地方存留部分也开始大规模折银。关于地方存留赋税的折银，因为地方仓库保管条件的局限，粮食、布匹等物本就难以保管，仓储能力也极为有限，不堪重负。在保留地方必要开支的情况下，将多余部门进行折银，既能保证存留物品的价值，又能解决仓储能力的问题。于是，存留赋税的折银以极快的速度在全国铺开。在很短的时间内，赋税全面折银已经基本铺开。如何以法律的形式将赋税折银明确下来，让其具备法律效力？成化二十三年（1487 年）的时候，户部尚书李敏奏请明宪宗，在山东、河南、山西和陕西府州县实施：

---

〔1〕　（明）顾炎武：《日知录》，商务印书馆 1929 年版。

　　岁输粮各边者，每粮一石折银一两，以十九输边，依时值折军饷，有余则召籴以备军饷。[1]

　　明宪宗对此的回复是，要求北方的两税全部折银征收，采纳了李敏的建议。这是从法律层面规定了北方全面实现赋税折银。明代国家岁办贡赋也实现了从实物上交到改折上交再到折银上交的变化。贡赋在明初都是实物，因为自然灾害等原因会偶尔出现改折的情形。关于贡赋的改折，部分地区是从实物直接改折到白银，有些地区发展得更早，中间还经历了折钞的过程。总的来说，到嘉靖时期贡赋基本实现了全面折银。赋税的白银化进程为"一条鞭法"改革提供了基础、创造了条件。

　　（二）徭役制度的变化

　　明代中后期的徭役分为三类。《明史》的记载是：

　　役曰里甲，曰均徭，曰杂泛，凡三等。以户计，曰甲役；以丁计曰徭役；上命非时曰杂役。皆有力役，有雇役。府、州、县验册丁口多寡、事产厚薄，以均适其力。[2]

　　虽然这段记载并不是对明代徭役的完整记录，但是这是明代中后期徭役制度确定后的情形，有里甲、均徭、杂泛三等。在明代，初徭役仅分为正役和杂役两类。其中有一种杂役是均工夫，有专门的朝廷编制的《均工夫图册》对该杂役类型进行规范。具体规定了服役时限、人数和具体的办法。《均工夫图册》作为征役的依据，从单一的验田出夫改为征派并行的机制，并且允许田多但是人少的雇用佃人代役。而明初的正役是里甲，

――――――――――

〔1〕　（清）张廷玉等撰：《明史・卷一八五・李敏传》，中华书局 1974 年版。

〔2〕　（清）张廷玉等撰：《明史・卷七十八・食货志二・赋役》，中华书局 1974 年版。

就是以里甲作为单位而需要承担的徭役。朝廷在洪武时期就编造了天下赋役黄册，进行了具体的赋役划分管理，确定一百一十户是里，一里内推选丁粮最多的十个人为长，剩下的百户就是十甲，每一甲有十人。岁役是里长一人、甲首十人，管理一里内的事。十年为一个更换周期。按照黄册编制确定的内容分上、中、下户来进行徭役分配。除此之外，明代中央和地方还会根据实际需要，随时设置新的杂役类型。主要表现为常役和非常役两大类。《明史》的记载有：

> 凡役民，自里甲正办外，如粮长、解户、马船头、馆夫、祗候、弓兵、皂隶、门禁、厨斗为常役。后又有斫薪、抬柴、修河、修仓、运料、接递、站铺、插浅夫之类，因事编金，岁有增益。[1]

修河、修仓、插浅夫等不是定期的徭役，是根据实际需要而设置的非常役。常役的编金原则大多是按照税粮来进行金派的。明初不管是里甲正役还是杂役基本上都是本身应当服役的，也可以雇佣服役，但雇佣不占主要部分。但是，明中期之后的杂役，因为货币法制的白银化改革，杂役开始白银化。最早发生的变化是为了缓解明初徭役不均的问题，出现了均徭法。均徭法虽然在实施初期并不顺利，但是因为徭役不均问题确实突出，因此迅速在全国多个地区得到推广，到成弘之际几乎已经在全国推行。为了在法律上统一均徭法，明孝宗颁布了关于均徭法的诏令，对其进行法律上的规范：

> 布按二司、分巡分守官、直隶巡按御史，严督府州县掌印

---

　　〔1〕 （清）张廷玉等撰：《明史·卷七十八·食货志二·赋役》，中华书局 1974 年版。

正官、审编均徭、从公查照岁额差使、于该年均徭人户、丁粮有力之家、止编本等差役、不许分外加增余剩银两。贫难下户、并逃亡之数、听其空闲、不许征银及额外滥设听差等项差科。违者、听抚按等官纠察问罪、奏请改调。若各官容情不举、各治以罪。[1]

　　法令有一定的滞后性，均徭法的推行发生在该诏令之前，但是该诏令确定了均徭法的法律地位和具体的操作规范，也是国家对均徭法的肯定。均徭法的具体实施在各个地区是有差异的，根据各地的不同，具体措施也不同。发展到后期，因为白银法制的变化，力差和银差的区别也出现了。银差就是指将白银交给官府，官府来招募充役者；力差就是亲身去服役，不能雇佣替代者。因为大明宝钞的贬值，官员更愿意接受价值稳定的白银，拒绝其他形式的物品，包括绢布和铜钱。白银体积小、价值大，适合运输和保存，在白银地位还没法定时，官员在实践中已经开始接受这种货币形式。随着发展，徭役折银也开始越来越多，范围更加广泛。银差的出现是徭役折银缴纳的开始，是徭役制度改革的基础。关于银差，有不少地方县志都对其进行了记载，归纳起来就是力差和银差，明代并没有统一的标准，而是各地根据实际情况确定的力差和银差；各地均徭中的力差和银差的徭役种类差别明显，有地方属性；在力差和银差的负担方面，力差相比于银差有着更重的负担。总的来说，不管是力差还是银差，到了嘉靖期间，都基本摆脱了劳务形式，代之以白银完成劳役。白银的介入打破了原本力差和银差的划分标准。

　　在货币法制变化和杂役改革的过程中，正役里甲也发生了

---

　　〔1〕　怀效锋点校：《大明律》（点校本），法律出版社 1998 年版。

改变。因为财政需要的不断扩大，徭役总量不断增加，里甲正役的负担日益加重，若不发生变革将严重危及统治。在经济较为发达的地区，为了整顿徭役不均，将白银引入，出现了里甲银、均平银等。白银完全进入了徭役制度，解放了人身依附关系，促进商品经济的发展，为后续深入的改革提供了基础。

（三）"一条鞭法"改革

"一条鞭法"改革打破了古代中国一直推行的赋役制度：在赋税层面，停止了两税法，将白银作为唯一的主体；在徭役层面，全面折银缴纳。"一条鞭法"合并了赋税和徭役制度，改变了传统中国一直以来的做法。可以说，明代赋役制度的改革是货币白银化对国家财政的最大影响。"一条鞭法"从表面上看是一个改革举措，一次达成，但其背后是一个漫长的发展变迁过程，是经过不断的调试，最终符合了改革的条件，包括前文提及的明代赋税折银和徭役折银的不断发展和改变。

"一条鞭法"改革表面呈现为以徭役作为主要内容的赋役制度改革，但其内容实质上包含了徭役内的各项合并、赋税内的各项合并、赋税和徭役的结合、征收期限的合并等。《明史》记录的"一条鞭法"是：

> 一条鞭法者，总括一州县之赋役，量地计丁，丁粮毕输于官。一岁之役，官为金募，力差，则计其工食之费，量为增减，银差，则计其交纳之费，加以增耗。凡额办、派办、京库岁需与存留、供亿诸费，以及土贡方物，悉并为一条。皆计亩征银，折办于官，故谓之一条鞭法。立法颇为简便。嘉靖间，数行数止，至万历九年乃尽行之。[1]

---

〔1〕（清）张廷玉等撰：《明史·卷七十八·食货志二·赋役》，中华书局1974年版。

　　其中的额办、派办、京库岁需与存留以及土贡方物就是
"一条鞭法"在赋税层面包含的内容。也就是包含两个方面：其
一，田地种类和科则的合并，不再进行官田、民田、山地、塘
地、灶田的区分，一并计算税粮，全部照亩科派税粮，然后折
银征收；其二，税粮的合并，将全部税粮归纳为一个总数或按
照标准分类，不再进行夏税、秋粮等名目的区分，也不再划分
起运和存留的部分。这种赋税方面的合并将夏税、秋粮每年两
次的征收合并为全年一次完成征收，简化了赋税征收的手续和
解运的次数，赋税的征收内容也因为这次改革被最终明确为白
银。张居正倡导推行的财政和赋役改革，肯定并强化了已经逐
步展开的"一条鞭法"改革，并将这种赋税征银的改革推向了
高潮，完全改变了明代的赋税制度。

　　在徭役方面，随着里甲征银和均徭法中银差的出现，白银
开始介入徭役制度，徭役制度发生巨大变化。这些变化都成了
"一条鞭法"改革的基础。"一条鞭法"改革在徭役方面表现为
将各种役目进行汇总统一：首先是正役，里甲正役不再进行名
录和用途的区分，统一变更为征银，并且缩短了过去十年一届
的期限；其次是力差和银差在实质上已经没有区别，全部统一
为征银；最后是里甲正役和均徭法合并统一变更为征银。总的
来说，就是合并统一，并以征银作为最终模式。正役里甲和杂
役均徭都不再进行时间的区分，不再进行编制，特别是里甲、
均徭以及其他的徭役项目都实施摊丁入亩，统一计算征收白银，
所有的徭役都最终按照规定的标准转化为了白银缴纳的事项。
这减轻了普通民众的徭役负担，对于官员来说，也简化了徭役
征派的程序，减少了中间过程的腐败，在提高效率的同时保证
了国家最终的财政收入。这种改变是符合国家货币法律政策的。

　　徭役制度的货币化、白银化进程非常清晰，与赋税的货币

化、白银化改革几乎是同时展开的。在正统和景泰时期，从经济较为发达的地区开始，正役里甲和杂役均徭两个方面同时开始变革，逐步发展，至嘉靖时期各地小范围实践"一条鞭法"，各种徭役开始统一合并，并以征收白银的形式最终确定。在经过各地的大量实践后，国家层面的"一条鞭法"改革最终形成。整个徭役的过程，从编审、征派到服役完全变革为以白银来衡量和管理，真正以人本身去服役的传统徭役制度已经消失，而赋税和徭役的结合也是顺理成章的结果。因为两者最终都发展变革为了以白银作为唯一的标准，两者的合并征收具备了现实的可能。

因此，到万历九年（1581年）的时候，朝廷从法律层面上确定"一条鞭法"在全国范围内施行，其实是经过了漫长的改革发展过程和尝试，是必然的结果。只是白银在赋役领域引发的变革获得了法律的承认和推广。这标志着国家对赋役制度联合改革和白银在赋役制度中的地位的确认。其完全推翻了古代中国之前的赋役制度，是一个完全重构的新发展，能更好地适应社会经济的发展，同时又能避免货币贬值和其他因素给国家财政造成的损失，将国家财政收益最大化，有利于国家对财政收入进行统筹和明确计算，这是在过去面对实物赋税和替代徭役时完全不可能办到的。因此，"一条鞭法"的赋役制度改革几乎是一种双赢的发展结果，顺应了时代的进步。

第二节　货币法制变革的经济效应

白银引发的货币法制变革，除了在政治方面产生了影响外，由于本就是货币方面的问题，因此其在经济方面的影响更为突出。特别是明代商税制度因货币法制变革而发生的巨大改变。

同时，白银法定货币地位的确立和货币法制的变革促使明末在金融方面实现了大量创新。

一、明代中后期货币法制变革与商税制度

为了更清晰地看到该改革引发是否源于白银法定地位的确立和货币法制变革的推动，笔者试图从明初的商税制度入手进行对比分析。

（一）明初的商税制度

与赋税制度相同，明初的商税也是实物和货币两种形式并存，根据财政的具体需要，确定征收物品的形态。洪武八年（1375 年）大明宝钞发行的同时，为了宝钞流通的推行和钞法的实施，法律明确规定：

> 凡商税课，钱钞兼收，钱十之三，钞十之七。一百文以下，则止用铜钱。[1]

这是《明会典》钞法部分记录的规定。该规定明确了商税的征收结构是钱钞兼收，以货币形式征收商税。但在商税征收过程中，实物也会随着财政需要成为征收的形式。为了保障大明宝钞的流通，铜钱很快被下令禁止使用，因此该条规定中的钱钞兼收并未施行很久，主要的征收形式为大明宝钞。商税征钞在明代延续了很久，直到大明宝钞流通逐渐减少，在钞法难以继续的情况下，到景泰末年才重新开始钱钞兼收，但对明初的钱钞兼收比例进行了变更，变为各占五成。虽然商税征收在短期内不断有变化发生，但从这个时间来看，商税改革是晚于赋税和徭役制度改革的。

---

[1]　（明）申时行等修：《明会典》（万历朝重修本），中华书局 2007 年版。

明初的商税制度因为国家货币政策的变化经历了从钱钞兼收到征钞的改变。但是，大明宝钞处于持续贬值状态是其流通过程中的客观现实，虽然直到成化时期国家才最终从法律层面承认了钞法的不行和大明宝钞贬值的状态，但是贬值的问题却是从其发行之初就一直存在的。在这种情况下，明代朝廷在商税征收中不得不调低大明宝钞的比例，重新引入铜钱，保障国家财政收入不至于受到大明宝钞贬值的重大影响。其实，即便是在明初，商税单一征收大明宝钞时，商税的征收结构中也一直有白银的身影，但此时的白银并不是法定货币。这些地方出现的白银征收和其他实物征收意义一致。基于地区差异和国家财政需要，虽然法律规定为单一征钞，但是征收形态多种多样，包括各种实物，其中就有白银。商税中的白银是于何时成为商税制度变革的契机的？商税是于何时出现白银化的趋势的？

（二）明代中后期商税白银化改变

基于明代中后期货币法制的变革，白银成了主要的法定货币，商税又与货币密切相关，因此商税与货币本身一样，出现了白银化的趋势，即商税征收形式向白银过渡。部分地区开始施行"抽分制"，将其他商税变卖为白银，但是该制度实质上加重了商人负担，在正常商税外增加了税收。为了停止抽分制的实施，朝廷处罚了实施的官员，形成了则例。在赋税改征粮米和改征白银的发展中，商税也开始征银。在商税征银的发展趋势下，朝廷提出在部分地区仍然适用钱钞兼收的征收形式，大部分地区都开始尝试将钞折银征收。如每一贯宝钞折收白银三厘，每七文铜钱折收白银一分。存留的标准按照则例规定，每七百贯宝钞折为征收一两白银。[1]具体的记载是：

---

〔1〕《明孝宗实录·卷二百七·弘治十七年正月癸亥》。

户部覆议山东都御史徐源所奏，兖州等府灾伤宜移文监督，临清钞关主事以今年明年税课钱钞折银赈济，每钞一贯折银三厘，钱七文折银一分从之。[1]

这种决定符合商税收银的发展过程，顺应了时代的进程。商税征银的发展在各地区步调较为一致，但是全面铺开是在弘治、正德交替之际。在这一时期，商税征收基本实现了向征银转变，也就是白银化改变形成。在弘治时期，商税折银征收已经实现。商税折银可以解决不少过去商税征收中存在的问题，如因为白银价值的稳定，商税折银征收可以缓解国家财政危机，避免财政面临货币贬值的现实问题；在遇到自然灾害时便于赈灾，能较为便利地进行数量统计，便于统筹安排，在运输方面也更为便利；以白银作为唯一标准，减少了折算的过程，能最大限度地减少贪腐环节。

总的来说，明代中后期的国家财政需求是商税白银化的最大促进力量，这也是明中后期国家货币政策的方向。基于大明宝钞的贬值和钞法的崩溃，铜钱私铸问题盛行而难以解决，国家财政遭遇了重大危机，若坚持过去的商税征收形式，所征收的货币或物品将不具备应有的价值。因此，大量官员奏请朝廷商税折银，以保证国家财政的需要和统治的稳定。可见，在货币白银化的过程中，明代的货币法制也随之发生了改变，以适应司法实践中发生的各种问题，从法律上保障了国家货币制度的改变。

二、明代中后期货币法制变革与金融创新

明代中期，随着手工业、工商业的逐步发展，社会中已经

---

[1]《明孝宗实录·卷二百七·弘治十七年正月癸亥》。

产生了资本主义萌芽，且在不断尝试发展。但囿于国家的货币政策和实际流通中大明宝钞的贬值，经济模式的发展受到限制。后续白银大量使用，却又未得到国家法律的认可，在流通中面临各种法律问题。直到明代正统时期，白银的法定货币地位得到明代朝廷的认可，白银使用的禁令被取消，货币承兑也随着白银的推广获得了机会。基于自身属性，白银的购买力和公信力得到了市场的验证，在流通中接受度高，其他货币形式（包括作为辅币的铜钱）要与白银进行兑换，必然需要比价。如果朝廷没有对比价进行规定，就需要权威的机构做出。因此，在货币兑换方面，由于白银成为法定货币，大量的相关金融行业也随之出现，比如白银和大明宝钞的兑换机构，白银和铜钱的兑换机构。因此，明代中后期有一些新的金融机构随着白银法定地位的确立而出现。围绕着白银，具体的金融机构包括钱庄、当铺、汇兑等。

（一）白银与明代钱庄的发展

古代中国最早的钱庄就出现在明代。基于白银货币法制的变革。白银法定地位的确立，明代出现了主要经营白银兑换业务的金融机构——钱庄。早期叫作钱铺，在国家法律规定白银和铜钱兼行使用的前提下，民众习惯将白银作为主币，用于大额支付；将铜钱作为辅币，用于小额支付。所以，在实际使用时涉及白银和铜钱的互换问题，明代朝廷并未从官方角度进行不同货币形式的兑换，因此民间为了保障流通的顺利进行，需要通过一种金融机构完成这种不同货币形式之间的兑换。钱铺在最初兴起时只是开展白银和铜钱的兑换业务，因为大明宝钞贬值厉害，不具有实际的流通价值，没有民众或钱铺想承担亏损的责任。在钞法停止，大明宝钞几乎不再流通之后，业务除了白银和铜钱的兑换，还加入了价值更高的金，有金银兑换、金和铜钱的兑换和原本的白银和铜钱的兑换。在继续发展过程中，钱铺进一步创新，成了钱庄，业务扩展到了存、放款以及直接发行便于携带的兑换券等，开始具有金融机构的信用特点。钱庄还包含了银号。银号在明代中后期已不再单纯是冶炼、打造白银的机构，还具备了金融属性，开始了兑换业务。钱庄是一种本地经营模式，在一定范围内完成货币形式的兑换。不光是本身的业务发展，钱庄的数量在明末也呈几何形式增长，遍布全国各地。钱庄的出现和迅猛发展都立基于白银法定地位的确定，国家对白银禁令的解除为钱庄的出现奠定了前提和发展的条件。

（二）白银与明代当铺的发展

典当业与钱铺不同的是，其不是在明代产生的。典当业产生得较早，一直依赖金属货币存在。因此，在大明宝钞独行的阶段，典当业受到了比较大的压制。但是，基于白银禁令的解除，明代中后期典当业，即当铺的业务开始恢复，并且在规模上达到空前的繁荣。明代的当铺都是由个体经营，不由朝廷控制，从法律上禁止了官营典当业，当铺是完全的民间金融机构。从当铺的经营范围和主要业务来看，当铺除了从事传统的典当业外，在明代中后期白银成为法定货币后，还参与了吸收存款、货币兑换业务，承担了很大一部分钱庄的功能。当铺基于本身资本规模的不同而经营着稍有不同的业务，就像现代公司有注册资本的区别一样，明代当铺也基于资本大小的不同，有的从事需要大量资金投入、典当期限相对较长的"巨典"业务，这种当铺一般不参与小宗的典当交易；资本规模小，投入少的当铺，主要经营小宗的典当交易，如普通民众的零星物品典当。在不少文学作品中，当铺一直作为一种负面的形象出现，但在实际生活中，明代当铺的大范围推广符合明代中后期白银流通的现实和商品经济的发展。其是推动社会商业交易、活跃市场的重要纽带。特别是"巨典",为商业投资提供了资本,对推动市场经济发展有积极的意义。但是,涉及经济方面的事宜,特别直接地与白银货币相关,应加强监管,以限制其过度看重、追求利益。只要管理得当,当铺这种金融机构的繁荣便是国家财政的福音。由于白银货币化的发展,明代货币法制也随之发生变革,当铺也不再担心遇到法律问题,开始大量使用白银进行交易,当铺的规模和数量都有了质的飞跃。并且,可当物品的范围不断扩大,其甚至能满足市场交易对白银的部分需求,加速了白银的流通。当铺同样具备一定的信用特点,为后期信用金融机构的出现打下了基础。

(三) 白银与明代汇兑业的发展

汇兑也不是自明代兴起的行业,虽然钱庄在一定程度上承担了汇兑的业务,但与传统的汇兑业有着区别。钱庄具有地域性,一般在本地经营,但是汇兑业的本质和特点就是方便开展跨地区业务,具备异地的属性。汇兑是基于金属货币属性存在的,兴起于唐代,随着宋代大量发行纸币而逐渐消沉并消失。明代中后期废止白银禁令,白银开始成为法定流通货币,大明宝钞在民间交易中因为价值不稳定而被迫退出流通,货币形式又变回金属货币,白银在发展过程中确立了银本位的货币体制,汇兑的重新兴起是必然的。明代的会票与唐代时已经不同,有着明代商品经济的特性,是明代货币法制和货币形式变革的产物。商品经济的发展,要求白银在流通的数量和速度上都能匹配商品贸易的需要。但是,白银作为金属货币,与古代中国一直流通的铜钱一样,即便单位价值更高,也还是不便于长途运输,在大宗交易中更是将支付难度提高。基于支付的安全和便利性,汇兑业的地位和作用特别突出,其提供会票,便于携带,能实际地解决白银运输和支付中的安全问题。方便交易的结算。随着交易的升级和汇兑业的不断发展，交易可以直接以会票结算，不再需要提取白银，省略了交易的流程，为交易地区的扩展提供了条件。可见，汇兑的重新出现是商品经济发展的重大助力，也是明代因为白银法定地位确立而发生的重要金融创新。

　　总的来说，钱庄、当铺、汇兑等金融创新和业务扩大、繁荣都发生在明代中后期，并且都开始具备了信用机构的属性。这些金融创新机构的信用属性的继续发展，得益于白银成为主要法定货币和货币的白银化。其是明代中期货币法制变革带来的影响，而这些金融机构又反过来推动了明代经济的进一步发展。这些金融机构与白银具有互相作用、互相推动发展的密切关系。

第三节　明代货币白银化的负面效应

　　虽然白银弥补了大明宝钞贬值的问题，在商业流通中自下而上地发展成为法定货币，但是基于白银作为金属货币的天然弊端，其并不利于交易的便利，加之形制的不规范和伪银流通等严重问题的存在，白银的流通使用不只有积极的效应。至少明中后期伪银大量流通，扰乱了国家正常的经济秩序，引发了商品经济的动荡，降低了货币白银化本应带来的积极效应。虽然货币开始了白银化，但是在法律上，针对白银的规则和规范并不明确，明代有专门的"钞法""钱法"，却没有"银法"。我们可以看到，国家在应对货币白银化时在制度和法律层面并没有及时作出反应。这种负面效应并不是单一的，它直接影响着国家的财政，而国家层面与白银关联最为密切的就是赋税征银。因此，我们可从赋税征银和明末财政危机两个方面入手分析明末货币白银化的负面效果。

一、赋税征银的负面问题

在几乎完成了货币白银化的情况下，国家才开始在正式层面认可白银的法定货币地位。在国家层面，货币白银化带来的最直观影响就是"一条鞭法"改革。改革后，朝廷不再征钱或其他的形式，而是统一计亩征银。赋税征银的改革带来了古代中国赋役制度的重大变革。从前文可知，赋税征银积极推进了国家制度、市场经济、文化的发展。但是，赋税征银，并不只有积极的部分，也存在着负面问题。货币白银化的负面问题从表象上来看是白银本身弊端的问题，但是本质上是国家法律制度对白银自身弊端应对不足、不及时，没有配套出台解决白银弊端制度的设计。

从对白银弊端的介绍中我们已经知道明代白银作为称量货币，根本没有固定的形制，也没有相关法律规范，用于商品流通和赋税缴纳的白银并不是国家主导铸造的，而是由民间自发铸造的。这些白银并不具有法律强制力，存在极大的随意性。因此，白银从铸造开始就存在着极大的缺陷，而带着这种本身的缺陷进入流通领域后，成色、重量、形制的不确定催生出了大量问题。一般民众作为赋税的缴纳者，都是以零碎的白银缴纳赋税，而白银存在成色、重量的差异，增加了赋税征银的程序和难度，使征收环节存在问题。

赋税征银最重要的前提是白银，也就是征银必须确保白银的来源，如果征税对象并没有白银，其将遇到极大的阻力，根本不具有实施的可能性。农民自己并不生产白银，也不可能大量持有白银，为了完成赋税征银的要求，只能通过交易获得白银。而基于这种迫切性，有人会趁势提高交易标准，给急切获取白银的农民造成更大的负担。对此，《明宪宗实录》记载的官员言论有所提及：

> 凡钱粮军储等项，洪武、宣德间，应本色者征本色，应折色者征钱钞。顷来凡遇征输，动辄折收银两。然乡里小民，何由得银？不免临时辗转易换，以免逋责。[1]

可见，统治者也已经发现赋税统一征银，简单地一刀切会给普通农民在赋税方面带来极大的负担。而农民为了能够以白银缴纳税赋，以贱价出售自产的农产品已经成为普遍现象，给农民的生计造成了严重影响。加上白银作为贵金属，本身存量较少，对于普通民众是短缺的货币状态，以白银作为赋税缴纳对象，只会将普通民众推入更差的境地，不利于社会稳定。

同时，在这个负面问题之外，赋税征银的程序设计也存在缺陷。手中有白银才能完成赋税的缴纳，但是缴纳赋税的过程是否有法定的程序？是否有严格的监督？明末的实际情况是赋税征银的各个环节都没有法律的明文规定，也没有得到很好的监督，各个环节均存在着不少问题，都是对民众利益的盘剥。从具体的环节来看，明代赋税征收在技术上不可能具体到农户，而是由中间的代理人代为征收，国家只对代理人进行管理。这个代理人在早期是粮长，但是粮长制度很快崩溃。赋税征收的代理人变成了地方的里甲。也有地方则由大户人家来担任征税的代理人。这些人为何愿意承担国家征税的工作？因为其可以通过征税环节获利。赋税征收过程中需要对白银进行称量，但是这个称量的过程给了代理人和库官可乘之机，他们可以在秤上做手脚，在成色辨别上做手脚，给缴纳白银的普通民众造成

---

[1]《明宪宗实录·卷九三·成化七年七月己卯》。

了极大的伤害。这些并不是明末才出现的问题，在朱元璋编制的《御制大诰三编》就有关于库官窃盗白银，在称兑的时候做手脚的案例。这些盘剥都是层层递进的，代理人上缴时也会受到盘剥。为了保障自己的利益，其必然会在征收普通民众时更加严苛。这是金属称量货币作为赋税缴纳对象的弊端，无法避免。统治者虽然知道这些情况，但却没有采取相应的措施进行规范处罚，更没有统一白银形制，还是为赋税征银留下了违法获利的缝隙。要完成白银从民众流向国家的过程，称重是一个重要的环节，但是作为称量货币的白银，在这个过程中，称不足或者白银成色劣质，损害的是民众和国家的双重利益，获利的只是中间掌控着称重过程的人。在这种情形下，国家财政状况越来越差，民众的生活水平越来越低，整个国家从经济到政治都因为赋税而受到打击。

起解是白银流通和国家赋税征银的重要环节，朝廷必须确保在这一过程中白银是足色的。但是，负责赋税征收的各级官员利用民间伪银流通盛行的现实情况，故意勾结、互相掩护，在起解的白银中掺入伪银。这种负责赋税征收的官员之间的勾结问题更为严重，也更为隐蔽，最终的结果就是使伪银作为赋税征收的结果进入了国库。而为了解决这些问题，朝廷提出的解决方式是将碎银在地方进行倾煎后铸成银锭后起解中央。但是倾煎会导致白银出现损耗，也会产生费用，因此朝廷允许地方在这个过程中扣除火耗费用。火耗的出现又给地方创造新的盈利空间，可以在赋税征收时虚报火耗。关于火耗，顾炎武提到：

> 原夫火耗之所生，以一州县之赋繁矣，户户而收之，不可以琐细而上诸司府，是不得不资于火。有火则必有耗，所谓耗者特百之一二而已。有贱丈夫焉，以为额外之征，不免干于吏

议，择人而食，未足厌其贪婪。于是藉火耗之名，为巧取之术。盖不知起于何年。而此法相传，官重一官，代增一代，以至于今。于是官取其赢十二三，而民以十三输国之十；里胥之辈又取其赢十一二，而民以十五输国之十。[1]

增加的火耗，并未能解决赋税征银环节中白银的损耗和成色问题，反而给了各级官员新的"创收空间"，加重了民众纳税的负担，而国家财政却并未因此改观。总的来说，就是赋税征银统一了赋税征收标准、简化了征收的程序，原理上利于国家管理，在国家法律和监督配套的情况下，也有利于降低民众的纳税负担。但是，在实际操作中，由于国家法律的缺失和制度的缺陷，赋税征银成了贪官获利的重要渠道。这些人欺上瞒下，通过赋税征银获取了大量利益。

总的来说，由于白银自身并不是铸造的标准货币，在称量、鉴别成色、倾煎成锭各种程序中都给赋税征银的进行带来了不确定性，并增加了朝廷、征收代理人和普通民众的成本。也会导致官员层层盘剥获利，滋生腐败。统治者明知这些问题的存在，却只顾最终收入的白银数量，将负担推至最底层的普通纳税者，并没有想过从制度或法律层面加强监督管理，以消除或者降低赋税征银的负面效应。

二、明末财政危机

明末财政危机的原因，除了国家统治的问题、财政收支无法平衡、军费激增等原因外，与白银成为法定货币直接相关的原因是，在明末"一条鞭法"改革后的赋税征银过程中，朝廷的税收管理运作能力低下，没有及时调整财政管理功能，财政

---

[1]　（明）顾炎武："钱粮论"，载《顾炎武诗文集》，中华书局1983年版。

监督力度严重不足，导致财政危机加重。

　　基于"一条鞭法"的改革，明末的赋税征收更为复杂，而户部的财政管理功能却没有及时更新。在各地经济日趋不平衡，人口也随着经济的发展而出现失衡的情况下，各地的税粮定额并没有随之调整。原有的征税程序和规定已经与经济发展相背离，无法适应新的赋税征收过程。明代官吏的工资不高、收入低下。低税收致使地方政府工作人员不足，无法完成正常的工作。而在赋税征收过程中，又有不法分子在各个环节进行盘剥，管理上存在漏洞。虽然明代有都察院和六科给事中，还有按察司共同在中央和地方监督财政管理，但是这些机构和人员在明中后期早已无法发挥监督职能，而是将更多的精力投入到了明末的党派之争上。在经济已经进行改革的情况下，明末的制度和法律却没有进行配套改革，使"一条鞭法"改革在某种程度上加重了民众的负担，给官吏的腐败提供了更广大的空间，进而加剧了明末的财政危机。因此，不少明末学者都认为明末财政危机的一个源头是白银成了法定货币，认为不应当将白银作为主要货币，提出应重行钞法或者三种货币形式兼行或者侧重于钱法等。

　　邱浚认为，应该保证铸币权的统一。其认为金属货币的铸造权或者纸币的发行权都必须被统一在中央。首先，可以防范社会动乱。他认为：

　　　　夫天生物以养人，如茶、盐之类，弛其禁可也。钱币乃利权所在，除其禁，则民得以专其利矣。利者，争之端也。[1]

---

　　〔1〕（明）邱浚：《大学衍义补·铜楮之币》，蓝田玉等校点，中州古籍出版社1995年版。

他认为，朝廷放弃货币铸造权，就会导致民间争利，影响社会稳定。而明初的法定货币大明宝钞和铜钱都可以确保中央的铸造发行权，唯一不由中央发行的货币为于明代中后期成为法定货币的白银。白银不由中央铸造发行，给国家财政危机埋下了隐患。失去货币铸造权也就失去了对经济的控制和调节，对社会经济发展的掌控也会减弱，必然会危及国家财政。

其次，会加重人民负担。他论述道：

利权常在上，得其盈余，以减田租，省力役，又由是以赈贫穷，惠鳏寡，使天下之人养生送死皆无憾。是则人君操利之权，资以行义，使天下之人，不罹其害而获其利也。[1]

他认为，铸造货币会有很多收益，由国家铸造发行货币可以使这些收益惠及民众，调节社会资源。但是如果国家丧失铸币权，在没有收益的同时，还会失去对整个发行过程的控制，无法掌控实际的货币流通量，也无法保障白银质量，进而加重民众的负担。而且，由中央铸造发行货币本来就是增加财政收入的一个重要手段，但是明代却放弃了对白银的统一铸造，出现财政危机并持续加重也是有因可循的。

最后，中央原本可以通过货币的发行主动调节市场物价，但是白银的铸造发行不由朝廷控制，朝廷也失去了对白银数量的调节权。并且，也失去了对白银数量的了解，各项财政措施的提出均没有针对性，根本是在不清楚白银流通量的情况下盲目做出。

靳学颜在其上奏的《讲求财用疏》中也认为白银大范围流

---

[1] （明）邱浚：《大学衍义补·铜楮之币》，蓝田玉等校点，中州古籍出版社1995年版。

通是对统治有害的，会因为其各种弊端而最终影响财政收入。对于白银的害处，他提出：

> 钱益废，而银益独行，银独行，则豪右之藏益深，而银益贵，银贵则货益贱，而折色之办益难，而豪右者又乘其贱而收之，时其贵而粜之，银之积在豪右者愈厚，而银之行之于天下者愈少。[1]

他主张白银的大量流通，包括作为赋税征收的对象，会有利于富豪收敛财富，不利于社会经济和政治的正常发展。因为富豪敛财会导致流通中的白银数量减少，影响正常的社会经济秩序。他同时主张白银的使用会使统治者的权力受到挑战：

> 钱者，权也。人主操富贵之权以役使奔走乎天下，故一代之兴则制之，一主之立则制之，改元则制之，军国不足则制之，此经国足用之一大政也。[2]

他认为，掌控货币的发行流通，是皇帝的重要权力。但是，在白银这一货币上，中央没有集中铸造发行，等于是使皇帝的货币控制权旁落。明代中期货币白银化后，大量的白银都由豪右控制，皇帝失去对白银的掌控。靳学颜认为，皇帝持有的白银还没有江南的富户多，这极其不利于政权的稳定。陈子龙认为白银会阻碍财政的一个重要认识也是，白银的总量不足以支撑其成为主要流通货币，也反对对银矿的开采。因为他认为不管有多少白银进入流通，最终都会聚集到富豪手中，并不会使

---

[1] （明）靳学颜："钱谷论"，载（清）陈梦雷编纂：《古今图书集成·经济汇编·食货典·卷三五七》（影印本），中华书局1986年版。

[2] （明）靳学颜："钱谷论"，载（清）陈梦雷编纂：《古今图书集成·经济汇编·食货典·卷三五七》（影印本），中华书局1986年版。

商品交易中的白银数量增多。他陈述道：

> 凡今所号千金之家，其器用衣食将古百金不若也；夫以日少之金当日多之物，民何得不重困，国何得不贫。[1]

他认为，富豪将白银作为器物使用，同时大量储藏起来，导致白银在流通中数量不足，导致普通民众更加贫困，而国家也没有获利。国家会因此陷入贫困的状态，财政困难。这确实在一定程度上反映了明末财政困难的状况。

黄宗羲从反对皇权掠夺、豪强兼并和同情普通民众的角度出发反对赋税征银，这个角度是契合当时赋税征银的负面问题的。他认为，白银供应不足会引发物价的不稳定，导致交易中商品的减少。认为不应该以白银作为法定货币，更反对赋税征银。他提出：

> 夫银力已竭，而赋税如故也，市易如故也。皇皇求银，将于何所？故田土之价不当异时之十一，岂其壤瘠欤？曰：否！不能为赋税也。百货之价，亦不当异时之十一，岂其物阜欤？曰：否！市易无资也。[2]

所以，黄宗羲一直强调废止对白银的使用，虽然不符合经济发展的规律，但是也是基于其对赋税实施情况的观察而提出的。其清晰地看到了白银和赋税征银的弊端。这些确实也是导致明末财政危机的重要方面。顾炎武与黄宗羲的看法一致，并且提出由于国家政局的动荡，本国白银的开采和外来白银的流入都成了问题，白银来源更加不足。而流通领域对白银的需求

---

[1]　（明）陈子龙：《陈子龙全集》，王英杰编，人民文学出版社2011年版。
[2]　（明）黄宗羲：《明夷待访录·财计一》，段志强译注，中华书局2011年版。

却不断增加，在白银不足的同时还继续要求赋税征银，导致农民减价出卖自己生产的产品以完成赋税缴纳，不堪重负。顾炎武认为，赋税的征收应区分地区，分别对待。在经济差的地区，由于白银流通不多，本来白银数量就少，一刀切地要求赋税纳银给这些地区造成了极大的负担。

王夫之认为，以白银作为货币存在极大的坏处，他不仅反对以白银作为货币，同时也反对赋税征银。他认为，将白银用于流通会导致财富向统治阶层集中，导致民众贫穷，不利于国家稳定和社会经济发展。他认为，明代白银只有向上输送的通道，没有向下发放的通道。白银的流通会加大对民间采矿管理的难度。禁止开采不好，但开放采矿也不好。他认为，白银的开采会引发农民的混乱，因为利益会滋生众多问题。与其他学者意见一致的是，他也认为白银流通会给官吏贪污创造更多的机会，而国家难以进行有效的管理。同时更容易引起偷盗问题。在反对赋税征银方面，王夫之的看法和黄宗羲是有区别的。他认为，大方向上看，货币交税肯定比实物交税更方便，他肯定赋税改革方面的以货币统一缴纳税款，但是认为可以用铜钱缴纳。反对用银纳税的原因就是他提到的白银的弊端问题。明末的这些学者对白银的看法大多都是从白银作为货币和赋税征银的角度出发的。在明代，美洲白银经过菲律宾内流中国，反映了白银有利于商品经济发展的趋势，但是处在这个时代的学者大多都反对白银，主要的理由在于白银的流通会对君权构成威胁。尤其是顾炎武认为白银使用会导致君权弱化，商品交易流通不再倚重国家的控制。另外是这时期的学者都认为白银存在资源匮乏、供应不足的问题。并且，在流通中面临被富豪储藏起来，流通量更少的问题。学者们认为这种发展会加深社会矛盾，不利于社会秩序的稳固，白银会使民众和国家财政都陷入贫困的境地。从这些观点我们可以看到，明末财政危机与白银相关。虽然明末财政危机并不完全因白银而起，但白银也是其中的动因之一。

本章小结

白银在法律上获得认可，成为法定货币形式，并作为主要货币在流通中使用。同时，法律对为了配合其流通而出现的司法问题进行了及时的变革，为其流通提供了法律规范的保障。因此，明代的货币制度很快进入了银本位制，而银本位制的确立不仅仅带来了法律方面的改变，对国家政治、经济也会产生直接影响。本章就是在讨论明代中后期货币法制因为白银而变革后，给明代国家政治、经济带来的影响。在政治方面，主要是国家货币政策的变化：国家货币政策由保障钞法的推行、禁止金属货币流通，保证财政不能倒换大明宝钞，严禁私铸、伪造变革为弛用银之禁、国家支出收入都用白银、严格管理白银运解。特别是弛用银之禁完全改变了整个明代中后期的货币制度和货币法制，为商品经济的继续发展提供了可能。货币与国家赋役制度密切相关，明代中后期的赋役制度都因为白银而发生了统一的折银变革，"一条鞭法"经过发展最终在法律上被确立下来。在经济方面，基于国家财政的需要，商税制度随着法定货币的变化发生了改变，与赋役制度一致，变更为了折银收税。在民间金融领域，基于货币白银化的进程，明代中后期出现了金融创新，包括钱庄的兴起、当铺的繁荣和汇兑的重新出现。这些金融机构都因为白银这种货币媒介而呈现出了一定的信用机构属性，代表着一种新的金融形式的出现，顺应了明代中后期经济的发展形式。可见，货币的白银化不仅带来了货币法制的变革，同时在政治和经济方面都产生了巨大的影响，使得明代区别于前代，发生了巨大的变革。但货币白银化除了积极效应，也存在消极效应。由于白银自身的弊端和朝廷对其发行方面的管理缺失，货币白银化也导致朝廷对白银流通量失去调节和控制，致使明末财政危机加剧。

结　论

　　本书最终想要解决两个方面的问题：一是明代货币法制是如何逐步从明初的"钞法""钱法"和"钱钞法"并行自然过渡到白银法制的；二是在过渡到白银法制给明代的法制、政治和经济带来了怎样的积极和消极效应，即白银作为经济的代表与明代法制是如何互动，实现互相影响、互相促进的。货币是国家调试社会经济的有效手段，货币法制是保障货币运行的可靠手段，变革后的货币法制推动金融的改进，而金融在发生变化后会进一步促进货币法制的变革。

一、明代货币法制由"钱钞法"向白银法制的变革

　　明代货币法制不是简单的"钱法""钞法"的堆砌，在明代的各类法律渊源中，"钱法""钞法"的含义都不包含白银和白银规则。但是，白银最终却成了明代中后期的主要法定货币，实现了货币白银化。

　　这是因为在国内因素方面：

　　（1）大明宝钞的发行流通违背了货币经济规律，是政权为收敛财富而大力推行的货币形式。明代钞法从始至终始终没能突破封建钞法的特性，回笼渠道只有部分商税的征收，而发行时投入流通的渠道却有支付俸饷、赏赐、购买商品等方式。导致民间真实流通的大明宝钞数量远远大于市场的承载量，使大明宝钞迅速贬值。从明代学者的观点可以窥见明代政权发行和确保大明宝钞独立法定货币地位的目的。统治者简单地、单方

面地认可宝钞可以给政权带来的收益，却过度忽视大明宝钞的本质及实际使用大明宝钞的民众的个体意志和商业规律。因此，从大明宝钞发行、钞法实施之初，其流通就问题不断。针对这些问题，朝廷也采取了一系列的法律举措，希望能够通过法律手段弥补钞法本身的不足，确保大明宝钞的发行流通顺畅。但这些举措并未动摇明代钞法的根本，钞法并没有发生本质性变革，只是针对表面问题采取的应对措施，违背了经济发展基本规律，仍然无法与高速自由发展的明代民间商业兼容。我们通过明代钞法的运行也可以看到明代司法在钞法方面并没能超出大明宝钞政策，属于在大明宝钞政策指引下展开的司法审判活动。这些对大明宝钞违法行为的打击和处罚，是对确保大明宝钞发行流通的另一个侧面反映。钞法和大明宝钞本身存在问题，一直处在崩溃的边缘，朝廷为了财政和政权的稳固，也一直采取各种法律举措加以维系。总的来说，大明宝钞法制在明代中期就退出了历史舞台，其特点是自发行之初钞法就处于崩溃边缘；所有与大明宝钞相关的法律举措都是为了挽救钞法；司法实务服务于朝廷的政策，钞法最终崩溃，大明宝钞无法继续流通。

（2）明代铜钱与大明宝钞一样，发行流通并不遵循基本的经济发展规律，也不符合货币发行流通的规律，其存在完全依赖于国家政策和强制力的支撑。但基于国家财政的需要，政策有选择性地对钱法规定进行调整，使得钱法在实施过程中存在严重的问题，如私铸盛行。明代铜钱法制的特点总的来说就是钱法贯穿了整个明代货币法制，钱法的沿革就是整个明代货币法制的变革过程。虽然如此，但钱法却不是明代的主流货币法律，钱法一直处于一种在夹缝中生存的尴尬地位，这也是由铜钱的辅币地位决定的。并且，铜钱发行的目的是满足国家财政

需要，是国家收敛财富的一种手段，并不是为了经济社会的长
远发展，也不符合货币的基本规律。明代钱法还有一个特点一
直被明代学者反复论述，即明代私铸铜钱盛行，并且朝廷并没
有采取有效的法律措施进行严厉的禁止，在真实的流通中持一
种放任的态度。禁止私铸铜钱的行为，却不禁止该行为产生的
私钱进入流通领域，这也是明代钱法的一大问题。并且，随着
商品交易的发展，国家铸造铜钱重量大、形制小，无法满足日
益发展的商品交易需求，铜钱的流通逐步衰落。

（3）受制于大明宝钞贬值和私铸铜钱的盛行，财政危机凸
显，对白银的需求更为迫切。而商品经济的发展促成了民间交
易对货币的选择，国家法律强制保障的货币种类难以流通，因
此朝廷主动选择将白银作为法定货币进行流通。

在国外因素方面，由于对外贸易政策的改变，朝廷部分放
开了海外贸易，对外贸易政策从明初时实行的朝贡贸易转变为
隆庆年间的部分放开海禁。明代朝廷逐步将管理海禁的海防馆
改为负责对外贸易执法的督饷馆。大量的白银从美洲、欧洲、
日本流入明朝，为白银的大范围流通使用提供了原料基础。基
于国内因素和国外因素的共同作用，白银成了明代流通中的主
要货币，并逐步自下而上地影响国家的货币政策，在法律层面
获得了认可，成了明代的第三种法定货币，并在明中后期发展
成了主要流通货币，实现了明后期的货币白银化。

二、明代白银与货币法制的互动

白银给明代货币法制带来了革命性的变化。货币法制经历
了明初的完全"钞法"实践及失败的钱钞并行时期。在明初，
因为国家货币法律的规定，白银不再是合法的货币形式，为了
保障钞法的实施，朝廷颁布了金银禁令，白银被禁止流通。白

银在明初很长一段时间内在法律上都是不被允许流通的。在商品交易的主动选择中，基于多种因素的共同作用，白银在民间交易中成了主要的流通货币，并自下而上地影响了国家货币政策的改变，成为法定货币，开启了货币白银化这一发展阶段。货币白银化又直接或间接地推动了货币法制的变革，带来了明代货币法制的全新改变。在货币法制方面，首先是在确保法律不能变更的前提下，颁行了大量的条例，以确定白银法律规制、规范白银流通过程。解决司法实践中因为货币形式改变而产生的矛盾。通过具体的判例我们可以看出与白银相关的条例的具体运用，在赃、盗罪方面，白银成了定罪量刑的标准，国家在以白银作为计量单位的同时，提高了赃、盗罪的定罪量刑标准，适应了社会经济的发展和犯罪的现实状况。在赎刑方面发生的变革是，改变了赎刑的实施形式。过去赎刑的形式呈现多样化的趋势，选择何种形式都是为了适应当时国家财政、军事的需要。有以米纳赎、以草纳赎、以钱纳赎、以钞纳赎等。白银成为法定货币在法律方面给赎刑带来的变化是将赎刑的实施形式统一为以银纳赎。从具体的判例分析可以看出，明代白银流通最现实的犯罪问题与宝钞和铜钱都不同。白银流通最大的犯罪问题并不是伪造、私造，而是运解。因为白银不存在国家铸造发行的问题，主要的渠道就是由地方运解到中央。白银运解不能顺利进行，会给国家财政带来打击。另一方面，运解关系到白银的顺利流通，运解中发生的犯罪相当于是从白银流通的源头上进行的犯罪。因此，对白银运解中发生的犯罪问题的刑罚仍非常严苛，并未因为条例的规定而有所减轻，这是明代白银法制面对的司法现实。从运解中我们也可以看到白银作为贵金属货币的弊端和赋税征银实施的操作困境。

本书从明代货币法律、机构、司法人员和司法实践入手，完整地展现了明代的货币法制全貌，从中可以清晰地看到明代中后期货币法制因为白银的流通而发生的巨大变革。这种变革给明代法制、政治和经济都带来了极大影响。但这种影响未超越国家的货币政策，不管是变革前还是变革后，其主要目的都是配合皇权统治、财政的需要，是国家经济政策的具体体现。唯一的差别在于前期的货币法制与经济规律背离，难以维系，货币法律在司法实务中与现实存在巨大矛盾；而变革后的货币法制基于白银的属性和国家财政的需要，由明代政权从法律层面主动解决了货币司法中的国家利益和经济现实之间的部分矛盾。货币是国家调试社会经济的有效手段，货币法制是保障货币运行的可靠手段，变革后的货币法制推动了金融的改进，而金融在发生变化后进一步促进了货币法制的变革。但是，白银属于贵金属货币，自身存在局限和弊端，明代的白银法律和规则却没有规避其弊端，放弃了白银的发行和形制的规范，将其固定在较为原始的称量货币状态，放大了其作为贵金属货币本身的问题。导致朝廷推行的赋税征银等政策在实施过程中存在问题，并最终加剧了明末的财政危机。

参考文献

一、古典文献

（一）实录、政书、类书、正史

1. 《明太祖实录》。

2. 《明太宗实录》。

3. 《明仁宗实录》。

4. 《明宣宗实录》。

5. 《明英宗实录》。

6. 《明宪宗实录》。

7. 《明熹宗实录》。

8. 《明世宗实录》。

9. 《明孝宗实录》。

10. 《明穆宗实录》。

11. 《崇祯长编》。

12. 怀效锋点校：《大明律》（点校本），法律出版社 1998 年版。

13. （明）申时行等修：《明会典》（万历朝重修本），中华书局 1989 年版。

14. （明）李东阳等撰，（明）申时行等重修：《大明会典》，广陵书社 2007 年版。

15. （明）舒化等辑：《问刑条例》，法律出版社 1999 年版。

16. （明）王圻撰：《续文献通考》，上海古籍出版社 1988 年版。

17. （明）黄训：《名臣经济录》，书目文献出版社 1993 年版。

18. （清）龙文彬纂：《明会要》，中华书局 1956 年版。

19. （清）张廷玉等撰：《明史》，中华书局 1974 年版。

20. （清）嵇璜：《钦定续文献通考》（清刻本）。

21. （清）陈梦雷编纂：《古今图书集成·经济汇编》，广陵书社 2011 年版。

22. （清）夏燮：《明通鉴》，沈仲九标点，中华书局 1959 年版。

23. （汉）司马迁撰：《史记》，（宋）裴骃集解，（唐）司马贞索隐，（唐）张守节正义，中华书局 2014 年版。

24. 《大明律集解附例》（明万历间浙江官刊本·影印本）。

25. 杨一凡点校：《皇明制书》，社会科学文献出版社 2013 年版。

26. 郭成伟、田涛点校整理：《明清公牍秘本五种》，中国政法大学出版社 1999 年版。

27. 中国第一历史档案馆、辽宁省档案馆编：《中国明朝档案总汇》，广西师范大学 2001 年版。

28. 中华书局编：《明抄本奏议十种》，中华书局 2013 年版。

29. 杨一凡、田涛主编：《中国珍稀法律典籍续编》，张冠梓点校，黑龙江人民出版社 2002 年版。

30. 杨一凡、徐立志主编：《历代判例判牍》，杨一凡等整理，中国社会科学出版社 2005 年版。

31. 杨一凡编：《古代判牍案例新编》，社会科学文献出版社 2012 年版。

32. 杨一凡主编：《历代珍稀司法文献》，社会科学文献出版社 2012 年版。

33. 刘海年编：《中国珍稀法律典籍集成（乙编）》，科学出版社 1994 年版。

34. 中国社会科学院历史研究所徽州文契整理组：《明清徽州社会经济资料丛编》（第 2 辑），中国社会科学出版社 1990 年版。

（二）文集

1. （明）戴金编纂：《皇明条法事类纂》，科学出版社 1994 年版。

2. （唐）姚思廉撰：《梁书》，中华书局 1973 年版。

3. （唐）房玄龄等撰：《晋书》，中华书局 2015 年版。

4. （北齐）魏收撰：《魏书》，中华书局 2017 年版。

5. （唐）令狐德棻等撰：《周书》，中华书局 1971 年版。

6. （唐）魏徵等撰：《隋书》，中华书局 1973 年版。

7. （唐）李林甫等撰：《唐六典》，陈仲夫点校，中华书局 2014 年版。

8. （宋）苏轼：《苏东坡尺牍墨迹九种》，北京美术摄影出版社 1992 年版。

9. （明）黄宗羲：《明夷待访录》，段志强译注，中华书局 2011 年版。

10. （明）黄宗羲编：《明文海》，上海古籍出版社 1994 年版。

11. （明）陈子龙等选辑：《明经世文编》，中华书局 1962 年版。

12. （明）胡我琨撰：《钱通》，余全有译注，重庆出版社 2009 年版。

13. （明）凌义渠：《奏牍·续修四库全书·史部第四九三册》。

14. （明）吴亮辑：《万历疏钞》，上海古籍出版社 1993 年版。

15. （明）顾炎武：《日知录》，商务印书馆 1929 年版。

16. （明）顾炎武：《日知录集释》，黄汝成集释，栾保群、吕宗力校点，上海古籍出版社 2006 年版。

17. （明）顾炎武：《天下郡国利病书》（四部丛刊本）。

18. （明）顾炎武：《顾亭林诗文集》，华忱之点校，中华书局 1985 年版。

19. （明）陈仁锡：《皇明世法录》，中国史学丛书影印崇祯刻本。

20. （明）宋应星：《天工开物》，管巧灵、谭属春整理注释，岳麓书社 2002 年版。

21. （明）程春宇：《士商类要》，杨正泰《明代驿站考》附录，上海古籍出版社 1989 年版。

22. （明）申时行：《纶扉简牍·四库全书禁毁丛书刊·集一六一》。

23. （明）孙贞运：《皇明诏制·续修四库全书·史部第四五八册》。

24. （明）丘浚：《大学衍义补》，蓝田玉等校点，中州古籍出版社 1995 年版。

25. （明）颜俊彦：《盟水斋存牍》，中国政法大学法律古籍整理研究所整理标点，中国政法大学出版社 2002 年版。

26. （明）沈德符撰：《万历野获编》，中华书局 1959 年版。

27. （明）王夫之：《黄书·噩梦》，王伯祥校点，中华书局 1956 年版。

28. （明）王夫之：《读通鉴论》，中华书局 1975 年版。

29. （明）叶子奇撰：《草木子》，中华书局 1959 年版。

30. （明）陆容撰：《菽园杂记》，李健莉校点，上海古籍出版社 2012 年版。

31. （明）张应俞：《江湖奇闻杜骗新书》，张吉霞译，山西古籍出版社 2003 年版。

32. （清）叶梦珠撰：《阅世编》，来新夏点校，中华书局 2007 年版。

33. （清）孙承泽：《春明梦余录》，广陵书社 1990 年版。

34. （清）付维鳞：《明书》，商务印书馆 1936 年版。

35. （清）姚之骃：《元明事类钞》（文渊阁四库全书本）。

36. （清）王鎏原著：《〈钱币刍言〉整理与研究》，马陵合校注，东华大学出版社 2010 年版。

37. 花村看行侍者：《花村谈往·二卷·补遗一卷·铸钱造钞》（民国乌程张氏刊本）。

（三）方志

1. （明）黄盛曾：《吴风录》，广陵书社 2004 年版。

2. 万历《营山县志》，天一阁藏明代方志选刊续编，上海古籍书店影印 1963 年版。

3. 嘉靖《隆庆志》，天一阁藏明代方志选刊续编，上海古籍书店影印 1963 年版。

4. 嘉靖《昆山县志》，天一阁藏明代方志选刊续编，上海古籍书店影印 1963 年版。

5. 嘉靖《浦江县志》，天一阁藏明代方志选编丛刊，上海古籍书店影印 1962 年版。

6. 嘉靖《宁国府志》，天一阁藏明代方志选编丛刊，上海古籍书店影印 1962 年版。

二、现代著作、论文

1. 张晋藩主编：《中国法制通史》，法律出版社 1999 年版。

2. ［日］吉田虎雄：《中国货币史纲》，周伯棣编译，中华书局 1934 年版。

3. 戴铭礼：《中国货币史》，商务印书馆 1934 年版。

4. 朱偰：《中国货币问题》，青年书店 1940 年版。

5. 余捷琼：《中国的新货币政策》，商务印书馆 1937 年版。

6. 章乃器：《中国货币金融问题》，生活书店 1936 年版。

7. 王毓铨主编：《中国经济通史·明代经济卷》，中国社会科学出版社 2007 年版。

8. 李剑农：《宋元明经济史稿》，生活·读书·新知三联书店 1957 年版。

9. 彭信威：《中国货币史》，上海人民出版社 2015 年版。

10. ［英］崔瑞德主编：《剑桥中国史》，鲁惟一编，杨品泉译，中国社会科学出版社 1992 年版。

11. 吴晗："记大明通行宝钞"，载吴晗：《读史札记》，生活·读书·新知三联书店 1957 年版。

12. 巫宝三主编：《中国经济思想史资料选辑（明清部分）》，中国社会科学出版社 1990 年版。

13. 张家骧主编：《中国货币思想史》，湖北人民出版社 2001 年版。

14. 张家骧：《中华币制史》，河南人民出版社 2017 年版。

15. 刘志伟编：《梁方仲文集》，中山大学出版社 2004 年版。

16. 梁方仲："明代银矿考"，载梁方仲：《梁方仲经济史论文集》，中华书局 1989 年版。

17. 梁方仲编著：《中国历代户口、田地、田赋统计》，上海人民出版社 1993 年版。

18. 叶世昌编著：《中国货币理论史》，中国金融出版社 1986 年版。

19. 怀效锋：《嘉靖专制政治与法制》，湖南教育出版社 1989 年版。

20. 怀效锋：《明清法制初探》，法律出版社 1998 年版。

21. 杨一凡：《明大诰研究》，江苏人民出版社 1988 年版。

22. 丘光明：《中国古代度量衡》，商务印书馆 1996 年版。

23. 范金民：《明清江南商业的发展》，南京大学出版社 1998 年版。

24. 王文成：《宋代白银货币化研究》，云南大学出版社 2001 年版。

25. 陈玺：《唐代钱法考》，社会科学文献出版社 2018 年版。

26. 叶世昌："我和中国货币史研究"，载《学术月刊》1995 年第 3 期。

27. 万明："明代白银货币化与明朝兴衰"，载《明史研究论丛》2004 年第 0 期。

28. 万明："明代白银货币化的初步考察"，载《中国经济史研究》2003 年第 2 期。

29. 万明："明代白银货币化的再认识"，载中国钱币学会编：《中国钱币论文集》（第 5 辑），中国金融出版社 2010 年版。

30. 梅新育："略论明代对外贸易与银本位、货币财政制度"，载《学术研究》1999 年第 2 期。

31. 全汉升："明清间美洲白银的输入中国"，载《中国经济史论丛》，稻禾出版社 1996 年版。

32. 庄国土："16-18 世纪白银流入中国数量估算"，载《中国钱币》1995 年第 3 期。

33. 赵轶峰："试论明代货币制度的演变及其历史影响"，载《东北师大学报》1985 年第 4 期。

34. 任均尚："明朝货币政策研究"，载《西南师范大学学报（人文社会科学版）》2003 年第 3 期。

35. 李育安："我国明代货币制度的演变"，载《郑州大学学报（哲学社会科学版）》1993 年第 1 期。

36. 傅衣凌："明代前期徽州土地买卖契约中的通货"，载《社会科学战线》1980 年第 3 期。

37. 王玉祥："明代钞法述论"，载《甘肃社会科学》1997 年第 5 期。

38. 叶世昌："论大明宝钞"，载《平准学刊》编辑委员会编：《平准学刊》（第 4 辑），光明日报出版社 1989 年版。

39. 乔晓金："明代钞币初探"，载《中国钱币》1983 年第 2 期。

40. 唐文基："论明朝的宝钞政策"，载《福建论坛（文史哲版）》2000 年第 1 期。

41. 张彬村："明朝纸币崩溃的原因"，载《中国社会经济史研究》2015 年第 3 期。

42. 孙兵："明洪武朝宝钞的印造与支出探微"，载《江西社会科学》2003 年第 8 期。

43. 王裕巽："明代钱法变迁考"，载《文史哲》1996 年第 1 期。

44. 王玉祥："明代'私钱'述论"，载《甘肃社会科学》2001 年第 5 期。

45. 叶世昌、潘连贵："嘉靖年间没有补铸钱"，载《中国钱币》1986 年第 2 期。

46. 岳麓读书札记："明代窖藏白银之盛"，载《中国史研究》1985 年第 1 期。

47. 晁中辰："明后期白银的大量内流及其影响"，载《史学月刊》1993 年第 1 期。

48. 倪来恩、夏维中："外国白银与明帝国的崩溃——关于明末外国白银的输入及其作用的重新检讨"，载《中国社会经济史研究》1990 年第 3 期。

49. 贺文洁："明代钱法规制述论"，载朱勇主编：《中华法系》（第 11 卷），法律出版社 2018 年版。

50. 邵敏："明代通俗小说货币描写研究"，苏州大学 2010 年博士学位论文。

51. 黄阿明："明代货币与货币流通"，华东师范大学 2008 年博士学位论文。

52. 范文强："明代货币流通领域的'经济法'研究"，广西师范大学 2012 年硕士学位论文。

53. 杨心珉："明代社会的货币问题与黄宗羲的货币思想"，宁波大学 2010 年硕士学位论文。

54. 孔繁晔："中国纸币制度变迁研究"，山西财经大学 2017 年博士学位论文。

55. 王玮沁："白银危机与明清两朝经济社会变革"，中国社会科学院 2009 年硕士学位论文。

56. 刘婷婷："明朝白银与经济增长关系的实证研究"，山东大学 2016 年硕士学位论文。

57. 马良："明清时期白银货币泛化研究（16-19 世纪中叶）"，辽宁大学 2013 年博士学位论文。

58. 罗春林："晚明货币白银化批判思想研究"，东北师范大学 2013 年硕士学位论文。

三、国外论著

1. ［美］黄仁宇：《十六世纪明代中国之财政与税收》，阿冈译，生活·读书·新知三联书店 2002 年版。

2. ［美］哈耶克：《货币的非国家化》，姚中秋译，新星出版社 2007 年版。

3. ［英］约翰·F. 乔恩：《货币史》，李广乾译，商务印书馆 2002 年版。

4. ［英］C. 博克舍编注：何高济译，《十六世纪中国南部行纪》，中华书局 2002 年版。

5. ［日］桑田幸三：《中国经济思想史论》，沈佣林译，北京大学出版社 1991 年版。

6. ［日］市古宙三：《近代中国の政治と社会》，Journal of History，1972 年版。

7. ［日］加藤繁：《唐宋时代金银贸易之研究》，北京和记印书馆 1934 年版。

四、明代通俗小说

1. （明）周晖：《金陵琐事》，上海古籍出版社 1985 年版。

2. （明）周晖："金陵琐事剩录"，在《中华野史（明朝卷）》，泰山出版社 2000 年版。

3. （明）冯梦龙：《折桂枝·卷九·谑部·银匠》，江苏古籍出版社 2000 年版。

4. （明）冯梦龙：《警世通言》，中华书局 2002 年版。

5. （明）冯梦龙：《喻世明言》，中华书局 2002 年版。

6. （明）冯梦龙：《醒世恒言》，中华书局 2002 年版。

7. （明）凌蒙初：《初刻拍案惊奇》，中华书局 2002 年版。

8. （明）凌蒙初：《二刻拍案惊奇》，中华书局 2002 年版。

9. （明）兰陵笑笑生著，陶慕宁校注：《金瓶梅词话》，人民文学出版社 2000 年版。